国家科学思想库

科学文化系列

科学与人生

中国科学院院士传记

潘际銮传

徐丽萍 华荣祥／著

科学出版社

北京

图书在版编目(CIP)数据

潘际銮传/徐丽萍，华荣祥著．—北京：科学出版社，2013
（科学与人生：中国科学院院士传记）
ISBN 978-7-03-038445-4

I. ①潘… II. ①徐… ②华… III. ①潘际銮-传记 IV. ①K826.1

中国版本图书馆 CIP 数据核字（2013）第 201617 号

丛书策划：胡升华 侯俊琳 / 责任编辑：侯俊琳 李 䶮 程 凤
责任校对：桂伟利 / 责任印制：李 彤 / 封面设计：黄华斌 陈 敬

科学出版社 出版
北京东黄城根北街 16 号
邮政编码：100717
http://www.sciencep.com
北京厚诚则铭印刷科技有限公司 印刷
科学出版社发行 各地新华书店经销
*
2013 年 9 月第 一 版 开本：B5（720×1000）
2023 年 5 月第七次印刷 印张：13 1/4 插页：6
字数：249 000

定价：78.00 元

（如有印装质量问题，我社负责调换）

潘际銮院士

潘际銮，1927年12月24日生，江西瑞昌人。1944年被保送国立西南联合大学，1948年清华大学机械系毕业，1953年哈尔滨工业大学机械系研究生毕业。现为中国科学院院士，南昌大学名誉校长，国立西南联合大学北京校友会会长，清华大学教授。曾任国务院学位委员会委员兼材料科学与工程评审组组长，国际焊接学会副主席，中国焊接学会理事长，中国机械工程学会副理事长，美国纽约州立大学（尤蒂卡分校）名誉教授。

创建我国高校第一批焊接专业，长期从事焊接专业的教学和研究工作。20世纪60年代初，成功实验氩弧焊并完成清华大学第一座核反应堆焊接工程；继之成功研究我国第一台电子束焊机；以堆焊方法制造重型锤锻模；1964年与上海汽轮机厂等合作，成功制造出我国第一根6兆瓦燃汽轮机压气机焊接转子，为汽轮机转子制造开辟了新方向；70年代末，成功研制具有特色的电弧传感器及自动跟踪系统；80年代，成功研究新型MIG焊接电弧控制法“QH-ARC法”，首次提出用电源的多折线外特性、陡升外特性及扫描外特性控制电弧的概念，为焊接电弧的控制开辟了新的途径。1987～1991年在我国自行建设的第一座核电站（秦山核电站）担任焊接顾问，为该工程作出重要贡献。2003年成功研制爬行式全位置弧焊机器人，为国内外首创。2008年完成“高速铁路钢轨焊接质量的分析”，为保证我国第一条时速350公里高速列车在奥运前顺利开通作出了重要贡献。目前在研项目有“百万千瓦核电汽轮机低压焊接转子的制造”、“水下焊接机器人”等。

成功主持研究并获奖的成果有“QH-ARC法”，获国家创造发明奖一等奖（1984年）；“ZD-30电子束焊机”，获国家科学技术委员会、国家经济委员会、国家计划委员会联合授予的新产品创造奖二等奖（1965年）；《彩图科技百科全书·器与技术卷》，获国家科学技术进步奖二等奖（2008年）等。代表作有Arc welding control（英国出版）、《现代弧焊控制》、《焊接中的热裂纹》等；发表论文100余篇。获国家专利10余项、美国专利2项；国家级教学成果奖二等奖及三等奖（2001年）；第十届全国优秀科技图书奖一等奖（2001年）；何梁何利基金科学与技术进步奖（2000年）。1985年获北京市人民政府授予的“北京市特等劳动模范”称号，获中华全国总工会授予的“全国优秀科技工作者”称号及“全国五一劳动奖章”；1995年获“全国教育系统劳动模范”称号；1996年获“江西省劳动模范”称号，同年再次获中华全国总工会授予的“全国五一劳动奖章”。1991年获中国机械工程学会授予的科技成就奖，2001年获中国机械工程学会焊接学会授予的中国焊接最高荣誉奖。1977年、1997年分别当选为中国共产党第十一次、第十五次全国代表大会代表。

①

③ ②

④ ⑤

① 1942年全家照。前排左起亲戚阮春香、侄女潘世英、父亲潘凤林、母亲陈翠珍及胸前侄子潘世雄、妹妹潘际华、嫂嫂夏宝贤，后排左起大姐潘际和、潘际銮、二哥潘际炎、大哥潘锡圭

② 1950年与夫人相遇

③ 1952年春节全家照。前排左起妹潘际华、父亲潘凤林、侄儿潘世雄，后排左起女友李世豫、潘际銮、二哥潘际炎

④ 1956年春节全家照。一排左起外甥女王爱玲、侄女潘世范、侄女潘世模，二排左起妹潘际华、父亲潘凤林、大姐潘际和，三排左起大嫂夏宝贤、侄儿潘世雄、潘际銮、女友李世豫，四排左起妹夫王恩元、大哥潘锡圭、二哥潘际炎

⑤ 1969年全家照。前排左起夫人李世豫、儿子潘磊、潘际銮、二女儿潘荧，后排大女儿潘晶

①
③ ②
④

① 1948年，潘际銮（前排左五后）清华大学毕业照

② 1955年，潘际銮参加（前排左二）第一次全国焊接技术讨论会

③ 1959年，潘际銮（后排左四）在长春汽车厂研究重型锤锻模时所领导的清华大学研究团队

④ 1959年，潘际銮（后排左二）访问苏联

①
②
④ ③
⑤

① 1980年，潘际銮（左二）在实验室进行研究
② 1991年，潘际銮在莫斯科与导师普罗霍洛夫合影
③ 1981年，在清华大学实验室，电弧控制研究组部分老师。左起区智明、吴志强、潘际銮、张人豪
④ 2007年，潘际銮在京津铁路段工地考察焊接钢轨
⑤ 2011年，潘际銮在上海汽轮机厂焊接百万千瓦核电转子模拟件现场

① 1983年，潘际銮代表中国焊接学会与联邦德国焊接学会签订合作协议

② 1989年，潘际銮受中国机械工程学会委托，与美国焊接学会签订合作协议

③ 1998年，潘际銮与本书作者徐丽萍（左）、华荣祥（右）合影

④ 2010年，清华大学重型装备研究团队获校先进集体奖。前排左三为潘际銮

① 1982年，潘际銮当选国际焊接学会副主席
② 1993年，潘际銮受聘为南昌大学校长仪式
③ 2004年，潘际銮在德国考察激光技术
④ 2009年，潘际銮在天安门参加国庆观礼活动
⑤ 2012年，潘际銮任国立西南联合大学北京校友会会长，主持建校75周年纪念大会

② ①
③
④ ⑤

① 1992年，潘际銮与夫人在清华大学西44楼家中
② 2006年，潘际銮与夫人回访南昌大学
③ 2007年，潘际銮与夫人登上华山
④ 2008年，潘际銮骑自行车载夫人在清华大学校内来往
⑤ 2011年，潘际銮与夫人游览井冈山

① 1975年全家照。前排左起潘际銮、夫人李世豫，后排左起大女儿潘晶、儿子潘磊、二女儿潘荧

② 2000年家庭照。左起孙儿潘晨炜、儿媳胡新庐、儿子潘磊、夫人李世豫、外孙冯洁瑞、潘际銮、二女儿潘荧

③ 2007年在华山游览。左起外孙冯洁瑞、二女儿潘荧、夫人李世豫、潘际銮、外孙女舒畅、大女儿潘晶、孙儿潘晨炜、女婿舒象军、儿媳胡新庐、外孙舒暘

④ 2011年在武汉黄鹤楼。前排左起大女儿潘晶、妹妹潘际华、潘际銮、夫人李世豫、孙儿潘晨炜，后排左起外孙舒暘、女婿舒象军

⑤ 2007年在西安游览。左起女婿舒象军、外孙冯洁瑞、夫人李世豫、外孙舒暘、潘际銮、二女儿潘荧、儿媳胡新庐、外孙女舒畅、孙儿潘晨炜、大女儿潘晶

总序

中国科学院学部科普和出版工作委员会决定组织出版《科学与人生：中国科学院院士传记》丛书，这是一件很有意义的文化工程。首批入传的22位院士都是由各学部常委会认真遴选推荐的。他们中有学科领域的奠基者和开拓者，有作出过重大科学成就的著名科学家，也有毕生在专门学科领域默默耕耘的一流学者。每一部传记，既是中国科学家探索科学真理、勇攀科学高峰的真实情景再现，又是他们追求科学强国、科教兴国的一部生动的爱国主义教材。丛书注重思想性、科学性与可读性相统一，以翔实、准确的史料为依据，多侧面、多角度、客观真实地再现院士的科学人生。相信广大读者一定能够从这套丛书中汲取宝贵的精神营养，获得有益的感悟、借鉴和启迪。

中国科学院学部成立于1955年，经过50多年的发展，共选举院士千余人，荟萃了几代科学精英。他们中有中国近代科学的奠基人，新中国的主要学科领域的开拓者，也有今天我国科技领域的领军人物，他们在中国的各个历史时期为科学技术的发展作出了历史性的贡献。“五四”新文化运动以来，一批中国知识精英走上了科学救国的道路，他们在政治动荡、战乱连绵的艰难岁月里，在中国播下了科学的火种，推动中国科技开始了建制化发展的历程。新中国成立后，大批优秀科学家毅然选择留在大陆，一批海外学子纷纷回到祖国，在中国共产党的领导下，开创了中国科学技术发展的新篇章。广大院士团结我国科技工作者，发扬爱国奉献、顽强拼搏、团结合作、开拓创新的精神，勇攀世界科技高峰，创造了举世瞩目的科技成就，为增强我国综合国力、提升自主创新能力作出了重要贡献，为国家赢得了荣誉。他们的奋斗历程，是中国科学技术发展的历史缩影；他们的科学人生，是中华民族追求现代化的集中写照。

当今世界，科学技术已成为支撑、引领经济社会发展的主要动力和人类文明进步的主要基石。广大院士不仅是科学技术发展的开拓者，同时也是先进文化的传播者，在承担科技研究工作重任的同时，还承担着向全社会传播科学知识、科学方法、科学思想、科学精神的社会责任。希望这套丛书的出版能够使我国公众走近科学、了解科学、支持科学，为全民族科学素养的提高和良好社会风尚的形成作出应有的贡献。

科学技术本质是创新，科技事业需要后继有人。广大院士作为优秀的科技工作者，建设并领导了一个个优秀的科技创新团队；作为教育工作者，诲人不倦，桃李满天下。他们甘当人梯、提携后学的精神已成为我国科技界的光荣传统。希望这套丛书能够为广大青年提供有益的人生教材，帮助他们吸取院士们追求真理、严谨治学的科学精神与方法，领悟爱国奉献、造福人民的科技价值观和人生观，激励更多的有志青年献身科学。

记述院士投身我国科学技术事业的历程和作出的贡献，不仅可为研究我国近现代科学发展史提供生动翔实的新史料，而且对发掘几代献身科学的中国知识分子的精神文化财富具有重要意义。希望《科学与人生：中国科学院院士传记》丛书能够成为广大读者喜爱的高品位文化读物，并以此为我国先进文化的发展作出一份特有的贡献。

是为序。

路甬祥

2010年3月

序言

潘际銮先生是我国著名的科学家和教育家，长期工作在教学科研一线，创造了丰硕的科研成果，培养了众多活跃在教育、科技、经济、政治等领域的杰出人才，为我国教育科学事业，特别是焊接科技的发展作出了杰出贡献。

潘先生在清华园学习和生活了半个多世纪，对清华大学的感情笃深，贡献突出。从最初焊接专业的创办到后来机械工程系的发展，都倾注了先生的智慧和心血。潘先生的言传身教和师者风范，如春风细雨，不断浸润着广大学子为人为学的精神家园，引导着一批批优秀青年积极投身于国家现代化建设。他长期的执教和学术生涯，是对清华大学“自强不息，厚德载物”校训最真实和最生动的诠释，正可谓“焊接时空格至理，机转乾坤育英才”。

该书全面展现了潘先生的人生经历和精神追求，详细介绍了他的教育思想和学术贡献，是对先生巨大成就的一次全方位记录和总结，为后辈学人提供了学习借鉴的重要资料。谨奉潘先生雅命，拜读之余，受益良多，录寥寥数言以表敬重之意和仰慕之情，忝为序。

清华大学校长

陳吉寧

2013年4月15日

目　录

第一章　孩提时期

一、书香寒门

1927 年 12 月 24 日，潘际銮出生于江西省九江市。

潘际銮的祖籍是九江市瑞昌县（现瑞昌市）。瑞昌县位于江西省北部偏西，长江中游南岸，东距九江约 40 公里。据《瑞昌县志》：春秋战国时，瑞昌先后属楚、吴、越，秦时属九江郡。汉至唐初，瑞昌先后为柴桑、寻阳、湓城、浔阳县地。唐建中四年（公元 783 年）设赤乌场。五代南唐升元三年（公元 939 年）升场为县，定名瑞昌。

据族谱记载，潘家祖先原系北宋名将潘美的后代。南宋时期潘族南迁分住赣北各地，曾祖父这一代居住在瑞昌县城，并在与县城相对的西门口购置了宅第。

祖父潘文傑（1859～1940），号秀川，饱读诗书，但因际遇不佳，一生没有取得功名。祖母王氏（1861～1920），瑞昌界首乡人，是一位平凡的家庭妇女，在潘际銮出生之前已经去世。祖父母一生养育了一子三女，其中儿子潘凤林即潘际銮的父亲。

潘文傑在瑞昌县开了一间糕点小铺子，一边读书，一边做点小生意。在潘家子孙看来，他们的这位长辈虽然一生没有取得任何功名，但在培养儿子和孙子、孙女成才方面起了很大作用。

潘际銮父亲——潘凤林

潘际銮的父亲潘凤林（1889～1971），字明东，自幼勤勉好学，14 岁便考中秀才。1905 年 9 月，清政府发布谕令停罢科举之后，潘凤林进了铁路学堂，毕业后在南浔铁路做职员。由于工作勤恳干练，不久被任命为黄老门火车站站长，后又提升为九江站站长、九江段段长。在潘际銮出生前，清正廉洁、性格耿直、不善逢迎官场的潘凤林已由九江段段长降为普通职员。

潘凤林的求学之路并非一帆风顺。他幼时因家贫常辍学，潘文傑将其寄养在瑞昌界首外祖父家。界首紧接湖北省，离瑞昌县城20多公里。界首有一位名叫吴瑞臣的先生，设馆授徒。备尝辍学之苦的潘凤林屡至馆旁听课。他的好学感动了吴先生，便免费收其入馆学习。由于潘凤林勤勉好学、聪慧过人，下湾（靠近界首）陈伦苏先生认为潘凤林为可塑之才，不仅给予潘凤林经济支助，还将长女陈翠珍许配给潘凤林为妻。1911年，潘凤林和陈翠珍结婚。

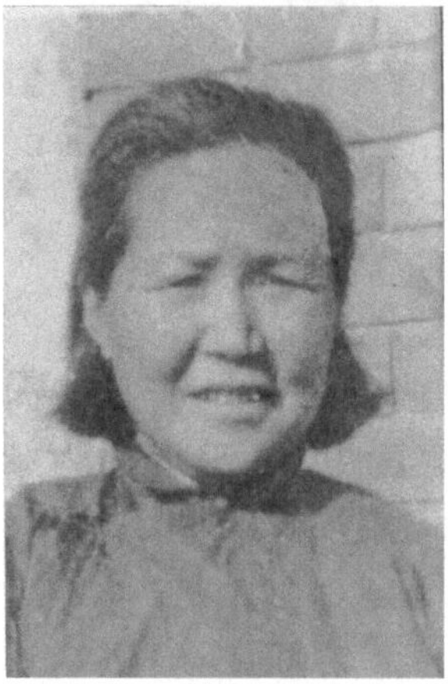

潘际銮母亲——陈翠珍

陈翠珍（1892～1949）是位勤劳、善良的女性，虽不识字，但聪慧能干，把家务操持得井井有条。在潘际銮小妹出生及大哥结婚生女后，潘家十口人全靠潘凤林一个人微薄的工资生活。陈翠珍精打细算、量入为出，千方百计确保一家人的基本开销，使这个家庭即使在清贫中也并不缺乏其乐融融的气氛。对此，潘际銮曾在一篇被收入公开出版文集的口述实录中深情回忆：

> 家里所有的账，全在母亲脑子里面，一下都给你算清楚了。譬如说我父亲的薪水到了，这个月怎么花，买肥皂多少钱，买米多少钱，买油多少钱，都分好了，一个都不能多，每天都按这个计划用。……大家都没有吃的怎么办呢？母亲很会想办法，每个星期满足大家一次。买一个猪肚子之类，熬一锅汤，里面搁点红枣腐竹，油很多，大家饱餐一顿，感到非常高兴。

潘凤林和陈翠珍结婚之后，由于潘凤林在九江铁路段工作，潘家便搬到了九江居住。

九江位于江西北陲，长江中游南岸，庐山北麓，东邻鄱阳湖，西连幕阜，南接省内腹地，北濒长江冲积平原。九江是一座历史悠久、古老而美丽的城市，古称浔阳、柴桑。秦设九江郡，有“江到浔阳九派分”之说，故名九江，又称江州。它“襟江带湖”，雄踞三省要冲，为历代兵家必争之地，素有“江西门户”之称。古书说九江“据三江之日、当四达之衢”，七省通连、商贾集至，明清时期成为我国“四大米市”和“三大茶市”之一，属东南重镇。鸦片战争后，九江被辟为通商口岸，英国、日本等国在此设租界，办洋行，南北货物汇集，华洋商家杂处，成为进出口贸易的重要商埠。

九江山水灵秀，哺育出了陶渊明、黄庭坚、江万里等文化巨匠，还有视九江为第二故乡的庾亮、周敦颐和岳飞等历史名人，更有在九江大放异彩的李白、白居易、苏轼和朱熹等文化巨擘。他们为九江留下了脍炙人口的诗词书画、铭文碑刻、轶闻趣事和文化胜迹。其中，白居易的《琵琶行》、周敦颐的《爱莲说》、苏轼的《石钟山记》等均为中国文学史上的千古名篇。灌婴筑城鉴浪井，公瑾点将烟水亭，宋江题诗浔阳楼，乐天送客琵琶亭……这些精彩的历史故事，彰显了这座城市的文化底蕴，丰富了这座城市的文化内涵。

潘家在九江共生活了 20 多年，直至抗日战争爆发逃难云南边陲。最初，他们一家居住在一个铁路职工宿舍区。该宿舍区位于历史上有名的琵琶亭一带，故经常被直接称“琵琶亭”。1927 年，潘际銮就出生于这个宿舍区。

潘际銮是这个家庭的第四个孩子，出生时眉清目秀，父母十分疼爱。他有两个哥哥、一个姐姐和一个妹妹，兄妹五人后来都学业有成，成长为不同领域的专家学者。大哥潘锡圭（原名潘际炷，1915～1991），毕业于浙江大学，无线微波通信专家，曾任南京邮电学院副院长，抗日战争胜利时被政府派往越南接受日本移交电信工程。大姐潘际和（1920～1990），毕业于天津大学，湖南长沙黑色金属矿山设计院工程师。二哥潘际炎（1924～　），毕业于清华大学，我国著名铁路桥梁专家，曾被铁道部派往越南任顾问，获胡志明勋章。妹妹潘际华（1932～　），毕业于北京大学医学院，北京复兴医院主任医师，口腔科主任。

潘家人口众多，1930 年，为缓解住房困难，潘凤林向朋友萧立三等借钱在九江城西三马路盖了一栋二层楼的砖瓦房。因此，这个本来就不宽裕的家庭生活更加困难，全家必须省吃俭用才能凑够债款的利息。在以后的日子里，二哥潘际炎经常带着潘际銮去给亲友送利息，从亲友们怜悯的目光中，潘际銮似乎读懂了“贫困”二字的含义。即使在几十年之后回顾往事时，潘际銮还会提及二哥带他去亲友家送钱一事，可见当时亲友们的目光已经深深烙进了潘际銮幼小的心灵。

二、最初的教育

潘际銮 6 岁被父亲送去读私塾。教室设在二楼一间比较暗的房间里。潘际銮记得，他首先跪拜孔夫子龛位，然后跪拜老师。行完跪拜礼之后，他看清楚了这位老师：50 多岁，个头不高，清瘦儒雅。他后来回忆说，不知为什么，他当时心里就有点喜欢这位老师了。

潘际銮跟着老师先学习《三字经》，后学习《论语》。对这段私塾学习经历，潘际銮印象深刻。他回忆当时的学习情况是这样的。每天上午授课，下午练毛笔字。授课方式是一对一的讲解，每次一小段，讲完后让学生回座位大声朗读、背诵，背熟了就到老师那里，背对着老师站着背诵。学生一边背，一边摆动身体。背好后，老师再讲解一段，学生回座位再朗读、背诵。对书中的内容，当时并不要求理解、掌握，只要求能熟读、背诵。老师非常注重写字，悉心指导，要求严格。对握笔不正确的学生手把手纠正，不认真的学生要受到体罚，用尺子打手心。最初是练习填红模，之后是映模、临帖，大字小字分别写几篇。

1934 年秋天，潘际銮进入九江南浔铁路小学读书。学校有了操场和教室，一群群的学生，使潘际銮感到十分新鲜。给他上第一堂课的是一位年轻的女教师。潘际銮记得，这位老师讲课方式和私塾先生不一样，她讲课生动有趣，娓娓动听，在他听来就像是一首首美妙动听的歌曲。潘际銮常常端端正正地坐在自己的座位上，两眼一眨也不眨地望着老师。与私塾相比，潘际銮更喜欢在学校读书。学校的授课内容比私塾多得多，算术、常识、美术、劳作等课都是私塾里没有开设过的，这些课程他都喜欢。此时，潘际銮被一些新知识深深吸引住了，学习非常认真、入迷。他上课认真听老师讲课，课后入迷地把课本一页页地读下去，像海绵吸水一样贪婪地汲取知识。

1935 年夏，一年级学习结束，潘际銮以年级第一名的成绩进入学校优秀学生表彰名单。表彰大会那天，潘际銮的父亲潘凤林代表铁路局参加会议，给优秀生授奖。奖励除奖状外还有奖品，是一辆玩具小汽车。从父亲手上接过奖状和玩具小汽车时，潘际銮特别开心。

学习之外，童年生活还有许多值得怀念的趣事，钓鱼就是其中之一。每年暑假，九江都要涨水。由于三马路地势低洼，长江的水漫过街道，街道上的水有一米多深，潘际銮家一楼也有近半米深的水。潘家在一楼和门口都用木板搭上跳板。商贩划小船沿街贩卖，家里从二楼掉下篮子买菜付钱。父亲潘凤林每天坐小船去上班，暑假中的潘际銮和两个哥哥在门口跳板上钓鱼玩。水里鱼非常多。潘际銮原来不会钓鱼，哥哥为他做了一根鱼竿，安好鱼钩和鱼饵给他，第一次他没有费什么劲就钓上一条半斤多重的武昌鱼。他十分开心，感到钓鱼是愉快的享受。后来，每当九江涨水，潘际銮就在家门口钓鱼。大哥还做了一个小网，看见鱼群进网后猛地提起来，网里就有二三十条小餐鱼。潘母用盐腌一下，再用油一炸，就成为兄弟们抢食的佳肴。

1935 年暑假中的一天，母亲对潘际銮说：你一年级已经读完了，把二年级的书拿来读读吧。潘际銮找出二哥用过的二年级课本，在门口跳板上一边钓鱼，一边读书。到开学前，他已经把二年级的课本读完了，母亲建议他跳级考三年级。考试时，数学他全会，一会儿就做完了。语文考试是要写一篇作文，作文题是个“人”字。潘际銮是在家自学的二年级课本，从来没有写过作文，无从下手。大哥在外面见弟弟坐在教室发呆，偷偷溜进教室对弟弟耳语：“人人为我，我为人人。”潘际銮领会了，立即答完考卷。这样潘际銮就顺利进入了三年级学习。

1936 年春，学校组织学生从九江乘火车到邻近的德安县春游，这让从未坐过火车的潘际銮异常兴奋。一大早，学校操场站满了学生，同班同学大都带了点心和糖果作为午餐，高高兴兴地跑到学校等待出发。潘际銮家经济困难，母亲没有给他买吃的，只给他准备了一个装满水的小水壶背在背上。当春游的队伍在老师带领下走出校门时，潘际銮远远看见母亲正站在路边的人群中向他们张望。队伍路过母亲身边时，母亲无言地塞给潘际銮一个小纸包，他打开一看，里面包了五粒粽子糖。幼年时的这一幕，潘际銮至今仍清晰记得，其中既有母亲无微不至的爱，也有当时家庭生活的艰难。

三、躲避日军轰炸

1937 年 7 月 7 日，日本发动“七七事变”，同年 11 月 12 日占领上海，12 月 13 日占领南京并进行大屠杀。在此期间，为了夺取九江进而占领武汉，日军对九江实施了轰炸。离潘家不远的纱厂和电厂是日军轰炸的主要目标，潘家因此常常要躲轰炸。飞机几乎每天来袭，不分昼夜。有时来三架，有时来九架，有时来二十七架。飞机飞得很低，时常用机枪向人群扫射。

一开始，为了方便躲轰炸，潘凤林找来一些枕木充当柱梁，在自家后院挖了一个防空洞。洞宽、深各一米多，长三米多，进出口转 90 度弯，警报一响全家就躲进洞里。不久，九江到了涨水季节，防空洞不能使用，潘凤林便备了一条小船，日军轰炸时全家坐船划往甘棠湖空旷的湖心。第一次晚上响空袭警报，潘际銮以为再也回不来这个家了，赶紧拿上他的书本和他最喜爱的东西——母亲给他做的一双新布鞋，带在身边。有一天晚上，正当他们的船划到湖心，炸弹落在了附近水域。爆炸激起巨浪，几乎将他们的船掀翻，一家人大受惊吓。为此，潘凤林在郊区地势高的地方租了一间农民的房子，全家搬过去居住。

过了一段时间，局势更加紧张，满街都是溃退下来的伤兵和难民。学校组织小学生给伤兵送水喝，潘际銮也参与其中。令他至今仍感动的是，伤兵都待在大街上，没有任何人进入民居扰民。

鉴于日益紧张的局势，潘凤林决定把部分家眷送回瑞昌老家，计划在日本兵打到瑞昌时就让大家躲到一个名字叫“鲢鱼洞”的山沟里。潘际銮的父亲、母亲和五岁的妹妹潘际华留在九江（因为潘父每天还要上班），祖父潘文傑、大哥潘锡圭、大嫂夏宝贤、大姐潘际和、二哥潘际炎、小侄女潘世英及潘际銮本人则回到瑞昌西街老屋居住。老屋已经很破旧，前面是一个铺面，租给一个叫何聋子的人做灯笼、爆竹生意，潘际銮一家住后屋。初到瑞昌，听不到凄厉的空袭警报声，不用惊慌失措地躲日本军机的轰炸，老家似乎成了潘家的世外桃源。

在瑞昌老家，哥哥姐姐们打麻将以消磨空闲时光。潘际銮不会打麻将，就经常跑到铺面和何聋子的儿子一起玩，或者帮何聋子做爆竹。何聋子把火药和捻子装好后，潘际銮用錾子逐个把它们轧死。有时候哥哥们也来铺子里玩，帮何聋子做灯笼。

这种宁静的世外桃源式的生活维持到 9 月。9 月初，潘际銮和哥哥、姐姐、侄女等随爷爷回到九江。因南浔铁路子弟小学没有高小，潘际銮进入滨兴洲小学读五年级。正是在这里，也正是在这一段时间，潘际銮和他夫人李世豫的人生轨迹有过一段短暂的交集，而这段交集竟然要等到 50 多年后才为他们本人所知晓。

李世豫（1931～　）祖籍湖南长沙。李世豫的曾祖父李朝兵是曾国藩部下，曾任两江提督。曾祖母周夫人被清朝封为“一品诰命夫人”。她父亲是国民政府税务工作人员，曾任某地税务局长。抗日战争爆发后，李家由南京逃难到九江暂居。李家暂住的房子、李世豫上学的小学，都与潘际銮及其家庭有密切关系。

潘际銮就学的滨兴洲小学离潘家很近，在三马路的南头。潘家对面是二马路，在那里有一所教会办的翘秀小学，设施比较讲究，学费也比较昂贵。潘际銮清楚地记得，那时，他可以从他们家的二楼看到对面的翘秀小学，有时他远远看见一些小女孩穿着漂亮的校服在操场玩滑梯、转盘，十分羡慕。没有想到的是，半个多世纪后的 1991 年，潘际銮和夫人李世豫回家乡访旧，夫人告诉他说，当年她随父母从南京逃难到九江，上的就是这所学校。而当李世豫指着二马路康济里一栋她们家当时住过的房子给潘际銮看时，潘际銮发现这房子还是他父亲代朋友邹季穆出租给李世豫家的。更巧的是，这所翘秀小学在新中国成立以后又和潘际銮读过的滨兴洲小学合并为滨兴小学，滨兴小学在 2008 年 11 月举行 100 周年校庆时，他们两人都作为校友被请回去参加庆典。实际上，潘际銮和李世豫初次相识是 1950 年在北京。可以说，他们的际遇是少有的巧遇奇缘。

第二章　逃难途中

一、父亲的肩膀

1937 年 12 月 13 日，国民政府首都南京陷落。紧接着，日本侵略军溯江而上，进逼武汉。为了阻止日本军舰，12 月 20 日，国民党军事机关在九江征集民夫万余人、轮船 18 艘、民船万余只运送石料，准备用石块和铁丝网在彭泽县辖区马当江面修建上、中、下三层阻塞线，作为长江第二道阻止日本海军进犯的防线。长江下行轮船止于九江。整个九江人心惶惶，好像大祸临头。

不久，潘凤林又得到消息，国民党政府要采取焦土政策，炸毁南浔铁路，阻挡日本军队自九江南下。为了免遭日寇蹂躏，潘凤林决心立即带领全家南逃。

1938 年初春，树叶还未吐新芽，冷风仍很刺骨。繁华的三马路南北大街多数商店关了门，街上人群拥塞。有人在往车上装货物或箱笼，有人围成一堆打听消息，有人则用小车推着或肩挑手提行李包裹，急匆匆往城外赶去，个个面露惊惶不安的神色——“逃难”开始了。

潘际銮自懂事起就一直住在这里的三马路二层砖房里，潘家现在要离开它了。潘际銮清楚地记得，离开家之前，潘母将家中物品整整齐齐地摆放好，家人用砖头从里面把大门堵上以防风雨侵蚀。当时的景象，就像是暂时的告别，但实际上从此之后他们再也没有回到过这个家。现在，这栋楼房早已在历史的变迁中彻底消失了。

在潘凤林的带领下，潘家扶老携幼，背着极简单的铺盖和饭锅，在拥挤不堪的九江火车站台，把老人和小孩从车窗塞进车厢，扒上了最后一班去南昌的火车。到南昌后，得知南浔铁路要在赣南遂川设留守处。此时，为避战乱，浙江大学内迁到距遂川不远的泰和，大哥潘锡圭也由南京金陵大学转学到了浙江大学电机系。于是，潘家拟南下泰和暂住。

潘凤林是一个乐于助人的人。他租了两条大木船，带妹妹一家及儿媳娘家的几家亲戚，20 余口人浩浩荡荡溯赣江而行。江水清澈，沿途风景优美。船划了好几天，大家只在经过吉安时有过短暂的下船活动，其余时间都在船上度过。此时的潘际銮尚在“少年不识愁滋味”的年纪，长途的逃难旅行，对于他来说十分有趣。

在泰和，潘凤林租到一处带庭院的大房子。园庭很大，树木茂盛，种了不少茶花和桂花，还有柚子树。潘际銮他们几个小孩在九江没有见过柚子树，又嘴馋，趁主人不在的时候，偷偷爬上树去摘柚子，主人发现后大声一喊，吓得他们从树上摔下，抱头逃跑。现在回忆起来，潘际銮觉得是一段有趣的童年经历。

不久，潘凤林开始在遂川南浔铁路留守处工作，潘际銮和兄弟姐妹仍随母亲住在泰和。潘际銮一边帮助母亲做些力所能及的事情，一边自学五年级课本，做习题。

1938 年 7 月 26 日，九江沦陷，泰和也不安全，浙江大学决定从泰和迁移到广西宜山。8 月，潘锡圭随浙江大学近千名师生奔赴广西宜山。潘凤林的心又悬了起来。

1938 年秋，潘际銮和二哥潘际炎、表哥闵漱淇一同考入了泰和县立中学。潘际銮和闵漱淇进入初中一年级学习，潘际炎进入初中二年级学习。当时 100 多人考初一，潘际銮以第十一名的成绩被录取，闵漱淇第四名。

日军的战火一天天逼近。1939 年春，南昌吃紧，南浔铁路解散。潘凤林获叙昆铁路的工作通知书，于是决定全家奔赴云南昆明。路线事先并不明确，但确定首先要到桂林与潘锡圭会合。后来的实际路线是：泰和—南昌—株洲—衡阳—桂林—柳州—贵阳—昆明。和潘家一起南逃的有潘际銮小姑姑一家和大嫂娘家的亲戚，男女老少共 18 口人。大家背了铺盖和饭锅，一路走了三个月，过着难民生活。

潘凤林带领大家乘船到南昌，再从南昌坐火车到湖南株洲。到株洲时正值下雨，潘家爬上了一列运煤的敞篷火车，打着伞坐在煤炭上，向衡阳出发。半路上日本飞机来了，火车司机立刻把车停下来，车上的人纷纷下车，奔向四周的田野躲避。潘家人搀着爷爷奔向田野，趴在树下隐蔽起来。扫射一阵之后，飞机飞向远处，人们才又陆续爬上火车，继续前进。

经过艰难的旅途，潘家一行终于来到了湖南衡阳。此时的衡阳也是一片混乱。他们一下火车就遭到敌机轰炸和机枪扫射，全家人躲在车站附近人家的屋檐下。几经周折，他们找到一家小旅馆，住下不久，远处又传来飞机的“嗡嗡”声和空袭警报声。爆炸声使整个旅馆摇晃起来，潘际銮和爷爷钻到饭桌下面，飞机走了之后他们才从饭桌底下爬出来。

在去桂林的途中，潘际銮和表哥闵漱滇不幸得了伤寒症，持续高烧，昏迷不醒。逃难途中无医无药，潘际銮的父母只知道伤寒病会使肠道溃烂，所以特别注意潘际銮的饮食，每天只给他喂一点米汤和开水。因为高烧和昏迷，潘际銮不知道他们是如何到达桂林的，但他清楚地记得，一路上他经常伏在父亲温暖、宽阔的肩膀上。他说，父亲那种坚强毅力和爱，使他永世难忘。

从九江到泰和，再从泰和到桂林，他们身后是蔓延的战火，而前面是未知的西南边陲。从异乡奔向异乡，流亡中的困苦、几个家庭的重担，一起压在潘凤林的肩头，但他从不让心中的愁苦流露出来。在潘际銮的记忆中，父亲总是那么乐观、开朗，不时地唱上一段京剧来消除大家的紧张和不安。潘际銮从父亲的身上深深地理解了什么叫毅力，什么叫顽强，什么叫乐观。生活的磨难、父亲的行动，给了潘际銮一种无形的影响，培养了他承受困难与挫折的坚韧性格。

二、社会课堂

在桂林期间，潘家的钱已经花光了，父母亲陷入了深深的忧虑。带在路上吃的烙饼已经发霉，母亲不舍得扔掉，用水洗去霉斑，把饼切成小块煮给大家。嫂子从手上摘下结婚时的金戒指交给父亲变卖，以解燃眉之急。在潘凤林的奔走下，好不容易从江西同乡会那里得到了一点救济。

潘家感到广西的局势同样十分动荡。潘凤林认为，即使到宜山找到大儿子潘锡圭，他也无法安排这十多个人的生计。后来，他们决定投奔在云南滇缅铁路工作的姑父闵孝同。

潘家分乘两辆卡车奔赴下一站——柳州。正当卡车要出发时，日本飞机来轰炸了。潘际銮所在的卡车开走了，但在另外一辆车上的潘际炎没来得及跑，就地躲在附近的山坡上，结果炸弹恰好落在他附近，差点丧命。

到达柳州后，潘家借住在一位九江的朋友家中。此时，潘际銮的病逐渐好转，高烧退去，精神开始恢复，有了强烈的饥饿感。他说，因为有了父母的精心照料，他才渡过了这个“生死关”。

在柳州，潘凤林到处活动想办法去昆明。最后，因大嫂的姑父王文俊在滇缅公路运输局工作，在他的帮助下，一家人才搭乘上西去云南的卡车。那时汽车质量差，一路抛锚一路修理，沿途还经常有土匪出没。

云贵高原的山，一座又一座，一重又一重，仿佛永远也走不完。雨下个不停，云雾笼罩着群山，恶劣的天气验证着“天无三日晴，地无三尺平”的俗语。汽车在崇山峻岭上盘桓，途经都匀、贵阳、黄果树、安顺、曲靖等地，经历了十多次险情，十多天后到达昆明。

姑父闵孝同热情地接待了潘际銮一家和随同来的亲戚。闵孝同原是胶济铁路专员，华北失守、胶济铁路撤销后调入昆明滇缅铁路任文书科长，先期到达昆明。闵孝同家住在昆明市朱家巷 6 号。这是一幢古旧的四合院楼房，上下堂屋两侧各有几个房间，两耳各有一个房间，中间是一个天井。还有一个宽大的庭院，里面种了很多茶花，非常漂亮，潘际銮是第一次看见这么大的白色茶花。房屋四周清洁整齐，光线充分。潘际銮家就暂住在姑父家。

经历了三个多月的逃难生涯，潘际銮面容消瘦了，皮肤晒黑了，唯有一双眼睛炯炯有神。难民们生计无着、露宿街头、衣衫褴褛、形容枯槁的惨状，深深地印在了潘际銮的脑海里。他懂得了帝国主义侵略战争的残酷和世道的艰难。流浪生活的辛酸让他幼小的心灵有了触动。社会课堂，比书本要深刻得多。

第三章 在昆明读中学

一、辗转于几所中学

到昆明不久，潘凤林被分配到叙昆铁路局地亩股工作，潘家颠沛流离的生活有了暂时的宁静和放松。地亩股设在昆明郊区的齐家村，潘家亦在此租住。齐家村地处偏僻山区，村子建在半山腰，村里住的三四十户人家全是彝族村民。村民在山上种水果和竹子，在山下种水稻。村里有一处泉水，修成一个小池，水质清澈，养了几条红色鱼，全村就靠这泉水生活。根据彝族人的居住习惯，一楼正厅喂养牲口，二楼正厅堆草，主人住东西两侧厢房。他们能租给潘家的只能是二楼正厅。牛粪、饲料的混合气味不时通过宽宽的楼板缝隙从一楼透上来。一年以后，地亩股找到一个破庙当做办公室，将破庙中后面两间小屋分配给潘凤林作为宿舍，潘家才稍稍改善了居住条件。

由于父亲只是地亩股的普通职员，收入微薄，家庭生活十分困难。为了填饱肚子，母亲想尽了一切办法，精打细算，也只能让大家吃上粗茶淡饭，但孩子们总是馋得慌，潘际銮和二哥潘际炎就偷偷跑到山上的果园或竹林里，摘点果子或挖点竹笋来充饥。宽厚的彝族老乡们体谅他们家的困难，从不责怪。

初中一年级的潘际銮

尽管家境艰难，潘凤林还是尽量设法供子女上学。在他看来，努力给孩子创造受教育的机会，是家长的责任和义务，也是对子女真正的爱护。1939 年秋，在父亲的奔波下，潘际銮和二哥潘际炎考进了由昆明搬到乡下躲避日本飞机轰炸的学校——云瑞中学。潘际銮读初一，潘际炎读初二。

云瑞中学距齐家村 20 多公里，中间隔着三条山梁，从家里走到学校要三个多小时。因为路远，他们在学校寄宿，每周六下午回家，周日下午返校。父亲虽然不具体检查他们的学习情况，但总是教育他们要珍惜来之不易的学习机会，要求他们即使刮风下雨也必须周日返回学校。潘际銮兄弟始终遵照父亲的要求，从来不因路远而旷课或迟到。

一天下午，潘际銮和二哥像往常一样正准备离家返校，突然下起了瓢泼大雨。两兄弟和父母都坚持按时回学校。父亲和大哥把他们送上了第一道山梁，目送着兄弟俩远去。没想到雨越下越大，眼前一片茫茫的雨雾。泥泞的山路又陡又滑，兄弟俩相互搀扶着艰难前行。突然，一阵狂风刮来，潘际銮手中的雨伞被卷进了路边的河里。此时山洪正沿河下泄，河水湍急。潘际炎舍不得那把半新的雨伞，要到河边把它捞回来。他让潘际銮拉着他的一只手，自己则俯下身子用另一只手去够雨伞。由于河岸坡陡泥滑，加上狂风暴雨，结果兄弟俩双双跌进了河里，被卷进了雨后暴涨的汹涌激流，一下子冲出了二三里地。恰巧有几位在河边干活的农民发现了他们，更巧的是这几位农民拿着长竹篙干活，他们迅速用长竹篙把两兄弟救上河岸。此时潘际銮已昏迷不醒，经抢救才脱离危险。淳朴的农民把两个孩子送到四五里路之外的学校，看着他们换上干净的衣服，确认他们没有问题后才离开。在回忆起这次死里逃生的经历时，潘际銮很感慨地说：当年他们兄弟不懂事，连句谢谢也没说，但对这几位救了他们性命的憨厚朴实的云南老乡，他们终生难忘。遗憾的是，潘际銮至今还不知道这几位农民的姓名。

一个星期后，兄弟俩从学校回家，全家人才知道两个孩子的惊险遭遇。父母久久说不出话来。他们既没有责怪，也没有用更多的话来安慰。可是，从那噙着泪水的眼睛里，孩子们感受到了父母的深切关怀。

由于物价飞涨，潘家的生活越来越艰难。为了缓解家庭经济困难，1940年春，潘凤林不得不让女儿潘际和外出工作。潘际和在九江时已上高中，此时辍学在家。经姑父闵孝同介绍，潘际和到滇缅铁路局文书科做科员，工作地点在禄丰县（当时滇缅铁路局所在地）。潘凤林让潘际銮兄弟俩随姐姐到禄丰中学读书，由姐姐供给他们生活费。这年暑假，大哥潘锡圭浙江大学毕业后也到滇缅铁路工作，所以也来到了禄丰。姐姐每个月到学校给他们兄弟送生活费。潘际銮每每回想起姐姐牺牲自己的学业，用微薄的工资供他们学习，心中就十分伤感。

禄丰中学的领导和老师很喜欢这两兄弟。他们不仅学习成绩好，课外也很活跃，潘际炎还担任了校文工团团长。他们协助老师排练话剧并担任主要演员，经常组织同学到街头演话剧宣传抗日。有一次，潘际炎在学校主演话剧《放下你的鞭子》，博得阵阵掌声和热烈喝彩，学校附近基督教会的牧师也来观看了他们的演出。演出结束后，牧师把他们兄弟俩请进教会，招待他们吃水果，给他们讲圣经，并送给他们《圣经》。少年潘际銮对宗教并无感觉，只是把《圣经》当故事书来阅读。

由于禄丰中学教学水平太低，1940 年秋，潘际銮两兄弟转学到昆明市内的天南中学读书。天南中学是一所教会中学，教学质量高，学校收费也比较高。任课老师或是中学骨干教师，或是大学讲师，或是各自领域里的专业人才，文化水平较高，教学经验丰富，在教学工作中兢兢业业，传道、授业、解惑一丝不苟。兄弟俩借住在同学家，在一家小餐馆包餐。由于开支太大，家里难以承受，半年以后，兄弟俩只好离开这所中学。

这年秋天，祖父潘文僳患肠炎。由于当时乡下缺医少药，潘文僳的病一直得不到有效治疗。1940 年 10 月 7 日，这位被子孙公认为培养后代有功的潘文僳老人在颠沛流离中去世，享年 81 岁。

1941 年春，由于叙昆铁路要停办，潘凤林由叙昆铁路调到滇缅铁路工作，全家随之迁到滇西弥渡（现大理白族自治州弥渡县）。是年秋，潘际銮考入镇南联合中学，开始高中阶段的学习。二哥潘际炎也同时考进了这所学校，读高三。

镇南联合中学由湖北武昌文华中学和希理达女中这两所著名中学内迁后联合组成。两校办学历史悠久，聚集着一批学富德高的良师。因滇缅铁路局方面的要求，镇南联合中学同意接受铁路局员工子弟入校学习。

天南中学和镇南联合中学均为教会学校，教学质量较高，特别是镇南中学，学校有不少美籍教师，英语课教师全由美国人担任，完全用英语授课。这两所中学不仅为潘际銮的数理化打下了很好的基础，也为他日后熟练掌握英语打下了扎实基础。

二、全省会考第一名

1942 年 3 月，日军进攻缅甸，占领仰光。滇缅铁路工程因此中止，潘凤林和潘际和相继失业。侵缅日军攻占云南的畹町、龙陵，继而进犯滇西腾冲。为了躲避战乱，潘家从滇西弥渡迁回昆明。不久，昆明局势也日益恶化，全家又计划北上逃往西昌。

在这段动乱的日子里，潘际銮和二哥潘际炎的学业完全中断。为了生存，父亲找亲托友，后来在老朋友范致远的帮助下，潘凤林在“21 兵工厂”找到了一份工作，全家在兵工厂家属宿舍所在地金陵新村安顿下来。之后，在滇缅铁路局女同事的帮助下，姐姐潘际和在易隆整车厂找到一份文员的工作。潘际銮随姐姐到易隆整车厂当临时工，负责仓库材料零件进出登记工作，潘际炎则随父亲到“21 兵工厂”当临时工。

1942 年潘家全家福

易隆是昆明东面寻甸回族彝族自治县的一个乡。易隆整车厂地处偏僻，设在县内由云南通往贵阳的公路旁，附近没有居民，更没有商店市场，生活很不方便。厂子很小，只有 100 多名员工，工厂主要业务是修理来往运输卡车。这里土匪猖獗，潘际銮和姐姐除了上班以外，平常只能躲在厂内，不敢外出。一天半夜，工厂附近突然枪声大作，持续了几个小时。第二天早上一同事外出打探，才知道是云南省主席龙云的三公子带了车队武装走私，被国民党政府杜聿明的中央军拦截，双方发生激烈交火，死伤不少人。

父母十分担心姐弟俩的安全，又找到瑞昌乡亲、“52 兵工厂”厂长王仍之，为大女儿潘际和找到一份工作。工厂在宜良县，离昆明不是很远，提供家属宿舍，于是潘际銮和姐姐转到宜良，潘母则把小女儿潘际华一起带过来，照料这几个孩子。为补贴家用，潘际銮帮助母亲摆小摊卖香烟，有时坐火车到齐家村买些水果挑到宜良县工厂的戏院门口卖。为了免票搭乘火车，母亲让他穿上二哥在兵工厂工作的军服，宽大的军服使潘际銮的体形显得更加瘦小。

艰难的生活没有阻挡住潘际銮前进的步伐，反而锤炼了他努力学习的坚忍不拔的意志。辍学期间，潘际銮常把书本带在身边，一有空就坐下来学习。他不仅自学完了高中一、二年级的全部课程，还做了大量数学、物理公式定律的推导。

1943 年春，潘凤林又有了相对稳定的工作和收入。在这种情况下，潘际銮考入国立西南中山中学读高二，继续他的中学学业。中山中学是国民党政府为照顾华侨子弟办的学校。但是，当时潘家生活还是极为困难，需要经济收入，无法同时让两兄弟上学。潘际炎很体谅父亲的难处，主动提出继续做临时工，让弟弟先上学。直至家庭经济状况好转后，潘际炎才恢复学业，并于 1946 年考入国立西南联合大学土木工程系。潘际炎长潘际銮三岁，两兄弟从小形影不离。本来他高潘际銮两个年级，最后却晚两年从清华大学毕业。对二哥为家庭和他本人所作的牺牲，潘际銮一直感激在心。

中山中学地处昆明郊区石塘山，是政府为了照顾华侨子弟而办的，不收学费，并免费提供食宿。国民党对这所学校控制很严，校长由国民党云南省党部图书审查处处长陈保泰担任。学校设军事教官，由部队军官担任，学生由教官管理。教室是几间平房，有一个操场，两间仓库充当宿舍，分别住男生和女生。宿舍内几排双人床挨在一起，像个大统仓。学生睡觉、起床、吃饭都须听教官发令。吃饭时，先集合排队，教官一声令下“开饭”，同学们一哄而上，围着一个大饭桶抢饭，力气大的先下手为强，力气小的则很难吃饱。每顿饭只有一个菜，如一大碗没有油的盐水煮蚕豆。每个周末，潘际銮将母亲准备的一包炒米、一小罐猪油或咸菜带回学校，用猪油拌饭以增加营养。生活虽然艰苦，但潘际銮十分珍惜这来之不易的机会，学习十分刻苦。

潘际銮爱学习，也绝对不是个调皮捣蛋的学生。但是，在中山中学期间，他却有过一次参与打架而险些被学校开除的经历。

那是 1944 年春，潘际銮读高三。他们班有一位姓程的个子高大的同学，依仗自己力气大而在班里横行霸道，经常欺负同学。同学们都对程同学惧而远之，不敢招惹。在这个班上，潘际銮和一位叫邱民从的同学学习成绩好，且为人正直，乐于助人，深得同学们信任，同学们推举他俩向学校反映程同学的情况。于是，潘际銮和邱民从去找教务主任陈文修，希望学校能对程同学进行管教。但是，反映情况之后，学校并未处理，程同学依然横行班里。

同学们想，既然学校指望不上，只有自己来教训程同学了。为了做好准备工作，他们从同学家找来一支手枪，并在野外练习实弹射击。因潘际銮枪法最准，几位同学商定由潘际銮持枪，但必须到迫不得已时才能使用。一天晚饭后，程同学单独在操场玩，同学们觉得教训他的机会到了。几位同学一拥而上，把程同学掀翻在地，一顿拳打脚踢之后散去。挨了一顿暴打的程同学随即逃出校园，但在第二天带回两颗手榴弹以伺机报复。藏在床头的手榴弹被邻床的同学发现并报告到教务主任陈文修那里。陈老师果断采取措施，把陈同学和手榴弹一起交校卫队扣留。事情发生后，学校校务委员会开会讨论处理办法，老师们一致要求开除领头的潘际銮和邱民从。

实际上，这所以招收华侨学生为主的学校此前曾发生过开除学生的事。华侨学生性格活泼开朗，经常在校园里聚在一起唱歌，不太守纪律，与学校军事化管理很不协调，并由此与教官产生矛盾。一天晚上，一些同学把教官骗到校外打了一顿，把教官的头给打破了。陈保泰校长非常生气。第二天，校长带来一个排的全副武装宪兵，召集全校学生集中列队训话。陈校长措辞严厉，将打教官的几名学生全部开除。

但是，这次结果却有点不同。潘际銮和邱民从是班上成绩最好的学生，虽然学校就他们打架的事情讨论过几次，但出于对优秀学生的爱惜，教务主任陈文修始终不同意将他们开除，并竭力劝说校领导和老师们放弃此种极端做法。最后，事情就不了了之。

高中毕业时的潘际銮

高三结束之前，云南省进行了全省高中毕业生会考，潘际銮获全省第一名，被保送进入西南联大读书。这是 1944 年的夏天，潘际銮以优异成绩为他的中学时代画上了句号。

第四章　国立西南联合大学

1944 年夏，潘际銮参加云南大学入学考试，被云南大学航空系录取。不久，他又收到了国立西南联合大学（简称西南联大）的录取通知书，他选择了心仪已久的西南联大机械工程系。潘际銮三兄弟都选择了工科专业。大哥潘锡圭读电机系，二哥潘际炎读土木工程系，他自己则选择了机械工程系。他们之所以选择学工程技术，与父亲潘凤林有很大关系。潘凤林一直抱有工业救国思想，而且长期在与工程技术密切相关的铁路部门工作。他认为，工程技术一定能对国家今后的工业发展发挥很大作用。

一、严格的基础训练

西南联大是抗日战争时期的流亡大学。1937 年抗日战争爆发后，为保存中国的文化和教育力量，北京大学、清华大学、南开大学三校被迫南迁湖南，组合成为国立长沙临时大学。随后京沪失守，战火危及长沙，仅维持了 4 个多月的国立长沙临时大学被迫迁往昆明，更名为国立西南联合大学。西南联大融北大、清华、南开三校校风为一体，集三校学贯中西的著名学者于一堂，可谓大师云集、群星璀璨，是当时中国规模最大的著名高等学府。学校共设有文、理、工、法商、师范等五个学院，26 个系，两个专修科，一个先修班。潘际銮就读的机械工程系属于工学院。工学院是西南联大规模最大的学院，机械工程系又是工学院规模最大、学生最多的一个系，与潘际銮一同入学的 44 级学生就有 44 名。

西南联大校务委员会主席由北京大学的蒋梦麟、清华大学的梅贻琦、南开大学的张伯苓三位校长担任，梅贻琦校长主持校务工作。工学院院长是施嘉炀教授，机械工程系主任为李辑祥教授。

西南联大位于昆明北郊大西门外，占地面积 120 亩，由著名建筑学家梁思成、林徽因教授设计，1939 年落成。学校建有泥土板筑的围墙，分南北两区，中隔环城马路。北区较南区约大四倍，有大门相对。进大门有一条稍宽的土路，由南向北直通北墙小门。北区是学校的主干区，大部分教室、实验室、图书馆、大礼堂、行政机构、学生宿舍和食堂等都在北区。南区的范围小多了，只有少许的教室。校舍十分简陋，只有食堂和图书馆为砖木结构，教室为土墙铁皮顶结构，学生宿舍和各类办公室为土墙茅草顶结构。校园内树木稀少，既无芳草如茵的绿地，更无争奇斗艳的花圃。

学生的住宿条件很差。宿舍呈长方形，中间为通道，东西各开五个纸糊木格窗户，每个窗户旁边和墙垂直摆两张双层床，一间宿舍密密地摆着20张双层床，住40个学生。平均一人占地大约2平方米，除床以外只有0.3平方米的地方摆一张书桌。因为宿舍空间狭小、拥挤，学生都不在宿舍看书做作业，学校附近的文林街、凤翥街、龙翔街等开设的茶馆，便成为西南联大学生“延伸的课堂”，不少人的论文和读书报告都是在茶馆里“泡”出来的。著名小说家汪曾祺是西南联大中文系学生，他最初的一些小说就是在茶馆写的，他后来自称“是在昆明的茶馆里泡出来的‘小说家’”。

简朴、平实的校园，艰苦的生活环境，非但没有让潘际銮感到陌生，反倒是倍感亲切。重要的是，在这所他仰慕已久的校园里，他能够师从全国著名的科学大师，目睹大师们的风采，亲聆大师们的教诲，他为此感到骄傲和自豪。潘际銮很快以满腔热忱投入西南联大的学习和生活之中。

西南联大继承了三校传统，实行通才教育。这种教育制度建立在自主选择、公平竞争的机制上。它重视培养学生掌握宽广、深厚的基础知识，不过早地确定学生的专业；提倡跨学科学习，给学生充分发展的空间。西南联大只设置了内容比较宽广的5个学院和26个系。系下面不设专业，只根据社会需要、师资与设备情况，在四年级设置内容有所侧重的若干专业组，由学生自主选修学习。

为贯彻培养通才的方针，西南联大非常重视共同必修的基础课教学。大学一年级全部为基础课，共同必修课有大一国文、大一英文。学校还规定，不论是文法学院还是理工学院的学生，都必须选一门社会科学概论（政治学、经济学、社会学、法学）、一门自然科学概论（物理学、化学、生物学、地质学）。这些基础课均由学有专攻、教学经验丰富的名教授讲授。学校希望通过他们高水平的讲授，激发起学生对这些课程的浓厚兴趣，让学生自觉学习，进而打下博学的基础。

入学第一年，潘际銮学习了国文、英语、微积分、物理、物理实验画法几何、工程画法等按学校规定一年级必修的基础课程。西南联大的国文课采用自编教材，课程内容涵盖古文、诗词、语体文的散文、小说、戏剧文学等。此外，潘际銮还选择了冯友兰教授的“哲学概论”和陈岱孙教授的“经济学概论”作为社会科学课程。

西南联大理工科专业特别重视数学、物理等基础课程，对学生要求十分严格。工学院承袭清华大学的学风，实行严格的考试制度，如期中考试、期末考试等。考题灵活多样，与平时作业练习绝不雷同。一些基础课教授每周还进行小考。小考方式简单，就是在上课的前 10～20 分钟，老师出个题目，学生写完答案交上后，接着上课。老师打分极为严格。例如，孟广喆教授如果发现计算小数点定位错误，不给分；第三位有效数读错了，也要扣一半分数。他们希望，即使在这种艰苦的条件下，所培养的学生也能达到抗日战争前的水平。另外，工学院学生四年要修满 136～140 学分才可毕业，与其他学院只需要修满 132 学分即可毕业相比，工学院学生的学习负担要重得多。所以工学院学生压力很大，淘汰率很高。

在这种严格要求的培养环境中，初入西南联大的潘际銮经历过两次“挫折教育”。

一次是在“普通物理”课上。这门课由著名物理学家霍秉权教授讲授。霍秉权教授是我国首批研究宇宙射线和核物理的学者之一。他上课时风度儒雅，态度和善，认真负责。如果同学们有什么问题，他总是很耐心地解答。他用达夫物理作为教材，但讲授的理论知识很前沿。他一边讲课，一边和学生探讨自然现象及它背后所蕴涵的科学哲学原理，课堂气氛十分活跃。中学时代，物理是潘际銮的强项，他很喜欢霍秉权教授讲授的“普通物理”这门课，从一开始就听得十分认真。然而，出乎意料的是，他的首次期中考试居然不及格！这让潘际銮吓了一跳，对他是个不小的打击。但是，潘际銮并不气馁，而是静下心来分析考试题目，寻找失败的原因。他发现，这次考试与以往在中小学所经历的考试有很大不同。老师不限于考课堂上讲过的内容，也不限于考平时要求学生做的习题，题型更活，内容也更加广泛。它不仅要求对所学概念、原理融会贯通，还要求熟悉和掌握与之相关的其他知识。这就不能像在中小学里那样，仅仅把握住老师教过的知识就能应付自如。这次挫折，促进了潘际銮后来各门课程的学习。

另一次“挫折教育”与实验有关。西南联大非常重视培养理工科学生的实验能力，重视实验等实践教学环节在培养科学人才中的作用。尽管西南联大地处边陲、环境闭塞、条件简陋，但学校的教育和教学并不封闭。学校很注意联系实际，并尽可能地与学校外部沟通和交流。战时条件下，办学经费紧张，理工科仪器设备极为匮乏。学校领导尽量集中一部分财力，通过各种渠道，从上海、香港地区甚至国外购置一些必不可缺的仪器设备，供学生实习和做实验。教授们也想方设法为学生创造一些进行科学实验的条件，保证人才培养质量。

有一次上物理实验课，潘际銮事先用英文写了预备报告，到实验室后按照规定的程序进行操作。他先安装好有关设备和仪表装置，然后进行实际测试，记录数据。不知是因为设备故障还是操作失误，他的实验结果出现很大的误差。反复实验之后，实验结果仍与标准答案相差20%以上。已经到了下课时间，实验还没有完成，而他又必须赶往另一地点上课。潘际銮着急了，按照预备报告的要求抄了一套数据，写了正式实验报告上交。不久，物理实验报告被退了回来，潘际銮受到助教的严肃批评，被责成重新进行实验。这件事给了潘际銮极大的触动。他感到，实验中的弊端反映了自己还缺乏严谨的治学作风和实事求是的科学素质。从此以后，每次实验和实习，他都自觉地严格要求自己，努力做到认真细致、一丝不苟。金工实习时，车出来的零件精度不够，他自己不满意，就重做；学校实验室材料不够，他就通过父亲到兵工厂去获取，直到自己满意为止。这样的学习过程锻炼出了他很强的动手能力，为他后来从事科学研究奠定了基础。

用英语授课在西南联大十分普遍。这主要是因为学校重视，教师学贯中西具备语言条件。另外则是当时西南联大中文科技教科书相对较少。在工学院，除了少数几门课程采用中文教材外，其他课程多采用英文书作为教材或主要参考书。教师中很多人用英语授课，学生的练习作业、实验和设计报告等也多用英文撰写。这就要求学生有很高的英语听、说、读、写能力。尽管潘际銮已有较好的英语基础，但初次接触大量自然科学和专业技术词汇，仍然感到十分吃力。经过一段时间的努力和适应，从开始的每小时读一两页到每小时读十多页，他终于能较为熟练地使用这门语言了。

二、自由的学习风气

西南联大实行选课制与学分制相结合的教学管理制度。学生可以根据自己的兴趣在一定范围内自主选课，有些喜欢的课程可以跨系、跨院选修，甚至也可以不选课而前去旁听。旁听在当时的西南联大蔚然成风，不仅学生旁听，老师之间也相互旁听。旁听意味着自由选择，意味着开阔视野，意味着学术对话。显然，西南联大的这种教学管理制度赋予了学生更大的学习自由。

潘际銮后来一直高度评价西南联大的教学管理，尤其是 20 世纪 90 年代当他以校长身份管理南昌大学的时候。他曾说：西南联大先进的教学内容、严格的教学管理制度，不仅为学生打下了坚实的知识基础，让学生及时领略了学术发展的最新成就，启发了学生的思考，而且培养了学生严谨的治学态度和实事求是的科学精神。西南联大又为学生创造了自由、宽松的学习环境，每个学生都可以按自己的意愿生活和学习，让自己的才能得到充分发展。潘际銮在南昌大学的管理中所推行的某些举措，可以依稀看到西南联大的影子。

整个大学一年级，从学期开始到学期结束，除了上课时间外，潘际銮几乎整天都坐在茶馆里，埋头在书籍的海洋中。每学习一门功课，他往往要把图书馆的各种教材、习题集、参考书都借来阅读。例如，“普通物理”课，他不仅阅读了图书馆内的有关外文教材，反复推敲每一条物理定律，还做了大量的习题，直到把所学知识融会贯通。凭着扎实的基础和惊人的勤奋，潘际銮的学习成绩迅速提高。他的每门功课，包括经济学和社会科学类课程在内，每次考试都能取得优异成绩。每学期学校用学号公布学生成绩，一些同学都熟悉一个学号——33687，因为这个学号似乎总是和高分联系在一起。只有少数人才知道拥有这个学号的同学的名字——潘际銮。

三、结业典礼

1945 年 8 月 15 日，日本侵略者宣告无条件投降。八年的艰苦抗战终于赢得了胜利，举国欢腾。西南联大师生欢欣鼓舞，他们在蒙蒙细雨中奔走相告。在胜利复员的声浪中，师生们兴致高昂，很多人在大街上摆地摊卖衣服和书籍，筹措路费准备北返，大有“白日放歌须纵酒，青春做伴好还乡”的气氛。

但是，西南联大并没有立即结束，而是在昆明继续了一段时间的教学，直至次年的 5 月。这是因为，三校之一的清华大学在沦陷期间先是被驻扎军队，后又改为伤兵医院，学校教学设施遭到严重破坏。科学馆、生物馆、化学馆、土木馆、电机馆等建筑虽然外观依旧，但多半内部已空无一物，必须经过先期回校教职工的大力整理恢复，才能勉强对付开学的需要。

1946 年 5 月初，西南联大提出，未毕业的学生可以根据自己的志愿选择进入北大、清华、南开三校完成学业。潘际銮和二哥潘际炎是工学院的学生，自然选择转入清华学习。

1946 年 5 月 4 日上午 9 时，西南联大全校师生在图书馆前举行结业典礼。北大、清华、南开及西南联大在昆明的校友都参加了典礼，国民政府省市各机关负责人及各界人士也应邀出席。典礼由梅贻琦常委主持，他代表常委会宣布西南联大正式结束。

结业典礼有些悲壮。结业典礼结束后，全体师生到校园后山举行了“国立西南联合大学纪念碑”揭幕式，冯友兰教授在揭幕式上宣读了受校方委托撰写的碑文。“万里长征，辞却了五朝宫阙。暂驻足衡山湘水，又成离别，绝檄移栽桢干质，九州遍洒黎元血。尽笳吹弦诵在山城，情弥切。千秋耻，终当雪，中兴业，须人杰。便‘一成三户’，壮怀难折。多难殷忧新国运，动心忍性希前哲，待驱除仇寇复神京，还燕碣……”悲壮激越的校歌再次唱起，潘际銮满含热泪深情凝视校园的一房一路、一草一木，告别自己永远的精神家园。

从 1938 年 5 月 4 日开始，到 1946 年 5 月 4 日结束，西南联大在昆明整整八年。历史会永远记住：有这样一所大学，它诞生于战火纷飞的抗日战争期间；有这样一群知识分子，在国难当头之际，不远千里，走到中国南陲，在极其艰苦的条件下，授知识于青年，示气节于学生，教做人于弟子，浩气长存。而那些当时还是学子的青年，在血与火中求学与锤炼，其中不少人后来担当起中国各个学科的中流砥柱，成为中国科技事业的“元勋”，为国家的建立与发展作出了不可磨灭的贡献。

四、清华大学

1946 年 8 月中旬，潘际銮和二哥潘际炎带着母亲亲手用旧衣服改做的棉袍，靠学校发的 15 万元法币和暑期打零工挣的钱，在父亲朋友的帮助下，搭乘运货飞机离开昆明，前往上海，准备从上海转道去北京。

离家那天，潘母陈翠珍的眼里含着不舍的泪水。从来不擅长用语言表达爱和感受的她，只是反复叮嘱兄弟俩路上小心，好好读书。看着母亲沧桑的容颜，潘际銮一阵心酸。他万万没有想到的是，此次和母亲一别，竟成永别。1949 年元月 20 日，陈翠珍因高血压脑出血在重庆去世，享年 58 岁。

兄弟俩到上海后，受到在上海税务专门学校读书的表哥闵漱溟的热情接待。自 1942 年潘家逃离镇南回到昆明后，潘、闵两家分散，表兄弟之间已有四年未见面，骤然相逢异常亲切。闵漱溟陪他们参观了上海街道和外滩。几天后，西南联大联络处的老师为他们联系到了上海至唐山的运煤轮船，潘际銮兄弟俩乘轮船到秦皇岛，再由秦皇岛乘车到北京。辗转一个多月，虽然旅途辛苦，但当潘际銮踏进清华园时，面对一幢幢漂亮的西式教学楼和学生宿舍、明亮宽敞的图书馆阅览室和收拾得井井有条的实验室，他仍然抑制不住内心的兴奋和激动。潘际銮兄弟俩住进了清华园新斋。

大学毕业时的潘际銮

清华园明朝时为私家花园，清朝康熙年间成为圆明园的一部分，称熙春园。道光年间分为熙春园和近春园，咸丰年间改名为清华园，所以清华园实际上是皇家园林。1911年4月29日，清政府用美国退还的部分“庚子赔款”办起的清华学堂正式开学，这便是“清华”历史的开端。

秋天的校园里，漫天旋转的黄叶画出季节更迭的轨迹，秋色笼罩下的大学校园别样精彩。10月10日上午10时，3000多名复员师生和员工在大礼堂隆重举行复校庆典，梅贻琦校长庄严宣布学校开学。11月5日，学校正式开课，清华园书声琅琅，再诵弦歌。潘际銮已进入大学三年级，他潜心学习，以遂“科学救国”之志。

经过四年的学习，1948年7月，潘际銮从清华大学本科毕业，获工学学士学位。此时国家处于内战动荡时期，经济、实业十分萧条。毕业以后何去何从？潘际銮心里很有些忧虑。同学当中有钱、有背景、有门路的可以去美国、上海，进大公司、大工厂，但潘际銮没有这些条件。当时机械系有四个留校做助教的名额，七八个毕业生报名争取，其中包括潘际銮。在留校人选问题上，机械系出现了不同的意见和方案。钱伟长教授提出完全按成绩择优录用，多数教授同意钱伟长教授的意见。由于潘际銮的成绩排在前四名之内，被留在清华大学机械系做助教。当公示栏中出现潘际銮三个字时，他那紧张的心情才松弛下来。他兴奋地给在重庆工作的父亲写信报告这一消息。

第五章　与焊接结缘

1948年8月，潘际銮成为清华大学一名助教，被安排在锻工实习车间指导学生锻工实习。年轻的潘际銮以愉快的心情开始了他的新生活。为了熟悉锻造操作，他花大量时间向工人师傅学习打铁。开学以后，当学生进入车间时，他能熟练地指导学生进行操作，悉心解答学生的问题，成为学生的良师益友。不久，他被安排做著名科学家、教育家刘仙洲教授的助教。刘仙洲（1890～1975）是我国著名的工程教育家、机械工程学家，中国机械史研究的开拓者。他于1952～1966年担任清华大学副校长，对清华大学的发展作出了重要贡献。刘仙洲教授勤奋、严格、诲人不倦的育人态度，理论联系实际、学理与实验并重的教育思想，对青年时期潘际銮的成长有深刻影响。

1948年秋季的北平，表面上平静，实际却正孕育着一场巨大的变动。10月，在同级同学吴佑寿的介绍下，潘际銮参加了中国共产党地下外围组织——中国民主革命同盟。1949年1月31日，北平和平解放。饱受战争苦难的潘际銮对一个已经到来的新时代充满期望。在他眼里，周围处处显露出朝气蓬勃的气息。不论是在校园里，还是在大街上，他都感受到一种新的生活实实在在地开始了。

1950年4月，一个名叫李世豫的19岁姑娘从武汉的一个文工团来北京考大学。为了找地方住宿，她通过朋友找到湖南同乡龙驭球帮忙。龙驭球为人忠厚，乐于助人，当即给李世豫找了一个地方住下。当时潘际銮与龙驭球在清华园工字厅同住一屋。工字厅的庭院里树木葱郁，桃花和玉兰花盛开，在这里潘际銮与李世豫相遇。李世豫是一个娇小而美丽的姑娘，一张秀丽、白皙的瓜子脸，长长的睫毛下是一双水灵灵的大眼睛，长发梳成两条辫子。潘际銮对李世豫产生了爱慕之情，主动帮助她复习

李世豫（摄于1949年）

功课备考。不久后两人产生感情，并互定终身。

一、师从普罗霍洛夫教授

1950年8月，教育部决定从全国各高校选拔150名优秀青年教师到哈尔滨工业大学（简称哈工大）进修俄语，为全面学习苏联、改革中国教育制度作准备。潘际銮听到这一消息后积极报名，希望多学习一些知识报效祖国。8月30日下午，清华大学第十三次校务工作会议对潘际銮等10位赴哈尔滨工业大学学习的助教进行审核，并呈报教育部核定。

哈尔滨工业大学位于哈尔滨南岗，其前身为哈尔滨中俄工业学校，创建于1920年，建校宗旨是为“中长铁路”培养工程技术人员。哈尔滨工业大学从她成立的那天起，就与苏联结下了不解之缘。1950年6月，哈尔滨工业大学由中长铁路移交给中国政府接管，当时全校有教师144人，其中本地苏联侨胞120人，中国教师只有24人。中央人民政府把向苏联学习作为基本战略方针，哈尔滨工业大学理所当然地承担起这一历史使命，并成为我国最早学习苏联教育经验的两所样板学校之一。

1950年9月初，潘际銮奔赴哈尔滨工业大学。一到学校，他便投入紧张的突击式俄语学习中。虽然学习时间紧迫，但由于任务单一，加之教师为俄罗斯中年女性，讲授细致得法，半年之后，潘际銮就能够听懂俄语并会用俄语给机械系本科生讲课。当时哈尔滨工业大学师资缺乏，潘际銮和进修俄语的助教们一边学习俄语，一边给本科生上课。

此时，朝鲜战争已于此前的6月25日爆发。由于有以美国为首的联合国部队介入，战火很快烧到我国东北边境。战争破坏了东北人民的和平生活，打乱了学校正常的教学秩序，哈尔滨工业大学校园内外充满了紧张不安的气氛。此时的潘际銮十分牵挂年迈的父亲、年少的妹妹和紧张学习的女友。他们都是刚从外地来北京不久，人地生疏，他们需要他。但是，潘际銮仍然决定留在哈尔滨工业大学，与哈尔滨工业大学的师生一起全力做好支前工作。他和师生们一起夜以继日地修飞机场，建造飞机掩体，做炒面等。他坚信，曾经饱受日寇侵略和战乱之苦的父亲、妹妹和女友，会理解他，支持他。

1951年年初，苏联50多位专家陆续进入哈尔滨工业大学校园。这些专家具有很好的理论功底、实际能力和敬业精神，哈尔滨工业大学在他们的帮助下进行教育改革。不久，教育部又作出决定，将潘际銮这批俄语进修生全部转为研究生，在苏联专家的指导下进行深造和研究工作，为加速新中国的工业发展作人才准备。

1951年2月，潘际銮到焊接师资研究班学习。在此之前，潘际銮对焊接并无特别偏好。不过，在清华大学读书时他听过李辑祥教授讲授的“焊接学”课程，知道焊接技术的重要性，知道这门发展中的先进技术将会在新中国未来的经济建设中发挥重要作用。他愿意做新中国焊接技术领域里的第一批铺路石。因此，他主动报名攻读焊接专业。这是他一生中最重要的抉择之一，从此，潘际銮就与焊接事业结下了不解之缘。

专业确定不久，他收到女友李世豫的来信，信中表现出对潘际銮专业选择的关切：“……我对焊接技术了解不多，但我的朋友和周边的人笑话我说：你男朋友学焊接？学焊洋铁壶、修自行车干吗？”由此可以看出当时普通人对焊接这个新的技术领域缺乏了解。

李世豫（摄于1953年）

潘际銮的导师是焊接专家普罗霍洛夫教授。普罗霍洛夫教授在苏联鲍曼工业大学任职，是这批专家中唯一获得过博士学位的学者，在焊接理论和实践上有很高的造诣。

普罗霍洛夫教授是位思维活跃、视野开阔、有远见卓识的学者，他不仅重视本学科领域的动向和进展，还关注当代科学技术的最新成就和趋势。他总是力求使研究工作立足于科学技术发展的最前沿。他为潘际銮确立的研究方向是焊接中的热裂纹，这是当时焊接技术中的一个前沿问题。

裂纹历来是焊接的大敌之一，探索焊接中热裂纹产生的原因和机制，寻求避免和防止热裂纹的途径，这在理论和实践上都有重大价值。关于热裂纹产生的理论，当时在苏联主要有两个学派。一派学者曾经对化学成分对金属在焊接时抗热裂纹性能的影响做过很多工作，他们认为，低熔点共晶组织的体积、成分及性质是决定金属抗热裂纹的主要因素，并根据这种概念建立了化学成分、冶金过程对热裂纹的影响的理论。普罗霍洛夫是另一学派的代表，他在考虑化学成分影响的同时，还试图研究金属在焊接高温下的应变行为和塑性能力，从力学的角度揭示热裂纹产生的原因。但是，当时他在这方面的研究工作还只是初步的，有些认识还比较模糊。

焊接技术的奥秘引起了潘际銮的学习兴趣，他整天泡在实验室。实验发现，当温度达到某一阶段时，金属的塑性及强度将同时急剧下降，直至几乎为零。金属性质极为脆弱的这一温度阶段，称为该金属的脆性温度阶段。普罗霍洛夫认为，金属焊缝内发生裂纹的时期，就处在脆性温度阶段。而在这个阶段产生的裂纹，总是从晶粒间层穿过，所以被称为晶粒间层断裂。

在普罗霍洛夫的指导下，潘际銮利用工业用铝制成条状试件，对金属在脆性温度阶段内的形变、形变速率和塑性等因素的关系进行了深入的实验研究。普罗霍洛夫是一位很重视实验并善于进行实验的导师，而潘际銮也充分发挥了他的动手能力和实验才干。没有现成的拉伸设备，他用一台旧车床改装成了符合要求的拉力机，又做了一台温度可控的马弗炉。为了使试件温度均匀并不至于因自重而断裂，他巧妙地把铝试件平托在一个铜模上，收到了良好效果。通过实验，他不仅进一步验证了某些关于金属形变和断裂的理论，而且获得了一些很有价值的重要发现。

（1）实验表明，金属在脆性温度内的塑性极为微小，但当温度略为越出脆性温度阶段时，其塑性陡然上升，增大到与原来塑性不可相比的程度。金相实验证明，在脆性温度阶段内，试件受拉破坏纯系晶粒间层断裂。

（2）金属在脆性温度阶段内的塑性虽然极小，但并非不变。在一定的形变速率下如果温度升高，则金属的塑性将逐渐降低，但存在一定的临界值，超过此临界值后，温度的增加相反会提高金属的塑性。金属在脆性温度阶段内，一般是液相和固相同时存在的组织。这种液固相同存在的金属，其塑性取决于很多因素，如液相与固相体积的比例、固相晶粒的大小、结晶情况等。当温度略高于固化线温度时，金属具有某一最低的塑性值。温度增高时，由于液相的增多，金属的塑性将增大；温度降低时，则由于晶粒本身的滑动变形增多，金属的塑性亦将增加。

（3）金属在脆性温度阶段内的塑性不仅与金属所处的温度有关，而且与金属所承受的形变情况有关。在一定温度下，形变速率越大，金属的塑性越小。

这些发现具有重要的意义。一方面它比较深入细致地观察到了金属塑性在脆性温度阶段及其附近的变化规律，打破了过去的传统概念，即笼统地认为当温度达到脆性温度阶段时，金属的塑性与强度均将急剧下降，直至为零，从而丰富了普罗霍洛夫的理论。另一方面证明了金属在脆性温度阶段的力学行为不仅取决于其化学成分，而且取决于其形变状态、形变速率。

潘际銮同普罗霍洛夫讨论了上述实验成果，并从理论上进行了较深入的分析和总结，初步形成了描述焊接中金属热裂纹形成机制的物理模型。

在焊接过程中，焊缝金属一般不受外应力，内部的应力是互相平衡的内应力，因此在脆性温度阶段，金属是否断裂要由金属的塑性和它所承受的形变的关系来衡量。焊接区的形变取决于焊接热过程和结构刚度，金属的塑性则取决于材料的性能。潘际銮的实验证明塑性还与形变的速率有关。于是关于金属在焊接过程中是否产生热裂纹，潘际銮和导师提出了以下判定，见下图。这个图全面地阐明了焊接过程中各个因素对产生热裂纹的影响和它们之间的相互关系。

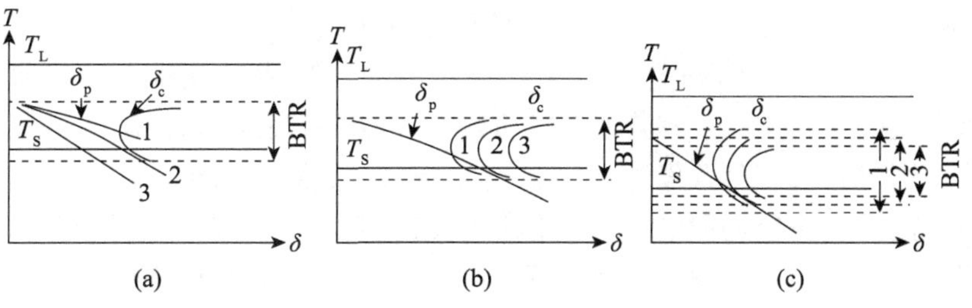

焊接热裂纹形成机理

图中横坐标 δ 代表金属的塑性及其承受的变形；纵坐标 T 代表温度；两条水平实线分别代表固化线温度 T_S 及液化线的温度 T_L；两条水平虚线代表脆性温度阶段（BTR）的上下限；曲线 δ_p 代表焊接金属所承受的实际变形与温度的关系；曲线 δ_c 代表金属在脆性温度阶段的塑性，即断裂的塑性临界值。

图（a）显示，当金属的塑性保持不变时，如变形曲线 δ_p 由 1 至 2

至 3 变化，裂纹产生的可能性逐次减小。δ_p 曲线为 1 时，它与塑性曲线相交，故将产生热裂纹；δ_p 曲线为 2 时为临界状态；δ_p 曲线为 3 时将不产生裂纹。

图（b）显示，当变形曲线不变而变形速率改变时，由于变形速率的增加，金属的塑性将降低，金属产生热裂纹的可能性增大，而变形速率减小时热裂纹产生的可能性将减小。

图（c）显示，当变形曲线、变形速率及其他影响金属力学的因素不变，而材料因素变化，脆性温度阶段随 1、2、3 的次序缩小时，裂纹产生的可能性将减小。

通过实验研究和分析，他还获得了两点重要认识。一是热裂纹产生的温度是在脆性温度阶段内，但它并没有一定数值，它的大小取决于形变、形变速率、塑性等因素之间的关系。而这些因素，即使是同一种材料、同一种化学成分，也可能因不同结构、不同拘束度、不同焊接规范而变化。二是金属的脆性温度阶段并非金属的凝固温度阶段，也不是固化线与液化线之间的阶段。脆性温度阶段的下限可能在金属固化线以下，因此，金属产生热裂纹的时期也可以是在固体状态时，而并非必须是液体与固体同时存在的时期。

普罗霍洛夫和潘际銮建立的这一理论，全面地考虑了所有可能的因素，包括机械因素（形变、形变速率）及冶金因素（脆性温度范围大小及塑性）等，并对这些因素之间的关系进行了科学的分析。运用这一理论，就有可能在各种焊接工作中分析裂纹产生的可能性。

1953 年，潘际銮在整理总结这些实验研究成果的基础上，完成了他的研究生毕业论文——《焊接中金属的晶间层断裂问题》。论文是用俄文写的，当时并没有公开发表。这篇论文显示，潘际銮已经初步具备驾驭困扰研究前沿的纷繁局面的能力，他善于在千头万绪的实验数据中分析和看出问题的症结所在。这是一种在科学研究中最不可缺少的和最宝贵的能力。潘际銮的一些主要成果被吸收和反映在普罗霍洛夫 20 世纪 50 年代后期发表的论著之中。

20 世纪 50 年代初期，我国的工业非常落后，工厂、矿山经常出现需要解决的焊接技术问题。普罗霍洛夫不仅是学术造诣很深的学者，也是有实践经验的技术专家，所以他常常应邀到我国一些厂矿访问，帮助解决生产和基建中遇到的焊接技术问题。潘际銮作为他的研究生，也成为他在工作中的助手和专业技术翻译。普罗霍洛夫熟悉焊接设备，熟悉焊接工艺，善于运用理论处理和解决实际问题，这些都给潘际銮留下了深刻的影响。

有时遇到潘际銮能够解决的焊接问题，普罗霍洛夫就鼓励潘际銮独立处理，这就给潘际銮提供了很好的在实践中锻炼的机会。1953年，鞍钢的一座平炉炉壳出现了一条很长的裂缝，生产被迫停止。工厂领导来到哈尔滨工业大学，请普罗霍洛夫指导进行焊接修复。普罗霍洛夫把这一紧急任务交给潘际銮，他认为潘际銮有能力处理这一问题。潘际銮到现场后发现工厂修理人员不了解焊接的基本技术要求，竟在裂缝中塞进钢条，对接口也不作任何处理，就在表面进行焊接。潘际銮知道，这样的焊接是极不牢固的，必然会再开裂。他立即制止了工人的这一做法，并说服工人们取出塞进裂缝中的钢条，认真处理裂缝接口，严格按照工艺要求重新进行焊接，结果高质量地完成了修复任务，受到了工厂的好评。以后他参加了比较多的实际工作，积累了一定的生产经验，专业水平很快得到提高。

二、筹建新专业

1952年9月，哈尔滨工业大学决定筹建焊接教研室，潘际銮被任命为焊接教研室代理主任。在苏联专家的指导下，他与焊接师资研究班的5位同学开始建设焊接实验室。同年，哈尔滨工业大学决定从1950年入学的本科生中抽调两个班的学生进入焊接专业学习，以焊接师资研究班6人为骨干，筹建焊接专业。这一年潘际銮非常忙碌，他的研究生毕业论文到了关键时刻，他还担负了哈尔滨工业大学焊接专业本科生的教学任务，又要参加实验室和焊接专业的筹建工作。但是，这对于年轻的潘际銮来说，却是难得的机遇。他坚定信心，不急不躁，经受住了严峻的考验，取得了宝贵的经验。他感到，不仅在科研上、教学上，而且在组织和管理上，自己正逐渐成熟起来。

1953年暑假，潘际銮回北京探亲，并向清华大学校、系领导汇报了自己在哈尔滨工业大学的学习和工作情况，接受了清华大学委托主持筹建清华大学焊接专业和焊接教研室的任务。

创办一个专业，首先需要一批具有相关专业知识的教学骨干，但清华大学没有现成的焊接专业师资，国内也缺乏焊接专业人才。清华大学领导决定抽调一批机械系三年级学生，以及部分机械系、土木系、电机系老师及研究生开展焊接培训，为创办焊接专业作师资准备。潘际銮根据在哈尔滨工业大学参加筹建焊接专业的经验迅速开展了工作。他拿着苏联高等学校焊接专业教学计划，向筹备组的教师逐一介绍每门专业课程的大致内容，运用苏联的教材开展课堂讨论，进行教学准备。1955年，他们根据专业教学计划中实验的要求，着手规划实验室建设。当时学校没有房屋，没有设备，经费也很紧张。他从规划设计实验楼、订购实验设备开始，尽心尽力地筹措和安排。

哈尔滨工业大学焊接专业也是刚刚起步，专业教师紧缺，校长李昌极力挽留潘际銮毕业后留在哈尔滨工业大学任教，清华大学校长蒋南翔则希望潘际銮回清华大学筹建焊接专业。后经两位校长多次协商，潘际銮在研究生学习毕业以后留在哈尔滨工业大学工作两年。1953 年 9 月，潘际銮带领在清华大学参加焊接培训的 10 多名学员一起来到哈尔滨工业大学，潘际銮在校工作，学员们则参加第二届焊接师资研究班的学习。哈尔滨工业大学热情地接纳了他们，并给学员提供了很好的进修条件，有的接收为研究生，有的帮助他们制订了进修计划，安排他们听苏联专家讲课。潘际銮和这批学员抱着建设新专业的责任感和使命感，全身心地投入学习和工作之中。在苏联专家的指导下，潘际銮和这批学员一起，进一步明确了焊接专业的方向和培养目标，研究和制订了教学计划，完成了清华大学焊接实验室的规划和设计。

1955 年暑假，潘际銮和这批通过焊接培训和研究生学习的年轻教师同时从哈尔滨工业大学返回清华大学。清华大学校、系领导对潘际銮寄以很高的期望，希望他组建好焊接专业，不仅为国家的工业发展培养人才，同时为正在兴起的国家工业建设提供技术支持。这一期望是可以实现的，因为潘际銮和他的教研组教师们正以饱满的热情投入教学和科研之中。

1955 年 8 月，清华大学正式建立了焊接教研组，潘际銮被任命为焊接教研组主任。潘际銮是清华大学焊接专业和焊接教研组的创业者，也是中国第一个焊接专业和焊接教研组的建设者。

潘际銮对哈尔滨工业大学感情很深。1995 年 6 月，在哈尔滨工业大学 75 周年华诞前夕，他心潮澎湃，赋七绝一首：

倏忽离校四十载，
辛劳换取两鬓霜。
恩师培养忆犹新，
共祝母校共盛昌。

潘际銮在诗后自加注解：我于 1950～1953 年在哈尔滨工业大学念研究生，1953～1955 年在哈尔滨工业大学任教，1955 年离校，故为 40 载；“恩师培养忆犹新”——当年我的导师是苏联鲍曼工业大学教授普罗霍洛夫博士，是他引导我进入了探索科学规律的大门，也是我从事科学研究的开端，得益匪浅，永铭在心。

1991 年，潘际銮在莫斯科与导师普罗霍洛夫合影

中国科学院院士、华中理工大学校长杨叔子与潘际銮遥相呼应，调寄《蝶恋花》，贺哈尔滨工业大学建校 75 周年。

北国奇葩争怒放，
七五年华，
六万良才壮。
暴雨严霜谈笑看，
蓬蓬勃勃谁能挡?!
沐浴春阳姿别样，
彩焕园内，
更是惊雷响。
无畏精神新路探，
风骚独领高名享。

潘际銮与杨叔子一唱一和，在教育界传为佳话。公正地讲，与专业诗人相比，潘际銮、杨叔子的诗词在艺术技巧上或许有些逊色，可他们在诗词中流露的真情实感、他们对母校的一往情深，给人留下的印象是深刻的。

第六章　激情燃烧的岁月

一、意气风发

1953年9月14日，《新清华》刊登了一则消息："清华大学及中央高等教育部批准，增设了四个专业，即焊接及其设备专业、暖气通风专业、拖拉机专业、电子管制造专业。"

新开设的焊接及其设备专业是清华大学机械系中"最年轻"的专业，随后成立的焊接及其设备教研组是机械系中"最年轻"的教研组，潘际銮是机械系各教研组中最年轻的教研组主任。

焊接及其设备专业第一批新生是1953年入学的，当时清华大学还没有焊接教研组，只有一个附属在金属工艺学教研组内的焊接小组。焊接小组共12名教师，除潘际銮这位唯一学过焊接的研究生和一位"改行"过来的助教外，其余都是刚抽调过来的研究生和大学生。面对这样一个新建专业和一批年轻教师，那些因仰慕清华大学大师、教授风采而来的学生的心中难免有些许失落和不满。加上对焊接专业不了解，有的学生认为"焊接"太简单，没什么好学的，要求调换专业。一些中学课程学得好的学生，认为学焊接会埋没自己的才能，甚至满腹牢骚："完了，这辈子只能去焊洋铁壶和自行车了！""这玩意儿还要学五年？"有些学生本来是想着学汽车、学拖拉机专业的，既然学校分配下来学焊接，也就硬着头皮服从分配。所以，当潘际銮他们满腔热忱积极投身新专业建设的时候，面对的第一个任务是做学生的思想工作，稳定学生情绪。

潘际銮利用一切机会接触学生，如数家珍地向学生介绍焊接技术的特点、地位和作用。下面是当年《新清华》报上登载的潘际銮对学生的讲话：

> 焊接是一门新兴的先进技术，是衡量一个国家工业发展的标志。焊接能节省原材料，坚固美观，简化工序，并能改善劳动条件。世界上约有一半的钢材需要焊接才能成为可用的产品，一辆

轿车约有7000个焊点，一架飞机约有25万个焊点和250米焊缝，一个焊接的锅炉要比铆接的锅炉节省金属25%。想一想，焊接是多么重要而有意义的工作啊！……

国家机械制造工业的发展离不开焊接工程师，尤其当你们毕业时，正是国家进行第二个五年计划的时候，先进的焊接技术将被广泛采用，你们这些人就是国家的有用之才！……

潘际銮还给学生列举了第二次世界大战时期苏联坦克制造中成功运用新型焊接方法的例子，又找来一部关于苏联焊接的电影，让学生从中了解这个新专业将在国家工业建设中起着多么巨大的作用。

焊接专业处于初创阶段，一切从零开始，面临很多困难，任务十分艰巨。潘际銮和教研组的这些年轻教师满腔热情，他们要用自己的智慧和才干，勤劳和魄力，甚至热血，为祖国培养一大批全国最好的、国家急需的焊接科技人才，要把焊接教研组办成国内一流、接近世界水平的专业教研组。他们的目标非常明确，信念无比坚定。所以，当他们被派往哈尔滨工业大学学习时，虽然本科都不是焊接专业，但在苏联焊接专家Г. Ф. 斯卡昆副教授和M. H. 卡布钦柯副教授的指导下，潜心学习，不仅在短时间内完成了焊接专业课程学习任务，掌握了专业课的内容，而且每个人都亲身实践了教学的每一个环节，包括进行了课程设计和毕业设计，熟悉了指导设计的方法。

1955年暑假，潘际銮和这批通过焊接研究班学习的青年教师同时从哈尔滨工业大学返回清华大学。1955年8月，清华大学正式建立了焊接教研组，潘际銮被任命为焊接教研组主任。1956年上半年，焊接教研组开出了第一门专业课——“焊接冶金原理”，下半年又开出了六门专业课。为了保证教学质量和教学秩序，潘际銮一年讲过几门专业基础课程，深受同学们的欢迎。焊接馆竣工后，实验室设备陆续到位，每个教师和研究生都分配到了一定的实验室。按照实验室建设规划，他们要在一年之内基本完成焊接专业九个实验室的建设，并准备好各门课程的实验课。

在抓教研组教学工作的同时，潘际銮鼓励教师积极开展科学研究，希望通过承接科研项目和让学生参与科研，使他们从科研中感受到国家工业发展对焊接专业需求的紧迫性，以此锻炼教师和稳定学生队伍。潘际銮主持开展了“杜拉铝点焊”研究，研究进展顺利，取得了满意的成果。在清华大学第一次科学讨论会闭幕式上，副校长刘仙洲教授在总结报告中对潘际銮的研究工作给予了表扬：“……青年教师所完成的工作中，也有一些比较好的，如潘际銮的论文工作‘杜拉铝在小功率设备上点焊问题研究’，得到满意的实验结果，并进行了理论上的分析，表现出具有独立研究的能力。”

研究生张连第等去大连机车车辆制造厂，协助该厂用我国原料进行熔炼式自动焊药研究并获得成功，不仅为国家节约了外汇，而且对其他年轻教师也是很大的鼓励。之后，他们根据企业需要，又研制成功一种新型渣系陶质焊药，结束了我国从国外进口陶质焊药的历史。

科研工作所取得的成绩，大大鼓舞了年轻的焊接教研组的教师，凝聚了人心，同学们对焊接专业和年轻的教师们的看法逐渐转变。部分课题吸纳了学生参与，不仅融洽了师生关系，也使同学们感受到了焊接专业在国家工业建设和国防建设中的作用，感受到国家对焊接人才的迫切需求。他们用热情的诗歌表达了自己对焊接专业的热爱：

没有你——焊接的光芒，
飞机将不能在高空飞翔，
军舰将不能在大海中巡航，
汽车将不能奔走在祖国的大道上……

有的同学说：“现在不论拿什么专业来换我的焊接专业，我都不愿意了！”

在焊接教研组取得令人瞩目的成绩的同时，潘际銮本人也逐步成长为“又红又专”的好干部，多次受到学校团委、工会、行政部门的表扬，成为教研组中的一面红旗。1956 年 4 月，潘际銮光荣地加入了中国共产党。

1956 年，潘际銮的个人生活也翻开了新的一页。这年 7 月，女友李世豫以优异的成绩从北京大学化学系毕业并留校任教。11 月 17 日，潘际銮和李世豫在清华大学照澜院 15 号举行了简单的婚礼，喜结连理。结婚仪式由潘际銮的父亲潘凤林主持，十几位亲朋好友出席了婚礼。

此时，潘凤林已在北京生活多年。抗日战争胜利后，潘凤林由昆明转往重庆工作；1950 年 10 月他携小女儿潘际华来北京，和潘际銮夫妇生活在一起，直到 1971 年 1 月 27 日病逝。

照澜院是些平房小院，潘际銮分得了其中的三间小房子，一间为新房，一间父亲住，一间作为客厅。面积虽小，但李世豫还是将新房一分为二，为潘际銮隔出了一角书房，使他有个比较安静的环境思考和研究，客厅的一角则成了李世豫的书房。小小的房间被李世豫打理得井井有条，温馨雅致。李世豫主动分担了更多的家务，使潘际銮安心地、无须它顾地思考。她关心丈夫的研究工作，聆听他畅谈如潮水般涌来的新灵感，分享他探索和发现的快乐，帮助他锤炼不够成熟的思想毛坯。

1957年和1965年，大女儿潘晶、二女儿潘荧相继出生。结婚、生子、教学、科研……对于潘际銮来说，这是一段忙得不可开交的日子，但他也由此迎来了一生中科学创造的第一个高峰。1958～1966年，在这短短的8年当中，潘际銮率领焊接教研组，结合我国工业发展、经济建设和国防建设的需要，研制成功重型轧钢机架的电渣焊技术、大型锤锻模堆焊技术、我国第一台真空电子束焊机，完成了2500吨水压机全套高压蓄势器的研究及生产任务、清华大学核反应堆焊接工程的研究及生产任务、我国第一个汽轮机大型拼焊转子工程等。这些科研项目都是在西方国家对我国进行封锁和禁运、苏联对我国中断援助、科研资料极其匮乏、科研条件极其艰苦的情况下完成的。同时，潘际銮编写了《接触电焊机》、《金属的焊接、钎焊及切割》、《焊接中的热裂纹》等著作，撰写了《硬铝在低功率焊机上点焊问题的研究》、《大型轧钢机架电渣焊》等专题报告，发表了《纯铝氩弧焊气孔问题》、《气体杂质对纯铝氩弧焊时气孔的影响》、《关于焊缝金属的抗热裂缝性能》、《金属在脆性温度区间中的力学性能》、《金属在脆性温度区间内破坏行为的某些问题》、《锆对АМГ6及Д20合金可焊性的影响》、《钼的电子束焊接》、*Brittleness of Electron-Beam Welded Molybdenum Joints*等论文，为新中国焊接科学的建设和技术发展作出了重大贡献。

潘际銮与夫人及大女儿潘晶合影

在我国科学技术史上，能够在这么短的时间内，完成如此之多的科研成果和作出如此重要的贡献的人屈指可数。

1969 年全家照

二、冶金部的重托

1958 年 9 月下旬，冶金工业部（简称冶金部）领导先后两次来到清华大学，请求焊接教研组帮助研究解决大型铸件的焊接问题。原来，冶金工业部给石景山钢铁厂下达了一项任务，要求石景山钢铁厂在 1958 年年底之前制造出一台 800 毫米轨梁轧机，为轧制重型钢轨提供设备。制造这种轧机的难点在如何制造大型机架，当时石景山钢铁厂铸造能力有限，铸不出这样大的毛坯，在附近地区也无法解决，冶金工业部决定委托清华大学焊接教研组协助解决。

在这以前，焊接教研组仅仅在实验室中做过厚度为 200 毫米的板极电渣焊实验及厚度为 60 毫米的熔化极嘴电渣焊实验。现在他们要做的是在所焊接的接头中，使轧钢机机架最大断面达到 700 毫米×800 毫米（有效断面为 650 毫米×700 毫米）。这样大的厚度，这么大的电渣焊工艺，当时除苏联外还没有其他国家研究过，更没有国外的资料可供参考，必须自己去摸索和实验，而完成任务的时间又十分紧迫。要不要接这个任务？潘际銮在焊接教研组主持了一场教学、科研与生产的关系的辩论会。经过一番辩论之后，大家明确表示：要接这项任务，马上就开始实验工作，条件不够自己创造；应破除对外国的迷信，外国不能做的我们不见得不能做。

经研究，潘际銮和教研组同事决定化大为小，将机架分为 7 块铸造（每块 3 吨左右），然后再由小拼大，采用国际上刚开始发展的电渣焊方法拼成整体。他们向北京市政府提出了这一工作方案，得到了市政府的批准。

实验研究工作一展开，一个个困难便接踵而来。首先是电源及其设备问题。由于焊缝大，电流要求也大。按理论计算，电流密度应取 1～1.5 安/毫米^2，所需电流总共为 7000～10 000 安，总功率相当于 500～700 千伏安。这么大的电流，比当时清华大学校内全部用电还要高。按照这样的电流密度，需要什么样的设备？他们提出了四种方案。经过比较筛选，最后确定用 9 台苏式 AдC—1000 型埋弧焊机按三相连接，每相三台焊机并联。优点是三相可以平衡，易于引弧，易于调整规范。缺点是因为并联使用，所以要求设备的外特性一致，这就需要找到足够的同类变压器。当焊接教研组当时负责供应的学生高力生等千方百计从北京市各个单位借来 9 台苏式 AдC—1000 型埋弧焊机时，他们却无法找到提供这么大容量的供电设备的场所。经过北京市政府多方协调，石景山发电厂从发电车间楼下一层中拨出一块地方供他们做实验。

1958 年 10 月上旬，潘际銮率领由 5 位教师和 20 多名学生组成的焊接攻关队伍奔赴石景山。由于焊接时用电量很大，为了不影响北京市的供电，他们电渣焊实验只能在全市用电低峰的后半夜进行。他们白天做好一切实验准备工作，一旦发电车间通知可以用电，他们立刻开始焊接。冶金工业部和石景山钢铁厂给予了大力支持和帮助：需要试件，石景山钢铁厂马上浇注；没有优质钢板，冶金工业部就通知鞍钢给他们赶轧优质 St. 52 钢板。

解决了上述问题之后，他们又面临一系列的工艺问题。由于焊缝宽大，必须采用三个以上的板极，但考虑到三相平衡及操作方便，潘际銮决定只用三块板极，每块宽 211 毫米。像这样宽的三块板极要求同时引弧并迅速转入电渣过程，操作起来比较困难。焊缝不但很宽，而且很高，所以板极长达 3 米，焊接时间达 2 小时以上。在这样长的时间内，要求电渣过程保持稳定，规范参数不变，电极保持在渣池正中，这就给工件装配、板极装配及操作提出了很高的要求。焊接规范的选择，母材、板极及焊剂材料的选择，都直接关系到焊接和成品机架的质量，都需要根据实验情况、我国的生产条件和技术条件加以确定。这些问题都不是轻而易举就能解决的，而要求他们完成任务的时间又十分紧迫。靠这样一批缺乏经验的老师和学生，用这样简单的设备，在这样短的时间里完成这样高难度的课题，不能不令人担心和怀疑。一位苏联专家为了解他们的研究工作来到实验场地观察，曾要求他们中止研究工作，并斥责他们："你们简直是在胡闹，在浪费，你们搞不成的！"潘际銮据理力争，但此时研究组内部也有人缺乏信心。这一切，加重了潘际銮承受的压力，但他没有退缩。他和研究组的老师们认真分析了可能出现的各种问题，考虑了相应的处理措施。31岁的潘际銮指挥这样的团队作战，面对这么多的困难，对他确实是个考验。他懂得如何把握研究中的技术关键，却不大善于把握这么多人的思想脉搏。他们克服了一个个困难，但在大试件的焊接正式开始以后，出现了大家最担心的致命缺陷——热裂纹。潘际銮和研究组老师做了大量实验，找出了工件和板极的化学成分、工艺规范参数、接头装配参数、环境温度等数百个数据，采取了种种措施，却没有明显改善这一缺陷。团队内一片“谈虎变色”的气氛，“虎”就是“热裂纹”。正当他在苦苦思索如何解决热裂纹这一难题时，潜藏在研究组内的一些矛盾开始暴露出来。有的人泄气了，有的人开始抱怨当初不该轻易接受这项任务。刚刚经过1957年“反右”斗争的青年学生们采取“大鸣、大放、大字报”的方式，向潘际銮发动了猛烈轰击。面对学生们的行为，沉浸在攻克热裂纹难关思索中的潘际銮感到十分茫然。

在这困难时刻，时任教研组党支部书记和科研秘书的陈丙森对潘际銮的研究工作给予了大力支持。对这位老同事、老朋友，潘际銮十分感激。他常说，他们许多科研成果的取得，陈丙森同志都作出了贡献和牺牲。这次风波之后，陈丙森实事求是地向系领导反映了科研队伍遇到的困难和存在的问题，和潘际銮一起认真分析了工作中存在的缺点和不足，耐心细致地对同学们做说服和解释工作。机械系党总支让潘际銮回校参加“整风”学习，他借此机会向系领导汇报了石景山的科研进展情况。在此期间，潘际銮虽然有些心乱，但必胜的信心丝毫没有动摇。几天后，鉴于潘际銮在读研究生时参加了比较多的实际工作，积累了一定的生产经验，系领导要他回石景山，鼓励他继续领导800毫米轨梁轧钢机科研组工作，去突破电渣焊研究的最后障碍。

10月下旬，为了保证潘际銮有足够的时间从事研究工作，陈丙森将教研组的一些事务性工作交给其他党员教师去做。根据以往对焊接热裂纹的研究和这次实验中出现的情况，潘际銮和科研组的老师对热裂纹的形成机制、影响因素等逐一进行了分析。随着研究的深入，潘际銮发现，实验中出现热裂纹主要受三种因素的影响：一是化学成分的影响；二是焊接规范和焊缝成型的影响；三是焊件装配刚度的影响。针对这些因素，潘际銮和几位科研组教师认真研究、探讨消除热裂纹的措施。这些措施如下：改善化学成分；挑选适当的板极；通过提高电压、降低电流来提高成型系数；保持稳定的规范；避免熔宽的变化；减少不必要的刚度等。经过一个多月的反复实验、摸索，热裂纹问题终于得到解决。11月初，板极电渣焊焊接700毫米厚的试件实验成功。之后，潘际銮带领科研组的师生开始焊接轧钢机机架。

1958 年 11 月 13 日深夜，天空飘洒着雪花，石景山地区四周静悄悄。在石景山发电厂的一个临时车间里，潘际銮和研究组师生正全神贯注地投入 800 毫米轨梁轧钢机机架的焊接之中。经过几昼夜的奋战，在几十双熬红的眼睛热切而又紧张的注视下，14 日早晨 6 点半，随着庞大的轧钢机机架最后一道焊缝的完成，我国第一台用板极电渣焊制造的 800 毫米轨梁轧钢机机架诞生了。潘际銮和科研组的师生们欢呼起来。面对为之奋战了两个月、历经艰辛而取得的成果，他们有难以抑制的激动和喜悦。800 毫米轨梁轧钢机机架是我国第一次用土办法焊成的最厚最大的工件，它为轧钢设备供应了大毛坯。

这项工作完成后，潘际銮组织参加 800 毫米轨梁轧钢机生产的全体师生认真总结经验，撰写了 10 万字的研究总结——《800 毫米轨梁轧钢机机架板极电渣焊》。

板极电渣焊焊接轧钢机机架的成功，解决了当时轧钢设备及其他重型机械制造毛坯的困难，证明了铸、锻能力不大的中小厂也可以制造重型轧钢机机架及其他重型机械，这为高速度地发展我国重型机械制造业提供了先决条件，尤其在当时急需迅速使钢成材、赶制大量轧钢设备的情况下，这一研究成果更具重大的国民经济意义。

冶金工业部和第一机械工业部十分重视这一经验。11 月 16 日，两部委联合召开了轧钢机电渣焊现场经验交流会。潘际銮等在会上作了“800 毫米轨梁轧钢机板极电渣焊总结”、“熔咀电渣焊试验总结”、“电渣焊药的制造”的报告。与会代表在石景山观看了轧钢机机架的电渣焊表演。表演引起了大家浓厚的兴趣，消除了电渣焊这一国际先进技术的神秘感。冶金工业部和第一机械工业部充分肯定了这一研究成果，认为它为制造重型毛坯提供了好的方法，对我国重型机械制造业的发展将起重大作用。两部委决定，由清华大学和有关单位组成电渣焊推广队，到全国一些省市介绍和推广电渣焊技术。

潘际銮他们 1958 年电渣焊机机架的成功研制，为后来我国用电渣焊制造 12 000 吨水压机打下了基础。

三、献礼项目

制造高压蓄势器是与前述焊接 800 毫米轨梁轧机机架几乎同时开始的。1958 年，北京市委市政府决定建设重点工程，而这需要制造 2500 吨水压机。水压机的关键装备是六台蓄势器，被列为 1959 年国庆十周年献礼项目。每台蓄势器重 20 多吨，直径 1 米多，高 6 米多，壁厚 150 毫米，耐压 250 个大气压。它要求严格，制造困难。这样复杂的产品，当时在我国只有哈尔滨锅炉厂等少数几家大厂能够生产。

在接受蓄势器生产任务之前，清华大学焊接专业师生的埋弧焊实践经验只有锅驼机锅炉的焊接，而那只是一个直径 1 米多、厚度为 12 毫米的单层筒体，与高 6 米、厚 150 毫米、重达 20 吨并要求承受 250 个大气压的高压蓄势器完全无法相比。制造这样的蓄势器必须有数百平方米的高大厂房，20 吨以上的吊车，巨大复杂的工艺装备，一批技术熟练工人等。而这一切，焊接教研组都没有。

在器件短缺和毫无经验的极为困难的条件下完成任务，潘际銮没有太大的把握。对于是否接受这一任务，焊接教研组内有不同意见。考虑到这是北京市的重点项目和 1959 年国庆十周年献礼项目，具有重大的政治意义，在陈丙森和老师傅们的积极主张下，潘际銮还是决定接受这一任务。但是，作为一名科技工作者，他不能不冷静仔细地掂量完成任务的物质技术条件。在“大跃进”的年代里，他的这一观点被指责为“单纯技术观点”、“唯条件论”，但他觉得客观条件和科研工作中的实际困难毕竟是无法回避的。不过，潘际銮不是那种固执己见的人，他不会挫伤同志们的积极性，他知道焊接教研组承担这样的艰巨任务，会对师资队伍建设和年轻教师的成长起到极大的推动作用。他也不是那种在重担面前犹豫观望的人，一旦接受了任务，他就会全力以赴，勇往直前。

要制造这样大的设备，首先需要建设车间，制造重型工艺装备和 20 吨重的起重机。潘际銮动员焊接专业师生员工自力更生、艰苦奋斗，自己动手平整场地，因陋就简地用毛竹和草帘搭起一个 600 平方米的工棚。为了解决工艺装备问题，作为项目总指挥的潘际銮注意发挥李廷贵、王德金、佟德元、阎炳义、徐晗等工人师傅的作用。几位师傅运用自己丰富的实践经验和生产技艺，出了许多好主意，想了许多可行的办法。例如，筒节和封头上厚度达 150 毫米的 U 形焊接坡口，按正规的方法应采用立式车床加工，但当时没有立式车床。如果通过外单位加工，不仅工期难以保证，运输也是个大问题。于是，阎炳义师傅带着几个人自己动手做了一台“土车床”，把问题给解决了，坡口尺寸完全达到设计要求。没有起重设备，工人师傅和学生们自己动手制造了两台 20 吨的龙门吊车，制造了重 10 余吨的各种专用工艺装备。

全部生产准备工作按计划进行。但是，要造出 2500 吨水压机蓄势器，还面临一个更大的技术难点：我国那时没有 150 毫米厚的钢板，更没有能把这么厚的钢板卷成圆筒的设备。潘际銮和研究团队利用焊接的优势对蓄势器进行了创造性设计：先用 1 层 20 毫米厚的钢板卷成圆形后焊接成内壁筒，然后用 16 层 8 毫米钢板围着内壁筒由里向外逐层包扎，使筒壁厚达到 150 毫米。包扎的钢板每层分为三块，每块占 120 度圆弧，在对接处焊接、磨光、抛光成圆。蓄势器即由 3 节这样的筒身和两个锻钢封头焊接而成。但是，这种设计给制造工艺带来了新的困难。首先是必须保证最内圆筒的圆度，否则包到外层后会严重变形。同时，每包一层钢板都要加上预应力，要使各层之间结合紧密，不容有丝毫间隙。这些问题不解决，都会使蓄势器的耐压强度受到影响。为了保证内筒的圆度，八级技工李廷贵师傅提出了喷砂和校圆的方案，即用喷砂使内筒光滑，在滚圆后加以校正，制造出了圆度合格的内筒。没有加工 20 毫米厚钢板的专用卷板设备，师傅们把几百斤重的大圆钢用龙门吊车吊起来，用它的惯性撞击钢板，弯度小的地方就用大槌打，凹陷的部分烧红后再用千斤顶往外顶。就这样，用人们难以想象的简单工具和近乎原始的加工方法，制成了一个个合格的圆筒，而且在包焊在一起之后各层圆筒之间严丝合缝，紧密得如同整体。为使内壁筒保持圆度，他们做了一个三爪内撑胎。为使蓄势器万无一失，包焊前内部还进行了防腐蚀处理。

为了取得经验，确保产品质量，在正式制造蓄势器之前，先制造了一个小型高压容器进行爆破实验。

1958 年 11 月下旬的一天上午，北京城笼罩在一片灰色的氛围里，天空不时地下几滴小雨。焊接教研组的师生们身穿军用棉大衣，乘一辆敞篷汽车，怀着忐忑不安的心情，将小型高压容器运到北京郊区先农坛通用机械研究所进行爆破实验。时任北京市委书记的刘仁亲自到现场观看实验。他们把高压容器放进一个地窖里进行加压。一位参加研制工作的学生在回忆此事的文章中描述了当时的爆破过程：

> ……大家躲在掩体中静观实验进程，心随着罐体所受压力的增加快提到了嗓子眼。200 公斤，300 公斤……900 公斤，1000 公斤……大家屏息凝神，直至一声闷响，爆破的压力为 1505 公斤（1505 大气压）。爆破口呈橄榄形，不仅完全合格，而且远远超过了承压 300 公斤的设计要求，达到了很高的水平。在一阵欢呼声中，老师、同学雀跃击掌，纵情拥抱。

小型高压容器爆破实验的成功，给潘际銮和教研室的师生们以极大鼓舞。在取得有力实验数据后，蓄势器便正式投产了。

此时，清华大学核反应堆壳体的氩弧焊任务也“上马”了。在这样一个“大干快上”、处处“大跃进”的火热时节，焊接车间的规模迅速扩大。为了便于管理，潘际銮将焊接车间划分为三个工段。负责一般生产任务的为一工段，在焊接馆一楼；核反应堆铝池壳氩弧焊为二工段，在通用车间；水压机蓄势器生产为三工段，是在焊接馆北面用芦席、竹竿和草帘子搭起来的一个简易厂房。

1958 年年底到 1959 年年初是蓄势器生产的高峰期，工人师傅、部分教师及学生三班倒，生产现场人员最多时达百余人。尽管外面北风呼啸、寒气逼人，工棚内却是灯火通明，大家热情高涨、干劲冲天。40 年后，当时负责生产工作的车间主任张连第老师在回忆这一工作场面时写道：“……压气机低沉的咚咚声，风铲铿锵的清脆声，砂轮带着火花的沙沙声，自动焊微弱的嗞嗞声，再加上嘈杂的人声，恰似在谱奏着一曲绝妙的乐曲。如你若身临其境，定会为之感叹!”

1959 年 6 月 13 日中午，生产蓄势器的简易厂房被一场意外的大火烧毁，损失了一些设备，幸无伤及人员。全体人员并未因之而气馁，稍加遮盖后便又掀起了新的生产高潮。其间在北京市委的大力支持下，他们在废墟上建起了一个高大的钢架、砖墙的厂房。

1959 年年底，经过一年多的艰苦奋战，六台蓄势器的生产任务终于按时完成。通过蓄势器的生产，焊接专业又经受了一次严峻考验，专业发展进入了一个新的阶段。蓄势器完成后耸立在北京重型机械厂，为生产发挥了重大作用。值得一提的是，这些蓄势器经历了半个多世纪的检验，一直安全运行至今。

1959 年研制成功北京市重点工程装备——200 大气压蓄势器

研制成功北京市重点工程装备——200 大气压蓄势器时合影

四、破解难题

就在水压机蓄势器研发工作进行得如火如荼的时候，1959 年年初，焊接教研组另一支队伍奔赴长春，与长春第一汽车制造厂合作，开展采用铸钢上堆焊合金钢的方法制造重型锤锻模模块的实验研究工作。开展这一研究的背景是：重型锤锻模模块原来靠从苏联进口，因中苏交恶，苏联停止向中国出口，这直接影响了长春第一汽车制造厂的生产。2 月 22 日，潘际銮给赴长春第一汽车制造厂进行铸钢堆焊双金属锤锻模模块制造研究的师生作动员报告，其中也说到了这一研制工作的背景与意义：

> 要在机械制造业中实现模锻化，就必须有大量的锻模。但是现在我国的锻模钢供应很紧张，如果能够采用铸造坯体堆焊合金层的办法制造大型锻模，不但可以节省大量进口锻模钢的外汇，而且可以减轻锻造设备的负担。这是一个新的问题，它可以使我们合理地利用合金元素，更有效地提高锻模寿命。因此，这一工作有深刻的政治意义和经济意义。

2 月 24 日，焊接专业学生鹿安理、刘永祯、张耀绪、陈剑虹、朱珏安、郭发昇、刘大钧、刘得一等奔赴长春第一汽车制造厂与前期到达的师生一起，为 10 吨锤模堆焊做实验。一到长春，他们就投入了紧张的工作中。当时的生活条件十分艰苦，第一天到长春吃高粱糙子，郭发昇同学晚上胃疼得坐起来。有时晚上饿了，他们就买不要粮票的“耐火砖”吃。所谓的“耐火砖”，是一种玉米面做的极硬的黄色糕点。尽管工作紧张、辛苦，但这些年轻人工作热情很高。以下是陈剑虹的回忆：

> 我们每个星期六都工作二十四小时，在鹿安理组长的带领下，从星期六上午八时工作到星期日上午八时，然后到工厂食堂吃早餐。经常晚上干到半夜，和朱珏安同学唱着歌回宿舍。有一次潘先生主持会议，我靠在门上睡着了，有人开门进来，我一下摔到了外屋。

锻模堆焊是在普通的中碳钢锻模坯体上堆焊上一层低合金钢，要求堆焊成的锻模有良好的机械性能，表面硬度高，抗冲击，不变形，不脆裂。因此，对焊接质量要求极其严格，绝不允许有丝毫裂纹。起初，长春锻模堆焊科研小组的研究工作进展并不顺利。一位参与研究的学生曾经回忆：

> ……在长春工作的四个月的时间里，我们记住了潘先生在动

员大会上的讲话，认识到这项科学研究的艰巨和复杂。从焊药的研究到合金系统的探讨，从设备改装到工艺方案的制订，每一项工作对我们都是困难重重。尽管我们经验不多，在教研室的指导下，集中了我们集体的智慧，终于克服了一个个的困难。第一个战役，我们攻下了焊药难关。紧接着就遇到了焊接中最棘手的裂缝问题。日子一天天地过去，工作却进展很慢。“计划能不能按时完成?”大家脑子中都画上了一个“?”。在这最困难的时候，焊接教研组主任潘先生和一些教师也到长春投入了围剿裂缝的战斗，大大增强了我们战胜裂缝的信心。

3 月上旬，在堆焊科研组遇到热裂纹难关的时刻，潘际銮、陈伯蠡、罗志昌等几位教师赶到长春。应该说，清华大学焊接教研组处理焊接热裂纹有一定的经验，潘际銮和一些教师还刚刚参加过攻克电渣焊中热裂纹问题的实验研究。但是，锻模堆焊不同于轧钢机架板极电渣焊，导致热裂纹的主要因素必然也有差别。这就需要结合以往的经验，分析堆焊中矛盾的特殊性，从而找到决定和避免堆焊中出现热裂纹的规律。根据实验中出现的现象，潘际銮组织堆焊科研小组师生从理论上、工艺上进行多方探索，最后确定采用陶质焊剂自动电弧焊堆焊的实验方案。实验一个合金系统要经历多个复杂环节，从配焊药、试焊、切试片取样、进行显微镜分析和机械性能分析，到最后做出结论，在人手少的情况下，往往需要半个月的时间。现在，由于人力充分，组织得当，最快时 24 小时即可完成一个合金系统实验的大循环。

实验，失败，思考，讨论，再实验……经过反复探索，长春锻模堆焊科研小组终于找出了热裂纹产生的原因及消除措施。实验成功后，科研组立即转入了正式制造 10 吨锤锻模的工作。

一位学生对 10 吨锤锻模的诞生场景作了这样的描述：

……5 月 1 日，正式投入生产的那个夜晚，车间像过节一样的灯火通明，所有人眼睛都随着自动焊机转。我们的心像要跳出来一样激动，全国第一个用自动焊机的 10 吨锤锻焊就要从我们手中诞生了。先生们用布满血丝的眼睛仔细观察着每道焊缝的质量。一道又一道的焊缝平铺在滚热的模块上。1 小时，10 小时，30 小时，终于胜利焊完了模块上的 147 条焊缝，向党、向“五一”节献出了珍贵的礼物。

第一机械工业部对此科研成果十分重视，很快发出了《关于在锻模制造中大力推广堆焊先进工艺的通知》。该通知指出：

> 今年第一汽车厂与清华大学合作，实验用自动堆焊的方法制造大型锻模，于5月完成一副10吨锤上的锻模，并已用此模在我国第一次锻出5万千瓦汽轮机的大型叶片，结果良好，现在顺利地使用……应该肯定，铸造堆焊锻模完全可以代替锻造合金钢锻模，为此，本部特通报如下：各厂所需锻模钢，今后不再由重型机器厂供应，更不再由国外进口……

这是十分令人鼓舞的褒奖。大家感到欣慰的是，在长春的4个月，研究工作不仅结出了硕果，而且它的种子将播撒到祖国各地，结出更多的果实。这正是潘际銮所希望的。他希望焊接教研组的每一项科研成果都能运用于生产中去，都能在国家的经济建设中发挥重大的作用。

这台在我国第一次用自动堆焊的方法制成的10吨锤锻模质量良好，经受住了工作的严苛考验。锻模堆焊技术长期被推广采用，直到20世纪80年代，仍在为我国的制造工业作出它的贡献。

在长春锻模堆焊科研组取得成功之后，又从鞍钢传来好消息：轧辊堆焊的研究也取得了成功。轧辊堆焊当时在我国还处在萌芽阶段，清华大学焊9班的10多位同学以此为研究方向去鞍钢做毕业设计。他们综合运用所学的知识与技能，经过几百次的配方实验，解决了黏渣、焊缝等问题，完成了轧辊堆焊研究任务。轧辊经过堆焊，能提高使用寿命，能使废料翻新。采用这项新技术后，每年能增产大量钢材，节约大量制造轧辊的合金钢。鞍钢决定9月进行轧辊堆焊试生产。学生们独立与外单位合作完成研究任务，解决生产中的问题，这使潘际銮感到无比的欣慰。在毕业典礼上，他对焊9班10多位同学的研究工作给予了表扬。

无论是与长春汽车制造厂合作完成的10吨大锻模的研究任务，还是与鞍钢合作完成的轧辊堆焊的研究任务，都进一步锻炼了教师队伍，提高了教学质量。

五、顽固的气孔

为了冲破国际核垄断，1958年12月，清华大学决定以工程物理系为主自行设计、制造一座核反应堆。其中的铝制反应堆池壳，以及热柱、屏蔽试验孔道、热交换器等部件，均由焊接专业负责生产，并最后到现场进行安装。这是一项全新的极富挑战性的研究工作，潘际銮感到任务十分艰巨，但他以饱满的热情、忘我的战斗姿态率领课题组师生攻克科研难关。

核反应堆设计功率为 2 000 千瓦，另外还附设一座“零功率”实验反应堆，加上相关的实验室，整个工程十分庞大复杂。主要建筑物共 8 幢，总计 1 万多平方米，内有 17 种工艺系统，包括几百台仪器设备、几千套电气与机械部件和 20 多万米管线。为了满足防腐蚀的特殊要求，部件大量采用了铝材和不锈钢的焊接结构。为了保证焊接质量，必须采用一种特殊的焊接工艺——氩弧焊。其中，放置堆芯和高纯冷却水的铝制大水池需能盛 50 吨水，深达 8 米。为了杜绝放射性水的泄漏，这个庞然大物的全部焊缝都必须用 X 光严格检验，不容有丝毫缺陷。这样的巨大设备的氩弧焊接，当时在国内还没有先例。潘际銮带着一批以 20 多岁的年轻教师和高年级学生为主体的研制队伍，开始了核反应堆设备焊接研制工作。

氩弧焊工艺确定后，面临的第一个问题便是氩气。当时我国技术基础相当薄弱，国内还没有生产高纯氩气的厂家，高价从国外进口纯氩气，经济上难以承受。因此，潘际銮他们不得不从提纯氩气做起。由于清华大学具有多科工业大学的优势，他们能够得到有关专业技术和设备的支援。经过努力，他们添置了一套提纯装置。该装置的工作流程如下：六联管内放紫铜屑，置马弗炉中加热以除氧，并在二联管中放磷酐、氢氮化纳、硅胶以吸潮，最后经蛇管冷却后得到符合纯度要求的氩气。

在铝材的氩弧焊工艺中，产生气孔是个最难克服的技术障碍。国内外的焊接工作者虽然对气孔问题进行过许多研究，但在实际焊接生产中，气孔问题仍然经常出现。由于核反应堆的各种设备对密封要求极严，所以，气孔的产生尤其成了设备制造的大敌。在试焊的过程中，气孔问题成了横在前进道路上的拦路虎。为了解决这一难题，在认真研究国内外相关文献和总结大量实践经验的基础上，潘际銮和研究组的教师就完善氩弧焊工艺特别是消除气孔问题作了深入的实验研究。他们广泛地进行各种工艺参数对气孔影响的实验，特别着重研究和分析了热规范对气孔形成的影响。同时，他们深入地探讨了气体杂质在气孔产生中的作用。最终，他们发现了一些重要现象，掌握了影响气孔的某些规律，找到了防止气孔产生的可能途径，确定了较理想的工艺规范。

在焊接过程中，铝材必须保持清洁。为了防止铝材污染和表面氧化，他们在车间内自己设计建造了一个超净工段，铝板经过酸碱处理，清洗后立即送到超净工段，并要在两个小时内完成焊接。每道焊缝都经 X 光透视，发现气孔便全部铲除，重新处理和焊接。因此，潘际銮要求每个人必须严守岗位、密切配合，各项操作必须严格执行规定的工艺要求。他亲自检查每一个环节，严格掌握每道工序的质量，达不到要求绝不罢休。他对工作要求严格，甚至苛刻，使得一些同学很难理解和接受。他们贴出“大字报”，指责潘际銮“不相信群众”、“故意刁难群众”、“给热气腾腾的群众运动泼冷水”等。潘际銮不为所动，他相信科学的严肃性，相信执行严格的操作规程和质量标准是实现这种高难度焊接、制成具有特殊功能的重要设备的必然要求。他相信自己绝对不是要站在群众运动的对立面，他认为把群众高涨的热情引导到尊重科学、按科学规律办事的道路上来才是自己作为一个技术负责人应尽的职责。他也相信在以后的事实面前，同学们是会理解、会接受自己的做法的。

事实作了最好的回答。正是因为这样严格的要求，正是人们体现在工作中的严谨的科学作风，加上李廷贵、王德金、佟德元、阎炳义、徐晗等五位工人师傅高超的焊接操作技艺和认真负责的工作态度，创造了几千米焊接无气孔、无裂缝的奇迹，胜利焊成了足有两层楼高的铝质大水池，宣告了清华大学的氩弧焊技术走在了全国的前列。就在大家沉浸在胜利喜悦中的时候，却发生了一件意想不到的事故：几位兴高采烈的学生忘乎所以，把祝捷的标语贴到了焊好的大铝池上，结果糨糊中的防腐剂（苯酚，又名石碳酸）很快使铝池遭到了严重的腐蚀，迫使大家不得不大拆大补，重新返工。这一沉重的代价使潘际銮非常痛心，也深刻地教育了同学们。一些原来有抵触情绪的同学现在真正懂得了潘老师为什么要如此严格要求，懂得了一个科学工作者为什么必须养成认真严谨的科学作风。

1960 年，由潘际銮领导的这支焊接队伍创造性地研制出铝制大水池的无缝氩弧焊，胜利地完成了整个核反应堆工程主要设备的焊接任务，他们的工作受到了清华大学的奖励。

核反应堆铝池壳工程结束后，潘际銮对氩弧焊铝气孔的研究并没有结束。相反，他和潘昌年、陈武柱等就完善氩弧焊气孔工艺，特别是针对消除气孔问题，又进行了深入的实验和理论研究。

就气体杂质对氩弧焊气孔形成的影响，他们查阅了大量资料。从文献中看到，尽管国内外都有不少研究报道，但总体看来，研究工作都还比较粗糙。一般只是对气体杂质的影响提出一些定性的结论，对它的规律性还缺乏定量的分析，因而还不能有效地解决焊接中出现气孔的问题。

要想定量地考察气体杂质的作用，掌握其导致气孔产生的规律，就必须精确地控制氩气中杂质的含量，稳定地控制焊接过程中气体的成分，在排除其他因素作用的条件下突出气体杂质的影响。为此，他们设计和制作了一套实验用的充气焊接设备，它可以定量地控制焊弧气体中杂质的分量。

分析表明，氩弧焊中的气体杂质主要是氢、水、氧和氮。他们运用上述实验装置，分别对这几种杂质的影响进行了定量实验。结果发现，其中影响最大的是氢和水，随着氢和水含量的增多，气孔量也随之增多，但两者对气孔的影响具有不同的规律。在 0～2%的含量范围内，前者使气孔量不断增加，而后者使气孔量增加到一定的程度后逐渐平稳。氧对氢的有害影响有一定的抑制作用；氮在 0～2%的含量范围内对气孔没有影响。在实验中他们还发现，焊接速度对氩弧焊中气孔的产生有显著影响，随着焊接速度的增大，不论气体中的杂质是氢还是水，气孔量均不断减少。在实验研究的基础上，他们针对危害最大的杂质——氢和水，提出了消除其影响的可能措施：一是在焊接气体中加入碘蒸气以降低自由氢分子和氢原子的浓度；二是预先在工件表面用加热的办法覆盖一层氧化铝膜，以杜绝水与铝的反应。实验结果证明，这些措施是有成效的。

1961 年完成清华大学第一座核反应堆焊接工程

1963 年，他们先后写成了《纯铝氩弧焊气孔问题》和《气体杂质对纯铝氩弧焊时气孔的影响》两篇论文，对实验成果进行了理论总结。这些论文反映了当时国内氩弧焊研究的先进水平。这种坚持不懈地对生产中出现的问题进行深入理论研究的精神，受到了学校科研部门的赞赏。

清华大学实验核反应堆从 1958 年开始筹建，经过 6 年的奋斗，在校内多个专业的教师、工人、学生的共同努力下，在校外 200 多个单位的协作和支援下，于 1964 年胜利建成。9 月 20 日，零功率反应堆启动一次成功；9 月 27 日，屏蔽实验反应堆手动启动也一次成功；10 月 1 日，屏蔽实验反应堆自动启动又一次成功。潘际銮和焊接教研组的师生们为这项工程作出了自己的贡献。通过这项技术复杂、规模宏大的工程的建设，他们又攀登上了一个新的阶梯。他们不仅在国内首先掌握了氩弧焊技术，而且又一次经受了锻炼和考验，在业务、思想和作风上更加成熟。清华大学焊接专业从此进入了焊接行业的先进水平。

六、成功的合作

在此期间，潘际銮和焊接教研组的教师们还开展了两项重要的研究工作：一是与上海电焊机厂合作研制电子束焊机；二是与上海汽轮机厂、哈尔滨焊接研究所、中国科学院金属研究所、上海汽轮机锅炉研究所等单位合作，研制汽轮机大型转子的焊接。

电子束焊接机

潘际銮对电子束焊机的研究最初开始于1960年。这是潘际銮和教研组的包芳涵、俞尚智、何方殿等教师所进行的一项新的开拓。为了解决核反应堆中燃料棒和控制棒的焊接问题，他们把正在蓬勃发展中的新兴电子技术引进焊接领域，研制一种新型的焊接设备——电子束焊机。这种焊机在真空中使电子束聚焦，利用高度集中的电子流轰击金属的连接处而使之熔合。这种焊机的焊接变形小、质量高、速度快。由于它具有真空保护和能量密度大的特点，所以特别适用于焊接高熔点的和化学活泼性强的金属，是建设核反应堆的关键设备之一。在国外，当时只有美国和苏联等少数几个国家能制造。

1963年，潘际銮他们与上海电焊机厂合作，在我国率先攻克了这一新的技术，研制出我国第一台电子束焊机——ZD-30型真空电子束焊机。与英国同类电子束焊机相比，该机各项技术性能指标基本相似，某些性能甚至有所超越。1965年，ZD-30型真空电子束焊机获得了国家科学技术委员会、国家计划委员会、国家经济委员会授予的新产品创造奖二等奖。

大型转子焊接课题的研究开展于1962～1964年，由上海汽轮机厂、清华大学、哈尔滨焊接研究所、中国科学院金属研究所、上海汽轮机锅炉研究所等单位抽调人员合作完成。潘际銮和教研组的陈丙森、苏毅、罗志昌、洪忠许、胡百僖、吴志强、鹿安理等老师参与了此项工作。历时三年的研究工作包括转子所用材料焊接性能的研究，专用焊接材料的研制，大型转子焊接应力和变形的监测与控制，以及大量配套工艺与专用设备的开发和应用等。这些研究为实现和保证大型转子的焊接制造提供了科学依据和手段。在大量科学研究工作的基础上，焊接出的验证件和模拟焊接转子均验证了研究结果的可行性和可靠性，进而成功地完成了国内第一根大型转子的焊接制造，成为我国大型部件焊接制造的一个里程碑。

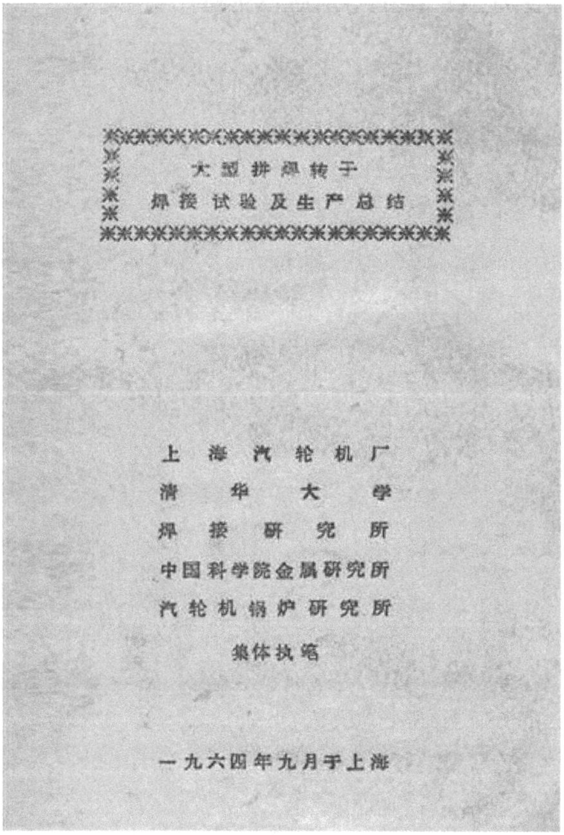
大型拼焊转子
焊接试验及生产总结

上海汽轮机厂
清华大学
焊接研究所
中国科学院金属研究所
汽轮机锅炉研究所
集体执笔

一九六四年九月于上海

1964 年转子焊接总结

他们研制的转子最早应用于6000 千瓦燃气轮机组的压气机。在长期满负荷运行条件下，焊接转子一直正常运转。之后，他们的研究与应用成果得到了不断的发展和延伸，为我国电站设备、大型动力装备等关键部件的自主制造作出了重大贡献。从他们成功研制第一根燃气轮机焊接转子到现在，这一具有完全自主知识产权的关键技术已相继在我国自行设计与制造的燃气轮机移动电站、12.5 万千瓦和 30 万千瓦等大型汽轮机组中成功应用。历经 40 余年的考验，400 多根大型焊接转子的运行实现了“零故障”、“零事故”，充分显示了这一技术成果所具有的强大生命力与竞争力。2008 年 12 月，上海市启动“百万级核电低压焊接转子焊接工艺优化研究与接头性能分析”项目。这是我国依靠自身技术力量研制生产百万级核电低压焊接转子攻关任务中的重要组成部分，潘际銮担任了国产大型核电低压焊接转子攻关任务的首席科学家。

序（草）

这本书是一个回忆，会使我们重温上世纪六十年代始在中国焊接界的一段珍贵的经历，它记载了新中国的焊接工作者自力更生，勇于开拓，敢创世界一流的壮志与成功；这本书是我国大型部件焊接制造的一个里程碑，其研究与应用的成果历经了四十余年的考验，并以此为基础得到不断发展和延伸，为我国电站设备、大型动力装备等关键部件的自主制造作出了重大的贡献。

从第一根燃气轮机焊接转子的制造成功到今天，这一具有完全自主知识产权的关键技术，已相继在我国自行设计与制造的燃气轮机移动电站，12 万 5 千瓦、30 万千瓦、60 万千瓦等大型汽轮机组，30 万千瓦与 60 万千瓦核电站机组中成功应用，300 余根大型焊接转子的运行实现了“零故障”、“零事故”，充分地显示了这一技术成果所具有的强大生命力与竞争力。

这本书的出版，对于当年该攻关项目的每一参与者都是一个极大的荣誉和欣慰，并以此表达了人生的无悔与辉煌。

这就是我们手中的这本书。

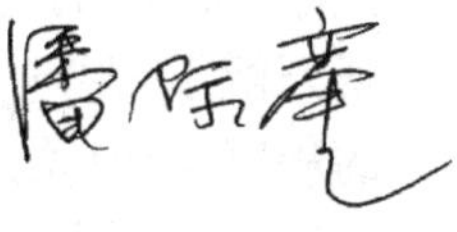

潘际銮

中国科学院院士

2007 年 12 月

为 2007 年上海电器启动百万千万核电转子攻关任务再版 1964 年研究总结而作的序

七、东欧之行

1959 年，潘际銮还有一次宝贵的出国考察的学习机会。

1959 年 11 月中旬，根据中苏科学技术合作计划 122 项中第 754 项规定及中苏科学技术合作委员会第八届 87001 号决议，第一机械工业部选拔 10 名科技骨干组成“中国赴苏焊接考察组”。潘际銮是考察组成员之一，随团赴苏联进行了为期 4 个月的考察。此次考察的目的是了解苏联焊接技术的最新成就及其在生产中的应用，苏联科学研究工作的组织领导和协作，以及焊接材料、焊接设备的生产和供应等情况，特别是通过对电渣焊、堆焊、CO_2气体保护焊、高合金钢焊接、低合金钢焊接及焊接设备等几个重点项目的考察，了解焊接科学研究的当前任务和今后发展方向。

根据安排，他们主要考察了苏联科学院巴依科夫冶金研究所、中央黑色冶金科学研究院、中央建筑结构研究院、苏联科学院中央材料电加工研究室、全苏金属火焰加工科学研究所、中央锅炉透平研究院、“电工”工厂、赫尔松造船厂、新克拉玛托尔期克机器制造厂、哈尔科夫透平厂、列宁格勒金属工厂、莫斯科鲍曼工学院、基辅工学院、列宁格勒工学院等单位。重点考察单位是苏联乌克兰科学院巴东电焊研究所。

赴苏联考察期间，潘际銮收集了大量有价值的研究材料。有些与他们正在进行的课题有关的资料，潘际銮及时寄回国内，供教研组师生参考。他还给陈丙森寄来1958年苏联部长会议通过的《在苏联国民经济中发展焊接技术》的第621号决议。这项决议对苏联发展焊接技术的要求、方向及具体措施等都规定得十分详细。潘际銮给教研组写了十几页纸的长信，具体描述了当时苏联焊接学科发展的情况。这些资料开阔了焊接教研组老师们的视野，对焊接教研组确定今后发展方向及制订研究工作计划有一定的借鉴意义。1960年4月，潘际銮结束考察回国。

1959年，潘际銮访问苏联时的合影

20世纪60年代初期，潘际銮对我国焊接事业的前途充满了憧憬。1963年，在和二哥潘际炎（此时已是我国著名桥梁专家）的一次闲谈中，他提出把焊接技术用于建造铁路钢桥的大胆设想。他的设想得到了潘际炎的认同。他们都认为，用焊接代替铆接不仅可以大大减轻建桥工人的劳动强度、提高施工效率，而且可以减轻桥梁自重、节省钢材、增大桥梁跨度。时年33岁的潘际銮，雄心勃勃地设想要在长江上建立一座纪念碑，这座纪念碑就是一座焊接的大桥。他希望能为中国的焊接技术、焊接事业和铁路桥梁建设事业树立丰碑。

第七章　逆境中的坚守

1966年6月1日，新华社全文广播北京大学聂元梓等人的“大字报”，掀开了高校中“文化大革命”的序幕。和全国一样，清华大学在政治风云变幻中动荡，师生们被迫停课参加运动，大批干部被打成“黑帮”受到批斗。6月13日，中共北京市委宣布派工作组进校，并宣布党委书记、校长蒋南翔停职反省。之后部分学生对工作组贴出诘问的“大字报”，8月工作组撤离学校，由以各系学生为主的“文化大革命”联席会议组成的校“文化大革命”临时筹委会主持学校运动和日常工作。但不久后清华大学先后成立多个红卫兵组织，学校工作完全处于混乱状态。

潘际銮也开始了他的10年厄运。这一年他39岁，正是一个科学家的黄金年龄，却因此被迫中断了10年的学术研究。

一、遭受冲击

“文化大革命”开始后，清华园内大批领导、专家受到批斗乃至迫害。在冶金系，首当其冲的是系主任和系党总支书记等人，作为党员和系副主任的潘际銮自然也无法幸免。由于他是蒋南翔的干部，执行了蒋南翔的办学方针，被认为是“黑帮”、“走资本主义道路当权派”；由于他是副教授，科研成绩突出，又被认为是“反动学术权威”、“修正主义苗子”。1966年6月6日上午，潘际銮像往常一样去焊接馆实验室工作，刚到实验室，就被造反派揪到焊接馆三楼教室批斗。面对此起彼伏的口号声，他束手无策，不知如何应对。他不能理解，过去被认为坚定地执行了党的教育路线的清华大学党委，现在被宣布执行了“反革命修正主义路线”；过去多次受到表彰的“红旗教研组”，现在成了“黑旗教研组”、“修正主义的黑样板”；他这位党员专家、又红又专的好干部，现在却成了“资产阶级反动学术权威”、“修正主义的黑干将”，成了“革命”的对象。他过去鼓励教师好好做科研，争取拿国家一等奖，这也被说成是“资产阶级名利思想大暴露”。他实在无法接受这种猝然的转逆。经过一番批斗之后，潘际銮等人被勒令“劳动改造”。他们每天胸挂大黑牌，由红卫兵押送到校园各处劳改，劳改过程中还要定时汇报是如何“反对毛主席、反对毛泽东思想”的。一旦被认为汇报得不好，就要遭到严厉的训斥，被勒令老实交代。

不久，红卫兵把潘际銮单独关在一间教室里，勒令他写“反对党、反对毛主席、反对毛泽东思想”的材料。每天都要交一份，交上去以后第二天又要遭到训斥，说是不老实，要重新写。就这样，潘际銮独自一人每天坐在教室里写检查，写了两个月。实在没什么可写的了，他只好以抽烟来打发漫长的时间，以致从此养成了抽烟的习惯。看报也是他当时打发时间的一个办法，有时他会无意中在报纸周边写下一些字。想不到的是，造反派把他下意识写写画画的报纸拿走了，无意之中写下的字迹却被有心人连了起来，居然从中发现了“恶毒攻击伟大领袖”的反动标语，是“严重的现行反革命罪行”。当被严厉地追问、审查和批斗时，他茫然不知自己到底干了什么“反革命勾当”，更无从交代自己的“反革命动机”。这种被认为“白纸黑字、铁证如山”的弥天大罪，在当时是足以置人于死地的。为此，潘际銮又遭到了更加严厉的批斗。

一天，清华园主楼和焊接馆突然贴出一片“大字报”，责令他老实交代“叛国行为”。潘际銮被这突如其来的莫须有的罪名弄得目瞪口呆，不知所措。在那个狂热、动乱的年代里，即使被诬蔑为“叛国”，也有可能招来杀身之祸。潘际銮虽经常出国考察或出席会议，但回国后都将自己在国外的情况向组织作了汇报，从无隐瞒，更谈不上“叛国”，所以一直无法交代。在几天几夜的批斗过程中，他渐渐从造反派的盘问中得知，原来所谓的“叛国”是指他出席国际会议期间和美国代表团成员有过一次接触。

这件事其实并不复杂。那是 1965 年 7 月，潘际銮以中国代表团副团长的身份（团长是刘奂）赴巴黎出席国际焊接学会第 18 届年会，这也是我国自 1964 年参加国际焊接学会成为会员国以后，首次派正式代表团参加国际焊接学会年会。在这次会议上，美国代表希望竞选为国际焊接学会主席，因此在各国代表团中积极活动。又因为当时中国在一切外交活动中都坚决反对美国，所以他们特别重视做好中国代表团的工作。美国代表团团长奥尔勒积极约见中国代表团团长。潘际銮英语较好，代表团的外事交往以他为主。按当时的外事纪律，中国代表团成员不得和美国代表团接触，潘际銮每次出国都十分注意遵守。这次是否可以和美国代表接触，是否可以投票选举美国代表为国际焊接学会主席？他们不知如何处理。为此，两位团长专程到我国驻法国大使馆请示。驻法国大使明确指示：在学术团体内可以和美国代表交往，可以同意美国学者担任领导职务。在得到这个答复后，潘际銮他们与美国代表团团长奥尔勒见了一面，表达了我国代表团的态度。奥尔勒听后十分高兴，双方有过短暂而友好的交谈。尽管经过了我国大使馆的批准，回国后，刘奂和潘际銮仍然将此事当做一个重大问题，写了一个专题报告送呈第一机械工业部外事局并转呈国务院。没想到，这个本来不是问题的“问题”，居然被一些人翻出来揪住不放，逼迫潘际銮交代同美国人之间还有什么“不可告人的勾当”。

当时，红卫兵经常肆无忌惮地到“黑帮”家抄家。潘际銮的家被抄多次，被弄得乱七八糟，书籍、物品扔了一地，凡是好一点的东西均被拿走。为了避免被抄出“反动的、资产阶级”的东西，潘际銮把自己在国外的留影照片、家庭老照片、穿学位服的照片、西服领带等可能涉及“封、资、修”的物品，全都偷偷地销毁。红卫兵稍有不满意还要打人。当时大女儿潘晶读小学五年级，已经比较懂事。红卫兵一来，潘晶就在窗外挂一条毛巾，潘际銮和夫人见了这个信号，就躲在外面不回家。

1966 年 8 月下旬，红卫兵开始以“破四旧”的名义大肆毁坏文物古迹。这期间，清华大学发生了捣毁“二校门”的严重事件，许多干部、教师在此事件中受到严重迫害。

“二校门”始建于 1909 年，原为清华正门，门额上刻有晚清军机大臣那桐 1911 年题写的“清华园”大字。古典优雅的校门成为清华大学的标志。8 月 24 日，数千名红卫兵要拉倒“二校门”。红卫兵把一些校、系领导和“黑帮”拉出去游街，要他们捣毁“二校门”，先押着他们拆，拆完了再强迫他们搬运砖块。据时任清华大学党委副书记的胡健回忆：

> 那些造反的人，用皮带抽打着被抓去的干部拆墙背砖。背砖不是量力而行，而是给多少，就得背多少。因为背不动，倒在地上，拉起来用棍子、皮带疯狂地抽打，背不动也得背。一直折腾到凌晨以后，累得人们骨头快要散架了，许多同志累得走不动了。每个人都被他们打了。

潘际銮和夫人回忆，那天半夜 12 点，红卫兵挨家挨户搜查“黑帮”。上千名红卫兵围绕 15、16 号公寓大喊口号：“开灯!”“黑帮滚出来!”潘际銮打算按红卫兵的要求下楼，夫人李世豫却感到那些人来者不善，如若出去必然凶多吉少，便阻止了潘际銮出门。危急时刻，李世豫沉着机灵地应对。一听红卫兵来了，她赶紧打开家里所有的电灯，在红卫兵上楼之前迅速撕掉被人贴在家门口批斗潘际銮的大字报，将潘际銮藏在阳台煤饼堆后面，自己则戴上北京大学“井冈山兵团”的红卫兵袖章。面对进屋搜查的红卫兵，李世豫说她本人也是红卫兵，她家里没有“黑帮”。外校来的红卫兵不明就里，被成功骗退，潘际銮就这样躲过一劫。

1968 年 7 月 27 日，中共中央派首都工农毛泽东思想宣传队（简称工宣队）和解放军宣传队（简称军宣队）进校制止了武斗，稳定了局势，接管了学校的全部领导权。1969 年 1 月 25 日，由军宣队、工宣队为主组成的清华大学革命委员会成立。1970 年 1 月学校成立党委会，全面领导学校工作。

但是，迟群等人在清华大学竭力推行极“左”路线。他们发动“清理阶级队伍”、揪“5·16”分子、反击“右倾翻案风”等一系列“斗、批、改”运动，提出“在上层建筑领域包括各个文化领域对资产阶级实行全面专政”的口号，致使广大干部和知识分子的身心继续遭受迫害和摧残。

1969 年 2 月，工宣队开展了长达 3 个月的“开门整党”，对全校 2064 名党员搞人人过关。在这次“清理阶级队伍”和整顿党的组织运动中，清华大学共有 24 名党员被“吐故”或劝退，21 名党员受到其他处分，52 名党员被挂起来不许参加党的组织生活。通过“彻头彻尾、彻里彻外”的审查，潘际銮被莫名其妙地“解放”了。

1969 年，军宣队、工宣队决定成立“五七干校”。迟群为了惩治知识分子，在江西找了一个因血吸虫严重而被废弃的劳改农场——鲤鱼洲农场，3000 余名教职工先后下放到这里劳动，接受“再教育”，其中上千人染上了血吸虫病，更有人甚至因此而去世。此事后来被周恩来总理知晓，在他的干预下，老师们才返回清华大学。

在安排人员下放的过程中，8341 部队应“支左”单位北郊木材厂的要求，要一位焊接专家帮助解决生产问题，潘际銮因此被留下，得以免除这次磨难。他的夫人李世豫则被北京大学下放到江西德安化工厂劳动一年。李世豫曾向组织汇报家庭实际情况，要求暂缓下放劳动而受到批斗。此时，潘家上有 80 岁高龄体弱多病的老父，下有三个上幼儿园和上小学的孩子，家庭负担全部落在潘际銮一人身上。而潘际銮在郊区工厂工作，一个月只能回家一次，只好为孩子办理了全托。

二、徐子才事件

1966 年 6 月，我国决定派代表团赴荷兰德尔福特参加国际焊接学会第 19 届年会。潘际銮被任命为代表团副团长，他还准备了一篇题为“铝及铝镁合金氩弧焊气孔形成机理的研究”的论文，打算在会上宣读。代表团其他成员是潘任宪（团长）、田锡唐、徐子才、关桥、吴祖乾、于果慈、赵恒元和翻译张秉尧。他很珍惜这次会议，希望利用会议机会了解国际焊接技术发展动态，把握学术发展前沿。就在代表团在北京友谊宾馆集中讨论出国准备工作时，潘际銮却被清华大学揪出来批斗。此起彼伏的口号声使潘际銮心乱如麻。他考虑，如果此时离开批斗现场赴荷兰参加学术会议，可能会给他本人及家人带来严重后果。所以，他向中国机械工程学会和清华大学提出了退出代表团的请求。他的请求得到批准，但之后发生的代表团成员徐子才坠楼事件却震撼了他的心灵。

荷兰会议7月16日结束。在离开荷兰回国的前一天中午，徐子才把被单撕成条做成绳索，从代表团租住的三楼窗户顺着绳子往下溜。快降到二楼的时候，一代表团成员发现窗外一根白色的绳子在晃荡，大喊一声："是谁？干什么?"受到惊吓的徐子才失手下坠，"咕咚"一声摔倒在门前大街上，当时便晕了过去。荷兰警方发现后，立即用汽车把伤势很重的徐子才送到医院，但中国驻荷兰使馆负责人却命令把人从医院抢回使馆。结果，徐子才在使馆去世。荷兰方面认为是中方有人蓄意谋杀，禁止代表团回国，造成了两国重大外交事件，代表团因此在荷兰延期5个多月才回国。

徐子才是潘际銮在哈尔滨工业大学读研究生时的同学，学业结束后留在哈尔滨研究所工作，后担任所长。在潘际銮的印象中，这位昔日的同学是个比较典型的书生，平时话不多，主要精力都放在研究上。他为何要逃跑？是不是因为不堪批斗？潘际銮不清楚。但是，得知老同学的事情后，他既暗自伤感，也暗自后怕。

潘际銮是中国焊接学会理事长，外交部门指示他写信给国际焊接学会总干事长波依德（英国人）提出抗议，指责国际焊接学会纵容美国特务在中国代表团中策反。最初，波依德礼貌地回信解释，说国际焊接学会是学术组织，绝没有这样的政治活动。潘际銮将回信送呈外交部门，外交部门认为对方没有承认错误，要求潘际銮继续写信抗议。抗议信写了三四次，最后对方不予理睬，事情也就不了了之。此后，中国焊接学会与国际焊接学会中断联系达六年之久。

三、被埋没的成果

尽管身处逆境，但潘际銮为中国焊接科学技术开拓进取的雄心并没有被磨灭，科技研发的热情并没有消退。"文化大革命"前潘际銮一直搞大型工程，但这时工程任务已经没有了。根据自己对国际国内焊接学科的了解和当时的现实条件，潘际銮选择了焊接电源的改进作为研究项目。和工程任务比较，焊接电源研究是学科性的，理论要求高，但是只要得到各种电子元件和电器，就可以在实验室内关起门来进行，从而避开军宣队、工宣队的监视。

在获得“解放”后，潘际銮就经常找张人豪、张连第、吴志强等几位学术水平高、思想观点一致的老师讨论这一课题。1970 年的某一天，他们几个聚集到焊接馆 105 房间，讨论研制一种原理和结构新颖、性能更加优异的新型焊接设备。当时，在我国对外科技信息交流渠道不畅的情况下，谁也没有料到，他们的研究将导致一种新型焊机——逆变焊机的诞生，而它竟然是世界范围内焊机发展步入新阶段的先声。

他们考察了当时工业中常用的几类焊机，发现这些焊机虽然已比较成熟和定型，但在使用中仍存在一些矛盾和不足。

首先是功率因数低。功率因数是有用功率与总功率的比值。功率因数越高，系统运行便更有效率。根据电弧焊的特点，焊机的性能必须满足易于引弧、电弧燃烧稳定和短路电流不致过大等要求。因此，一般焊机的外特性（即在稳定状态下，弧焊电源的输出电压与电流之间的关系）都被做成陡降的，但这种外特性却带来了功率因数低的缺点。例如，交流钨极氩弧焊机的空载电压有的达 200 伏，焊接过程中电弧电压却小于 20 伏，有用功功率不到电焊机容量的 1/10，大部分为无功吞吐功率。这给电网带来重大负荷，电闸、电源导线及配电站等均需按此容量配备。旋转式直流焊机虽然没有功率因数低的问题，但是直流发电机的容量大而且效率低，一般只有 50%多一些，因此它从电网所取的功率和电流仍然较大。虽然可以采取一些改善办法，但问题并未得到根本解决。

其次是机体笨重。例如，BC-330 型交流焊机重 185 公斤，AT-320 型直流焊机更是重达 530 公斤。硅整流直流焊机的重量介于二者之间。因此，需要设法减轻焊机重量，提高其机动性，节省铜线和硅钢片。

再次是适用面不够广。交流焊机只能焊酸性焊条，直流焊机才能适应碱性焊条。但是，用直流焊机焊接某些接头型式时，有严重的“磁吹”现象，影响焊接成型和焊接质量。此外，直流焊机也不能适用于铝的钨极氩弧焊。因此，在应用上各种焊机都存在一定的局限性。

通过上述分析，潘际銮他们考虑：能否设计一种功率因数较高的交流弧焊机以降低焊机容量，节约用电；能否减轻焊机重量，节约铜材和硅钢片，并给野外、高空作业创造更便利的条件；能否研制一种交流焊机，它既能焊碱性焊条，又能避免“磁吹”现象。这些都是摆在他们面前的课题，也是他们的研究应该达到的目标。

当时，清华大学的党政大权由迟群、谢静宜等一伙人把持，在那样的环境下，要开展研究工作是十分艰难的。潘际銮他们不仅得不到学校的支持，反而不断受到种种人为因素的干扰。他们在一种压抑的气氛中，小心翼翼地开展研究工作。由于经费困难，他们争取到了北京综合仪器厂的协作和支持，该厂的康志强、刘桂梅也参加了他们的研究工作。

在剖析各类焊机现有矛盾的基础上，他们依次探索了各种解决途径。由于交流电弧重复引燃要求有较高的电压，而引燃后的电弧燃烧电压并不高但电流较大，交流焊机要同时满足这两方面的要求，就造成了功率因数低、电功率大的缺点。解决这一矛盾的途径，应该是把两方面的要求分别设法满足。为了减轻焊机重量，国内外都是从增大铁心磁通密度和铜线电流密度、强迫冷却等方面想办法。但是，只有从根本上改变电源的性质，即采用频率较高的电源，电焊机的重量才能有较大幅度的减轻。

按照这一思路，他们大胆地提出了一种新型的焊机方案。其特点如下：①提高电源频率；②采用方波；③在电弧电压的前沿加以脉冲。按照这种方案，由于提高了电源频率，就可大大降低焊机重量；由于交流电弧电压的波形是方波，如果焊机电压也是方波，则无论两者间的相位如何变化，都不会影响电弧的稳定性，就可以尽量降低空载电压，使其接近电弧电压，以提高功率因数；在每个方波之前加一个脉冲，就可以保证电弧重复引燃；在钨极氩弧焊时只需加单向脉冲，在碱性焊条手工焊时需再加双向脉冲，因而这个方案既可用于氩弧焊，又能用于碱性焊条手工焊，还可避免“磁吹”的不良影响。空载电压过低而平直的外特性会使焊接电流的波动较大，为保证电流的稳定性，必须有一定的空载电压，但这又会影响功率因数的提高。为彻底解决这个矛盾，他们在焊机的一个环节中加入了一个储能电容器，这样就可以把无功功率在焊机内部吞吐，从而免除电网的无功负载。

1972 年，他们在实验室中用可控硅元件，采用逆变原理，制成了世界上第一台逆变焊接电源。它可以将 50 周交流电变为较高频率（100～400 周）的方波（由于当时电器元件只有可控硅，开关速度比较慢，所以最高频率只能选择 400 周），并在方波的前沿加以稳弧脉冲。这是一种完全不同于传统的 50 周正弦交流或直流焊机的新型焊机。实验结果表明，这种焊机具有许多突出的优点。

（1）可节省所需电网功率。与普通交流氩弧机比较，自电网所取电流可减少 60%以上；与普通交流手弧焊机相比，每相电流可节约 50%左右；与旋转支流焊机相比，也可节约 30%左右。

（2）焊机重量可大幅度降低，可以大量节约硅钢片和铜线。例如，频率 400 周、200 安的焊机，其重量不超过 50 公斤。

（3）焊机电弧稳定，操作容易。在小电流时，这方面的优点更为显著。

（4）用于碱性焊条手工焊时，可避免直流“磁吹”现象。

1973 年 2 月，他们制成了逆变焊机的实验样机，完成了论文《新型逆变焊接电源的研究》。正当潘际銮他们准备对逆变焊机作进一步研究的时候，迟群一伙人在清华大学掀起了一场长达三个多月的“反击修正主义回潮”的运动。潘际銮他们悄悄地把那台实验样机送到了北京综合仪器厂，默默地藏起了总结论文。在那种恶劣的政治环境下，他们无法和国内外同行进行学术交流活动，他们的重大科研成果——新型逆变焊机，也就难以介绍到国内外焊接界去，对逆变焊机的进一步研究更是无法继续进行。他们日日夜夜耗费心血凝聚成的科技成果，便这样销声匿迹了。

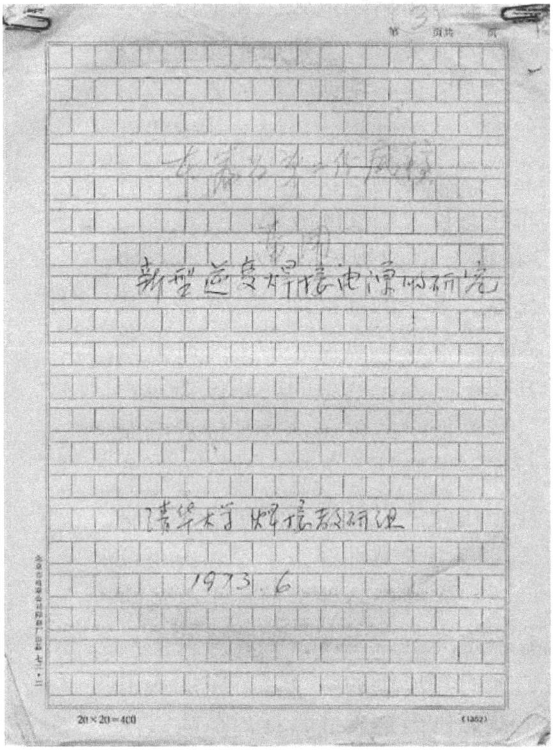

1973 年发明总结

粉碎“四人帮”后，潘际銮应邀去联邦德国访问，并作为访问学者，于 1978 年在亚琛工业大学合作进行焊接自动跟踪系统的研究。1980 年，当他再次出国访问时，发现国外也有人在研究逆变焊机。但是，这时潘际銮等人正从事一项更重大的研究任务，未能对逆变焊机继续研究和及时报道。而这种焊机于 1983 年终于在国外问世了，并很快成为焊接技术方面举世瞩目的重大成就，被称为第五代也是最新一代的焊机。

有谁知道，10 年前潘际銮等人的被埋没了的科研成果却开创了焊机发展的新方向、新阶段。有谁知道，国外在 20 世纪 80 年代初才开始研究

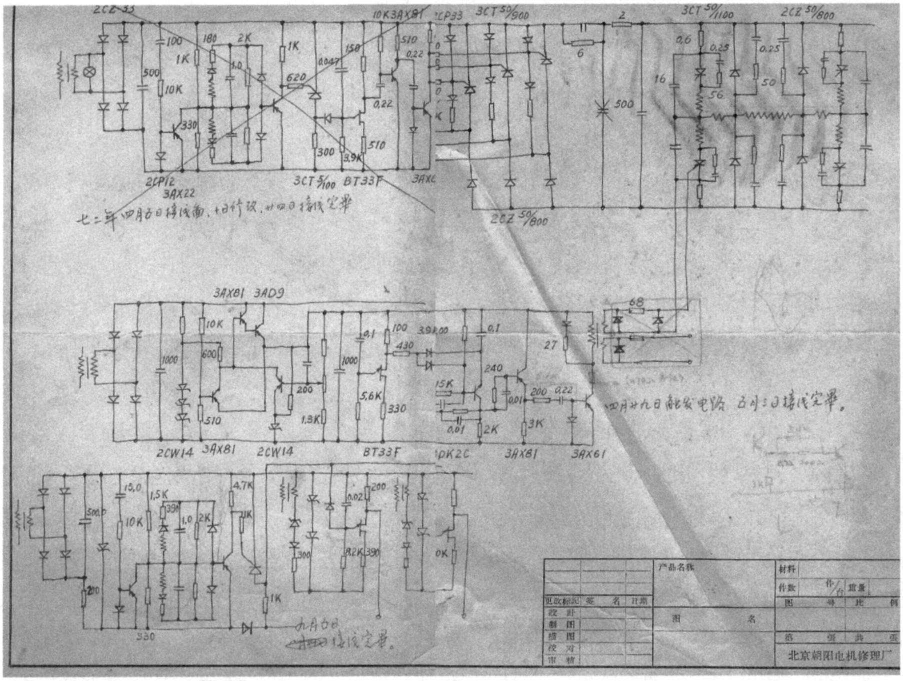

1973 年部分研究图纸

的这种具有强大生命力的、有着诸多优点的最新一代的焊机——逆变焊机，我国早在 20 世纪 70 年代初就已经有人研究并达到了先进水平。可是，现在我们却又不能不痛苦地承认，我们在这种技术上又落后了。有谁能体会当年率先进行这种焊机研究的我们的专家的心情？能埋怨我们的专家吗？是他们无能？是他们懈怠？人们自然不会作出这样的判断。在那个动乱的年代，他们有谁能掌握自己的命运？这项重大的科研成果，虽然在当时的特殊环境下被埋没，但它作为我国科技人员智慧、才干和奉献精神的例证，是值得人们记忆的。

四、坚守良知

在动辄受到批斗和打击的逆境中，潘际銮不仅千方百计坚持从事科学研究，也在教学中抵制“极左”路线，坚持正确的方向和做法，即使因此引来更多的打击也在所不辞。对他的打击有的来自学生，更多的则是来自当时掌握机械系权力的军宣队、工宣队。应该说，绝大多数工农兵学员来清华大学是想学习科学技术的，但的确也有少数人深受“极左”路线的影响，经常挑起斗争。“四人帮”提出工农兵学员的任务是“上大学，管大学，改造大学”，把师生关系颠倒了过来，为部分学生破坏正常的教学秩序提供了政治支持。

1970年6月27日，中共中央批转了《北京大学、清华大学关于招生（试点）的请示报告》。8月，清华大学开始招收第一届工农兵学员，教学工作得以恢复。入校的工农兵学员文化程度参差不齐，有的只有小学文化程度。怎样才能教好这样的学生？潘际銮感到很为难，他和陈丙森、吴志强、田燕等同事反复商量。在一次教研组会议上，潘际銮本着实事求是的原则提出，教学要保证基本要求，要从基础教育抓起，要给只有小学生水平的学员补课。

1972年，何东昌主持清华大学“教育革命组”（又称“教改组”）工作，在极其复杂和困难的情况下采取了一系列措施，整顿教学秩序，部分恢复“文化大革命”前的正确做法。潘际銮领导下的焊接教研组制订了切合实际的教学计划。该计划的培养目标是要求学员具备工人能力和技术员能力这两种能力。教学安排大体分三段：第一段是18个月的课堂教学，包括给文化程度较低的学员补课，为他们打下基础；第二段是两个多月的劳动，其实是一周劳动，一周上课，交叉进行，培养实际操作能力；第三段是结合企业生产需求搞专题和毕业实践，培养技术能力。应该说，在当时条件下，这个教学计划既不与当时政策有太大冲突，又能让学员通过学习得到真正的提高，但这也被工宣队说成是复17年之旧的“修正主义计划”。

为了使工农兵学员了解和掌握焊接专业基本知识和焊接技术，潘际銮和教师们精心备课，编写讲义。潘际銮负责编写“焊接应力与变形”，讲授“焊接设备”。由于学生基础差，所以他从电工原理讲起，如什么是直流电，什么是交流电，什么是电感电容等。尽管如此，仍有学生听不明白。听不明白的学生在课堂上当场站起来指责潘际銮搞资产阶级那一套，讲的都是学生听不懂的东西，在黑板上画一些乱七八糟的电路。于是学生开会对潘际銮进行批斗。批斗会一开始，就有学生拍桌子站起来训斥：你讲的什么东西？我们一点都听不懂！你干吗不对着机器讲？干吗在黑板上画乱七八糟的图？

学生提出要结合实际讲课。教室楼下的实验室里面有很多机器，潘际銮把学生带到实验室，打开机器，给学生讲哪个是发电机，哪个是变压器，以及它们的作用。但是，这样一来学生就更不懂了，因为课堂上讲的还只是基本知识，实验室讲的则是知识的实际运用。因为听不懂，学生又指责潘际銮还在搞资产阶级的那一套，并提出为什么不到工厂给他们讲课？

于是潘际銮联系了北京锅炉厂。征得厂方同意后，他带着学生来到工厂。但是，工厂管理严格，生产工作期间不准打开机器，潘际銮的课没法上了。学生不吭声，工宣队也不吭气。不少想学知识的学生悄悄对潘际銮说：老师，你还是给我们讲点课吧。潘际銮说：课不好讲啊，一讲就挨批。

课不好讲，考试则更不行。有一个学期，潘际銮给焊接专业 1970 年入学进修班讲电工课。这个班的学员主要是年纪偏大的工人。讲了一段时间后，潘际銮想了解学员们对知识的掌握情况，因而举行期中测验。不料一位老工人站起来指着潘际銮的鼻子骂他搞资产阶级那一套，因为他们是来“上大学、管大学、改造大学”的。他随即叫来工宣队，对潘际銮进行现场批判，说他的考试方式同过去一个样，是“穿新鞋走老路”。吴志强也出席了这个会，他因年轻、出身好而被军宣队任命为专业负责人。当时他“不表态，也不记录”，结果一同遭到了批斗，说吴志强也是“穿新鞋走老路”。吴志强生气地说：我旧鞋还没脱呢，怎么穿新鞋。对潘际銮举行期中考试的做法，吴志强完全认同。

在坚持正确教育方向和做法的同时，潘际銮也利用有利时机批判和抵制林彪、“四人帮”的错误路线。1970 年 5 月，“四人帮”控制下的清华大学不切实际地要办汽车厂。迟群下令砸掉新水利馆实验大厅的设备，改为汽车装配车间，将实验用水泵拆往江西省鲤鱼洲农场抽水。这个大厅有较好的实验设备和条件，是水利系教学、科研、毕业设计的重要实验场所。1972 年的一次教研组会议，本来是讨论林彪路线对教育有无干扰，但在潘际銮和吴志强的主持下，变成了一次批“极左”路线的会议。潘际銮说：“砸新水利馆是‘极左’路线干扰，西欧这么多国家没有这么好的水利馆给砸掉的。改为组装车间，汽车质量也不行，本来不应该搞这个汽车厂。”结果被说成是“攻击宣传队”。

尽管承受着各种压力，但凭着教育工作者的良知和对教育事业的忠诚，潘际銮还是一直在思考如何让这批工农兵学员学到有用的科技知识。在北京锅炉厂办学时他找到厂领导，提出一些技术革新项目请厂方支持，以便让学生在实践中学习。工厂领导出于对潘际銮的信任，同意拨出经费和器材由他组织学生进行研究和技术开发。他根据锅炉焊接需要，提出将旋转直流焊机改装成“脉冲钨极氩弧焊机”，将直流焊机改装成“可控硅整流焊机”，以提高工作效率，满足工厂生产需要。多数学生对此十分高兴。这本来是一件好事，不料工作进行不久就被工宣队发现。工宣队认为潘际銮主持搞技术革新是“没有夹起尾巴”，“没有老老实实接受再教育”，是“资产阶级知识分子凭借他们的知识优势同工人阶级争夺领导权”。潘际銮因此被调离，结果却遭到许多想学习的学生的反对，出现了一场风波。同学说：无论在政治上还是业务上，潘老师都是他们的主心骨，在研制工作已经开始之后潘老师被调离，将严重影响同学们的学习和研制进程。

在工宣队某些人眼里，潘际銮上述各种意见和做法，都是“企图复辟修正主义的罪行”。1974 年 4 月 1 日，张春桥在《红旗》杂志发表《论对资产阶级的全面专政》。该文说“无产阶级和资产阶级之间在意识形态方面的阶级斗争还是长期的、曲折的，有时甚至还是很激烈的”，“资产阶级的‘土围子’还很多”，必须用“无产阶级专政的铁扫帚”去打掉。清华大学由此开始了打“土围子”运动。机械系军宣队、工宣队组成工作组对焊接教研组和潘际銮、陈丙森进行调查，弄出针对潘际銮和陈丙森的两份“调查报告”。关于潘际銮的这份报告说，“从调查的初步成果看，那里的情况，完全符合张春桥同志的估计，即‘在上层建筑的各个领域，资产阶级还占着优势，有些正在改革，改革的成果也并未巩固，旧思想、旧习惯、旧势力还顽强地阻碍着社会主义新生事物的发展’”，焊接教研组是清华大学最顽固的资产阶级“土围子”，“土围子”的头子是教研组主任潘际銮和书记陈丙森。于是工宣队将“土围子”“头目”之一的潘际銮强行调出锅炉厂教学点，下放到校办工厂劳动改造，规定他不准讲课，不准接触同学，不准搞科研，并剥夺了和国内外同行进行学术交流的权利。

在校办工厂，潘际銮成天搬运四五十斤重的钢板，繁重的体力劳动常常使他筋疲力尽。尽管活重，但他并不“安分”。他不愿意白白浪费时光，他不是那种只求能够“忍辱过关”的人，而是要真正无愧于国家、无愧于人民。在工人们的掩护下，他还利用空余时间在车间办起了技术讲习班，给工人师傅们讲焊接工艺，讲电工和电子学，讲计算尺……这也是潘际銮生命深处自然流淌出来的单纯、真实的兴致，是生命本真的乐趣。工宣队对此十分恼火。大会小会上军宣队领导高××都要点名批判潘际銮。后来潘际銮又被送到北京郊区的北安河大队插队劳动，“接受贫下中农的再教育”。

1977 年，中共中央召开中国共产党第十一次全国代表大会，由于潘际銮在“文化大革命”期间实事求是，忠诚于教育事业，在逆境中坚持从事科研工作，抵制“四人帮”的“极左”路线，当选为北京市出席中国共产党第十一次全国代表大会的代表。1977 年 8 月 12 日，潘际銮出席了中国共产党第十一次全国代表大会。

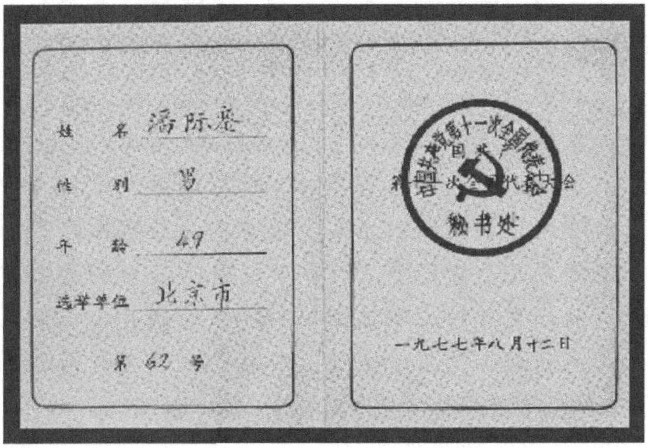

潘际銮的十一大党代表证

五、附录

笔者按：潘际銮这段时间在逆境中坚守良知的许多意见和做法，阴差阳错地在这份工宣队整他的黑材料中得到了真实而生动的保存。因运动很快转变方向，这份成文于 1975 年的资料当时并未公开，“四人帮”倒台半年后才被揭发出来。今天看来，这无疑是一份十分宝贵的资料，从一个侧面反映了“四人帮”及其爪牙是如何颠倒黑白、倒行逆施的。我们将它作为附录刊于本章之后，作为了解一个特殊时代的参考。文中隐去了某些人的真实姓名。

系军工宣队向校军工宣队打的报告

调查报告

（一九七五年五月十二日）二稿

最近，结合学习毛主席关于理论问题的重要指示，按照总支的决定，我们到焊接专业作了一点调查。整个调查工作是和焊接专业宣传队陈师傅、张师傅，专业领导小组于××同志一道进行的。

从调查的初步成果看，那里的情况，完全符合张春桥同志的估计，即“在上层建筑的各个领域，资产阶级还占着优势，有些正在改革，改革的成果也并未巩固，旧思想，旧习惯势力还顽强地阻碍着社会主义新生事物的发展”。

一、领导权问题并没有真正解决，“有些方面实际上仍然被资产阶级把持着”

“七·二七”以来，这个专业在领导权问题上始终存在着激烈的斗争。宣传队员、工农兵学员、校内觉悟工人、少数革命教师为一方，坚持工人阶级的领导权，坚持教育革命的大方向，坚持批判资产阶级，批判修正主义，努力在基层巩固无产阶级的革命专政。老师中几个资产阶级世界观没有改造好的党员学术权威为另一方。他们用各种方法抵制工人阶级的领导，抵制教育革命的大方向，穿新鞋走老路，实际上在有些方面把持着教育革命的领导权。

从1969年以来的历史看：

1969年和1970年，全校广大革命师生在工人阶级领导下，开始进入了轰轰烈烈的无产阶级教育革命的实践阶段。为了同“三脱离”对着干，在毛主席的亲切关怀下，学校办起了汽车厂，同时按照毛主席的“七·二一”指示敲锣打鼓迎来了第一批工农兵新学员。

但是在焊接专业的那一部分教师中，起先刮出了“汽车厂不能带动焊接专业”的风，以消极的态度来对待教育革命的实践，1970年5～6月眼看工农兵学员马上进校了，可教学计划怎么也落实不了，迟迟拿不出来，教材一本也没有；对待工人教师上讲台问题，有人说“要防止知识分子装药，工人阶级放炮”，不在理论上给予帮助，在一边看笑话；而教师自己又不敢大胆登讲台，处处缩手缩脚，专业的两位宣传队师傅，根据校党委要反对“右倾”的精神，在1970年6～7月一次部分专业教师会上针对专业的上述问题，提出了要反对“右倾”的意见。结果引起了吴志强、潘际銮等十几个人到汽车厂教改组（注释：当时机械系各专业改归汽车厂管）大发脾气，说：“宣传队对他们有意见，听了坏人的话。”（坏人是指陈××、施××）抵制了党委反“右倾”的批评，并把矛头对准了宣传队。挑拨教师和宣传队的关系。到同年12月，吴、潘等在起草支部工作经验总结中，明确写上了：几个支委开始不团结，不团结的主要原因是个别支委上了坏人的当。这“个别支委”指的是宣传队张敏师傅。“上了坏人的当”指反“右倾”等事情。并且这个材料不经过支委会讨论，避开了支部书记军宣队员马兴云同志、支部组委工宣队员张敏同志，由吴志强直接上报到汽车厂党委。关于宣传队上了坏人当之类的话，吴等在下面也散布过。

1971～1972 年在“批陈整风”、“批林整风”运动中，他们打出了批判“极左”路线的旗号，攻击工人阶级领导攻击毛主席的教育革命路线，否定无产阶级教育革命实践的成绩，并力图巩固他们在专业党支部中的领导权。

1971 年起流传：工人教师起不了作用，有也可没有也可(是财富还是负担)。

一度有股风让工人教师撤出支委会，后校党委发现问题，指出工宣队一定要参加支委会，张敏同志又参加了支委会。分工任宣委，并借口加强党性观点，“有些事可让你知道你就知道，不让你知道你就不知道”。有些组织、人事等重大问题张敏同志就起不了什么作用了。

在加强党性观念的借口下，专门开了支部大会，批评李××老师傅，因为李说了“我们支部是知识分子掌权”、“资产阶级专了无产阶级的政”等话。

×××同志在工人阶级领导下在 3603 厂教育革命的实践中创造了一些经验，《红旗》杂志刊登了他的一段讲话。之后，在焊接专业里刮起了一股反×的风，说×“爱表现自己，爱夸大，夸夸其谈，言过其实，世界观没有改造好，有野心等”，搞得×压力极大抬不起头来，这股反×的风实质是否定教育革命的成绩，散布对工人阶级、《红旗》杂志的不信任。

1971 年 7 月 2 日，焊 0 进修班（注释：指 1970 年入学的老工人班）抵制了电工课的考试，因为考试方式同过去一个样，“穿新鞋走老路”。当时考场变成了评教评学的会场了。吴志强等出席了这个会，临散会时，学员对他提了意见，因为他不表态，也不记录，吴出来后极为光火，说：“抓‘516’没抓到我，你能把我怎么样，我上午不记，下午也不记。”回去后，焊接几个教师支委对学员这一教育革命的行动极为不满，并一下联系到了领导权的问题，阴阳怪气地攻击工人阶级领导。吴说：“老马（原焊接支部书记，当时为汽车厂教改组长，军代表）已作结论了，穿新鞋走老路，我旧鞋还没有脱呢。”吴说，“有人觉得新领导班子不行”，“有人在背后要搞掉我”，“有人贴大字报要你下台时你就下台”。他们还说，“不一分为二”“知识分子政策怎么落实”。

"有'左'的倾向，高义（工宣队员）制造了许多言论，要把王汉维（电子学教师）弄下来。""知识分子没法讲话。"潘说"硬着头皮讲的"等。

1971年10厂系分家以后，在一次系总支干部会上，当着宣传队员的面，吴大骂徐军代表"独裁"。

1972年一次教研组会，在讨论林彪路线对教育战线有无干扰时，在潘、吴等主持下，变成了一次批"极左"攻击宣传队的鸣放会。卢应昌（实验员）说："比如农场吧，割稻子也是对的，不割也是对的。晒也是对的，不晒也是对的。"意思是工宣队怎么说怎么有理。潘说"砸新水利馆是'极左'路线干扰，西欧这么多国家没有这么好的水利馆给砸了，作为组装车间，汽车质量也不行，本来不应该搞这个汽车厂"。吴接着说"搞了这么多辆汽车还开不出去，人家就往这儿找，价钱还挺高"，等等。宣传队张敏师傅当场批判了这种观点。吴则又引了一个不相干的例子，跳起来向张："这不是'极左'路线的干扰吧?"

1973年，由于潘、吴等人配合社会上的那股"右倾"复辟思潮干得很卖力，得到了何东昌等人的赏识，何东昌派滕藤等人到焊接教研组，一面支持潘为首的新型焊机的科研项目，一面让他们搞一个"畅想教学计划"——学美、英、德、日等资本主义名牌大学，复十七年三脱离之旧的计划（有复写稿，这里略）。同时，他们又选送吴赴英留学。为了吴留学，潘出国（参加国际焊接会议），1971～1972年，他们那里一度每天上班后7：30～9：30雷打不动关门练习英语会话，由潘际銮、吴志强、张人豪等人大声会话，让新工人坐在那里听，一时闹得乌烟瘴气。

1973年下半年三个月运动，这个教研组始终没有发动起来，矛盾没有揭开，混了过去。当时潘出国开会去了。吴上外语学院学外文去了。支部工作由陈丙森主持。陈用装糊涂的办法抵制运动，两个半月过去了，他还在说，"这次运动搞什么我不清楚"，"铸工那里有个邢××倒好办，可我们没有"，"是否搞潘××，他吃社会主义"，"前一段工作不是我主持的，他们人又不在，很多情况我不清楚"……由于当时总支有铸压两个重点，一时没有精力去重点抓他们的问题，结果草草走过了场。

从最近一年多的状况看：

我们初步调查了三个开门办学点：2字班（注释：2字班指

1972 年入学的班，余同）的市结构、3 字班的电建公司、4 字班的北京锅炉厂，发现这三个点上教育革命的实际领导权并不在工人阶级手里。

2 字班市结构点，实际上一度（1974 年）是徐济民（党员，1959 年清华焊接专业毕业生）说了算。宣传队，师傅，教员，学员集体决定的一些事，他不同意就可以推翻，他的培养目标是要求学员具备工人能力和技术员能力这两种能力，有的教学计划大体分三段：头一段打基础，十八个月关门读书已过去了；第二段，一周劳动——放羊式，一周上课，干两个多月，培养工人能力，说：没有这一周劳动和培养工人能力，就和十七年差不多了；第三段是接着搞专题和毕业实践，培养技术员能力，对学员拍拍胸脯说：只要按照他的计划去做，"保证你们毕业时能设计新式的英国氩弧焊机"。

3 字班电建点公司，支部书记是陈丙森。选点、安排都是他领导进行的，这个点，让学员出了学校的高楼深院到设计院的高楼深院，下厂四个月没有组织过师生参加工厂的生产劳动。三结合领导小组，实际是陈、王技术员说了算，"我们听老范的，你们听我的"，"工程师说了算"。下点两个礼拜之久，陈不向学员介绍工人师傅；重要问题，支委会不讨论，不交学员讨论，也不和全体教师讨论，全由陈、王等几个教师、技术员决定；陈作为支部书记，不抓批林批孔，不抓党内教育，不研究教育革命，把电建当做逃避革命的避风港。

4 字班北锅点，简直是教授治校的复活，选点是潘定的，工厂说："本来不敢给这个任务的，考虑有潘老师，所以给你们了。"教师说："潘选了这个点，换别人是不会选的。"任务，潘一人懂，工厂说"听说潘老师很有经验的，希望一块来解决问题，作出贡献"，教员说"除潘以外都不懂，我们是门外汉的架势，主要靠他了"；计划，装在潘一人脑子里，别人谁都不大清楚，他调离回校时交给陈武柱的只有一张线路图。有时临到上课了，学员教员还不知道这堂课上什么？怎么改革，更没有人明白，老师反映说："教育革命潘自己都没有底，也没有什么考虑。"潘管讲课，"讲完就走"，辅导、准备实验刻讲义等，均由辅导老师去做；参加工作的工厂工人师傅"成了材料工具员了"；教员说"在这种情况下，学员参加教育革命是不大好办的"；因此本学期潘的调离，出现了一场风波，“在同学的思想中，潘老师无论在政治、上业务上，都是我们的主心骨重要力量”。“潘老师这个机关枪，战斗已打响，调走了你看影响大不大。”

综上所述，焊接专业确实存在着尖锐、激烈的斗争，斗争的焦点还是哪一个阶级掌握实际上的领导权，资产阶级世界观没有改造好的知识分子，凭借他们的知识优势，总是本能地在同工人阶级争夺，他们总是同工人阶级对着干。不执行毛主席的教育革命路线的，按照他们的世界观走他们的老路的，如果不能在工人阶级领导下，给予坚决的斗争，就会出现事实上的复辟，这是应当引起我们严重注意的。

二、盘根错节，年深日久，严重的问题在于“资产阶级还占着优势”

焊接专业教工目前共有64人，其中专业教师32人，基础课教师15人，实验员7人，工人10人。

这些人中起主导作用的是占半数的专业教师，这32名成员中：“文化大革命”前的教师21人，“文化大革命”中留校的新教师9人，0字班工农兵学员中留校当教师的2人，这三部分人中的第一部分人，占有知识优势，也比较有统治经验和组织能力，因此，实际上在专业教育革命中起主导作用的就是他们。焊接专业中流传所谓“一个超级大国，四大金刚，八员大将”都集中在这一部分人中。

对21人的分析：教育革命思想比较明确，能依靠工人阶级领导，依靠工农兵学员，并身体力行的有2～5人（陈××、何××、任××、龚××、王××）；对教育革命大方向有抵触，排斥工人阶级领导的有3～5人（潘际銮、陈丙森、徐济民、吴志强、田燕）；其余的除少数外（王××、施××、严××、洪××、郭××）都是跟着后面走的，这两部分人加在一起就占有了人数上、知识上的大约是七比三或二比一这样一种优势。

无产阶级“文化大革命”的急风暴雨曾经猛烈地冲击着这个十七年的“红旗”单位，然而由于盘根错节的社会关系的保护，年深日久的“封资修流毒”的烙印，所以，这个单位在许多根本的思想政治路线问题上没有划清界限，有些方面的领导也仍然被资产阶级实际把持着。

其中主要是两个方面：一是“文化大革命”前的老班子，并没有真正冲垮；二是十七年“修正主义”路线树的黑旗并没有真正批倒。

“文化大革命”前的老班子是：陈丙森——系总支副书记，潘际銮——副系主任、焊接教研组主任，他们两人都是焊接专业元老，为了到全国焊接界争地盘，陈培养潘入党，并提升为副教授；田燕——焊接教研组支部书记，是陈、潘的学生，三人工作长期配合较好；包芳涵——潘的教学秘书、“不挂名的主任”，田燕的爱人，又是田发展入党的，徐济民，在 1957 年毕业时，陈把他留下了，“文化大革命”前没有职务，但可列席各种会议，吴志强，1958 年清华焊接毕业生，曾任教学秘书，和潘关系密切，和陈、田有一定矛盾，此外还有苏毅，曾随潘一起到焊接学会任秘书长，罗志昌为潘的科研秘书，任家烈曾和包芳涵一起被派去学俄语，后出国，回来后任教研组副主任，党支部副书记；张连第——实验室主任；严鸢飞——由陈派去加强实验室任副主任，21 名专业教师除个别人外都是清华派的。例如，×××出身恶霸地主，本不该留校的，因潘看中他的业务能力把他留下，此后一直跟着潘搞科研等。

这个老班子在“文化大革命”前因执行修正主义路线有功，曾几次被树为“红旗”，但在“文化大革命”中除陈一人外，几乎没有受到什么冲击，而对陈的批判冲击，主要因为他是“焊接专业的土皇帝”，没有从路线上给以清算。而肉体的批判胜过思想的批判，实在也没有抓住要害，陈非但没有从路线上认识自己的错误，反而一直对“文化大革命”存在着抵触情绪。

在大批判中，他们从没有认真对教研组十七年执行的“修正主义”路线作过较为深入、系统的分析批判，其中主要的负责人，如潘、陈、田等，也没有从路线、世界观的高度作过严肃的自我解剖，直到现在他们中许多人对十七年到底“修”在哪里并不清楚，如学朝农时，有人还说不清“红色工程师”这个培养目标“修”在哪儿（注释：“文化大革命”前清华大学提出培养目标——红色工程师），如陈丙森，因一学员业务吃力一些说“业务不行，不肯钻”而不同意他入党，如潘际銮三个月运动前说过“80 年才有真正的大学生”（注释：指到 1980 年才可能培养出真正的大学生），“我们是资产阶级知识分子，他们毕业后算什么”？在安排 4 字班教学计划时，总觉得“老三段不行了，还得来点小三段”。专业里散布了不少，“2字班为何专题搞得好，是因为18个月（指何东昌干扰时期）关门打了点基础”。为此他们对工农兵来学校掺沙子并不是采取欢迎态度的，当复员转业军人×××同志照顾家庭困难调离之后不久，田燕两次对×××说“死皮赖脸赖在这儿还不想走”等（进一步归纳补充）。

这样一些人今天仍然承担着基层的主要领导工作，处在教育革命的最前线，他们就要顽强地表现自己。对工人阶级的领导，他们觉得不舒服想着法子去摆脱。值得注意的是这种同工人阶级争夺领导权的斗争是自觉的。他们善于观察形势，善于组织队伍，善于袭用老谱，他们以为形势对他们有利时，就公开出来咒骂宣传队，批判宣传队，打击积极分子，打击工农兵学员，有时甚至气势汹汹地同你摊牌，不客气地赶宣传队走路；他们在形势不利时，则会装糊涂“不清楚”，能推的推，能躲的躲，找个避风港，埋头搞他的业务，蒙混过去，以求改日再来，同你斗争。他们常常打着改革的旗号来反对改革，打着拥护宣传队的旗号反对宣传队；他们善于接口号，塞私货，蒙蔽群众，顽固地坚持十七年“修正主义”路线；他们有时还借用外部力量，抵制工人阶级领导，打击工农兵学员，制造内外矛盾，掩盖原则斗争，让工厂对清华有意见，给毛主席革命路线抹黑；他们一方面用“攻其一点不及其余”的手法，放肆攻击新的事物，对抗工人阶级的领导、对抗毛主席的革命路线；另一方面又肉麻地吹嘘自己，把资产阶级法权当成荣誉，到处散布，制造夺权舆论，毒害青年的灵魂。

正因为如此，这场斗争就显得特别尖锐、激烈、复杂，并且不是短期所能解决的。

三、几点体会

（1）要巩固无产阶级专政，首先必须下苦工夫学好无产阶级专政理论。焊接的问题过去也感到一些，中央的精神、党委的决议，在他们那里常常不能很好地贯彻执行，有时阻力很大，一些宣传队员同志反映在那里待不下去，但问题在哪里呢？抓这个、抓那个没有能狠狠抓住要害，原因是我们马列主义思想学习差，觉悟不够高，对问题看不清楚，这次学习主席的理论指示，我们花了主要精力学习“全面专政”的思想，并力求在理论和实际结合的高度上把它弄懂弄通，联系学校的实际开了四次专题讨论会，并和基层的同志一道学习蹲点、调查，使我们的认识从实质上提高了一层，原来学校里、系里这些问题实质是一个“占优势”、“把持着”的问题，头脑就清醒多了。当然，光是领导清醒还不够，必须让群众也清醒，“要使全国知道”，我们决定按照党委的部署，下一阶段结合教育阵地的实际，认真组织全系的学习，务求在理论与实际的结合上学好，掀起一个“大学习、大干教育革命”的高潮。

(2) 扫帚不到灰尘不会自己跑掉，要巩固无产阶级专政，要大干无产阶级教育革命，必须把“批林批孔”、批判十七“修正主义”路线、批判资产阶级世界观的斗争推向一个新的阶段，从我们领导大批判的工作来看，存在着“右倾”思想的，对封资修流毒估计不足，没有不停顿地组织一个又一个的进攻战役。这次学习和调查给我们上了生动而深刻的一课，我们准备认真研究一下学习和批判结合的问题，开展一场持久的在思想政治领域里夺取领导权，巩固领导权的大斗争。

(3) 组织必须巩固，资产阶级很懂得组织问题的重要性，他们到哪里都要掂掂手里的权有多大，他们凭借在知识分子队伍中在人数上的优势，不断组织自己的阶级队伍。因此工人阶级必须十分重视不断组织自己的阶级队伍，包括组织上、思想上两方面的任务在内，必须坚决依靠决心把无产阶级教育革命进行到底的积极分子，必须落实党的知识分子政策，团结两个百分之九十五，同时也必须注意坚决地把被没有改造好的资产阶级知识分子把持着的那部分权夺回来，还要注意到知识分子队伍的不断分化，当然我们绝不能对敌我矛盾问题有丝毫放松。在组织问题上，首先要着重抓对干部、对党员的教育，把这次学习运动和党的建设结合起来。在着重抓好总支一班人的基础上，把三十几个支部的书记抓好。

(4) 学习、劳动、蹲点，调查不断克服资产风，建设一个坚强的总支领导核心，我们曾作了一些规定和努力，但干扰还很大，建议在适当的时候专题学习，总结克服资产风的问题，进一步提高我们的领导水平，改善领导体制。

(77/7/20 抄自校军工宣队档案)

第八章　勇攀高峰

1976年10月，长达10年的“文化大革命”终于结束。中国共产党第十一届中央委员会第六次全体会议一致通过的《关于建国以来党的若干历史问题的决议》认为：“‘文化大革命’是一场由领导者错误发动，被反革命集团利用，给党、国家和各族人民带来严重灾难的内乱。”在“文化大革命”中，国家、人民，以及清华大学、潘际銮个人一道经历了严重灾难，蒙受了巨大损失。

10月16日，中共北京市委派联络组进入清华大学，开始恢复整顿校园秩序。潘际銮恢复了副系主任和焊接教研组主任职务，经历“文化大革命”磨难的潘际銮和他的同事们终于回到了实验室。这座在“文化大革命”前曾为我国焊接技术的发展贡献过累累硕果、输送过大批人才的焊接馆，如今满目疮痍、门可罗雀，一片凄凉景象。空荡荡的实验室里，大量设备拆的拆、坏的坏。曾经闻名全校、国内一流的实验室，如今麻雀在里面做窝，蜘蛛网遍布各处。面对这满目凄凉的景象，潘际銮忧心如焚。他要尽快组织起队伍，和大家一道医治“文化大革命”造成的创伤，重建实验室，整顿教学秩序，同时为教研组的科学研究确定前进的目标和方向。他带领教研组的全体老师对教研组的研究目标、研究方向进行了充分的讨论、凝练和筛选。他向同事们建议：“我们的科研工作要围绕一个总目标来安排，这个目标就是努力解决重大工程中的焊接问题。”

当时国家百废待兴，不可能给予教育、科研以更多的财政支持。焊接教研组面临着要钱没钱、要物没物的窘境。潘际銮要求焊接教研组教师继续发扬20世纪50年代以来搞轧钢机架电渣焊、大型锤锻模堆焊、核反应堆结构氩弧焊和电子束焊机的老传统，把立足点牢牢扎根于国家建设的需要，去解决生产实践中提出的重大而紧迫的问题，以此来争取生产部门的支持，从而打开教研组和专业发展的出路。

一、改变历史的会议

1977年8月初，潘际銮接到学校通知，要他和学校党委副书记何东昌作为清华大学代表参加邓小平主持召开的“科学和教育工作座谈会”。这是邓小平第三次复出后主持召开的科学和教育工作座谈会。谁也没有想到，这将是一次改变中国历史的重要会议。

8 月 4 日上午，清风习习，阳光透过玻璃照进人民大会堂台湾厅。大厅中央围了两圈椅子，潘际銮和来自全国的 30 多位科教界知名人士坐在这里，等候时任国务院副总理的邓小平的到来。不多久，邓小平身着白衬衣、绿军裤、黑布鞋，迈着稳健的步伐来到会场。他一坐定，便操着浓重的四川口音说：“请大家来，就是想听听意见。题目就是科学研究工作怎样才能搞得更快、更好些，教育怎样才能合乎四个现代化建设要求，怎样赶超世界先进水平。你们什么话都可讲，这里没有棍子。要消灭棍子。三个公司，钢铁公司、帽子公司，还有鞋子公司，都丢掉。”① 受到邓小平的鼓励和感染，会议气氛非常活跃。大家的发言基本上集中在“文化大革命”对知识分子，以及科学、教育事业的打击和迫害上面，每个人都结合自己的例子发言。中国科学院童第周先生详细地谈了自己被迫害的过程。一些人在发言中忍不住掉下眼泪。由于邓小平听得很仔细，有的人一讲就是半个钟头。潘际銮觉得有很多话要说。1948 年大学毕业后，他一直在清华大学从事教学科研工作，兢兢业业，多次受到学校表彰，被誉为又红又专的好干部。“文化大革命”一开始，他就被打成“资产阶级反动学术权威”、“修正主义的黑干将”，不断接受批斗和改造。在清华大学，像他这样受到迫害的知识分子很多，整个学校教学科研工作无法进行，这样下去中国就不会有希望，他很忧虑。他理了理自己的思绪，集中讲了清华大学中年知识分子受迫害和教学科研秩序混乱的情况。何东昌在发言中说，清华大学所招收的工农兵学员文化素质很低，许多人只有小学水平，到校后还要补习中学课程。这时，邓小平突然插话：“那就干脆叫‘清华中学’、‘清华小学’，还叫什么大学!”②

8 月 6 日，科学和教育工作座谈会开到第三天，武汉大学查全性在发言中提出，必须重视高校招生工作，因为招生是保证大学教育质量的第一关，好像工厂的原材料，用不合格原材料就不可能生产出合格产品。对此，潘际銮和在座的老教授、老专家们都深表赞同，一致建议改革现行高校招生制度，把好人才培养的第一关，并强烈呼吁立即恢复高考制度。

高考通常在 7 月举行，而当时已经是 8 月了。况且，此前教育部 6 月

---

① 摘自《邓小平与恢复高考》，http：//edu. people. com. cn/GB/8216/85218/6398001. html.

② 摘自《武汉大学教授查全性向小平谏言恢复高考》，http：//edu. people. com. cn/GB/85218/6394700. html.

在太原召开的全国高等学校招生工作会议上，已经决定继续推行“文化大革命”后期确定的“自愿报名、群众推荐、领导批准、学校复审”的招生办法，并刚刚将方案送出上报中央。各地正按照会议精神，准备高等学校招生工作。

邓小平问：“今年改恐怕已经来不及了吧?”大家纷纷说还来得及。邓小平征求当时教育部部长刘西尧的意见。刘西尧说：“只要追回文件，重开招生工作会议，还来得及。”邓小平听后当即要求教育部把报送中央的报告追回来，并斩钉截铁地说：“今年就要下决心恢复从高中毕业生中直接招考学生，不要再搞群众推荐。从高中直接招生，我看可能是早出人才、早出成果的一个好办法。”[①] 话音未落，会场响起了热烈的掌声，经久不息。

8 月 8 日，邓小平作了总结讲话。在谈到教育制度和教育质量时，邓小平指出：“教育还是要两条腿走路，大专院校是一条腿，各种半工半读和业余大学是一条腿。”“教育制度中的许多具体问题，比如学制、放假制度、招生制度、跳级留级制度等，都要认真研究，该恢复的恢复，能实行便实行。”[①]邓小平的讲话石破天惊，其中许多内容明显是对“文化大革命”时期教育制度及毛泽东的有关指示的拨乱反正。

1977 年冬天，中国关闭了 11 年的高考考场再次打开，500 多万名从十五六岁到三十六岁的应考者涌进考场。高考制度的恢复，改变的不仅仅是个人的命运，更意味着国家、民族的复苏和新生。

那次会议给潘际銮留下深刻印象的不仅有恢复高考的决定，还有邓小平的工作作风和对科教事业的关心。五天会议期间，邓小平每天上午 8 点半准时到会，只在中午休息一下，直到晚上华灯齐放时才离开会场。他不作指导性发言，不要求大家谈哪一方面的问题，甚至也很少插话。实际上，大部分时间他什么都不说，基本上只是听，极其认真地倾听专家、教授们反映的情况和意见。只有当他听不清楚或想进一步了解某些具体事实的时候，才偶尔问一两句。从邓小平的言谈和神情中，潘际銮强烈地感受到，这位复出不久的领导人非常迫切地希望解决科学和教育方面的一些实际问题。潘际銮说：“小平同志对科教事业的关心，使我受到很大鼓励，激励我去奋斗、去拼搏。”

科学和教育工作座谈会后，潘际銮以更加饱满的热忱投入工作中去。1978 年 5 月 28 日，他被清华大学任命为机械系主任兼焊接教研组主任。

---

① 摘自《武汉大学教授查全性向小平谏言恢复高考始末》，http://edu.people.com.cn/GB/8216/63948010.html.

按照党的十一届三中全会的精神，根据学校部署，他和张明东、陈丙森等党委成员，先后为全系在“反右”斗争中被错划的64名“右派分子”全部平反，并通过深入细致的工作，纠正了过去留下的许多冤假错案。在“文化大革命”刚刚结束的政治气候和大环境中，大张旗鼓地为知识分子平反冤假错案，需要极大的勇气和气魄，需要承担很大的风险，承受巨大的压力。与此同时，潘际銮和全系教职工及学生一起，大力整顿和恢复被长期动乱破坏了的教学科研秩序。他每周的工作日程表总是排得满满的，但他从不放弃教学和科学研究。作为一位科学工作者、学术带头人，他绝对不放弃自己的主阵地。他要推动机械系的教学和科研，他要组织和带领焊接教研组全体同志去完成他亲自参与制订的科学研究十五年总体方案和奋斗目标。

二、在联邦德国

1978年7月，潘际銮被联邦德国汉诺威工业大学材料工程系聘为客座教授。8月，他接到了联邦德国科学技术交流中心（DAAD）的邀请和资助，作为客座教授在联邦德国亚琛工业大学和汉诺威工业大学做三个月的研究工作。

潘际銮先在亚琛工业大学与易·艾施荷尔恩（E. Eichhorn）教授及杰·普拉茨（J. Platz）工程师合作，对该校研制成功的一种直接利用电弧作为传感器的自动跟踪系统进行了改进。传感器的研究是解决焊接自动跟踪问题从而实现焊接自动化的关键。当时世界上已有多种自动焊跟踪传感器方案，包括机械、电感、电容、射流、激光等各种型式。由于这些传感器都与焊接电弧分离，所以不仅机械装置较复杂，而且在焊接曲率复杂的焊缝或焊接过程中热变形严重时，还必须采用记忆和数控装置，应用很不方便，效果也不够理想。亚琛工业大学开发的这种系统，直接利用电弧做传感器，电弧利用本身参数的变化作为信号来判断自己位置是否与焊缝坡口位置一致，从而进行自动跟踪。电弧就像为盲人指引方向的拐杖。这种系统用于复杂曲率焊缝的自动焊接，效果很好。它既可以用于MIG焊（惰性气体熔化极保护焊）、MAG焊（活泼气体熔化极保护焊），也可以用于埋弧自动焊接，具有较广泛的应用前途。这个系统已在联邦德国等国家获得专利，联邦德国克鲁斯（Cloos）焊接公司已获得许可合同进行生产。但是，它有一个重要缺点，即它是基于射流过渡现象设计的，因而对短路过程十分敏感，不能用于短路过渡焊接。

为了克服这一缺点，潘际銮对该系统在焊接过程中的信号进行了仔细的观察。他发现，在半射流过渡和短路过渡中，尽管电流信号本身的波动十分强烈，但其燃弧期间的电流变化仍符合按焊炬摆动和焊缝坡口形状的变化而变化的规律。这表明，该系统存在着应用于短路过渡焊接过程的可能性。据此，他提出了对系统的改进方案。

潘际銮进一步考查了在短路过渡焊接过程中电弧电压和电流变化的规律，发现按焊机时间常数和焊接规范的不同，脉冲电流的持续时间约为短路时间的 2～3 倍，而短路后电弧持续燃烧的时间为短路时间的 3～5 倍或更多。根据这些数据，他们研制了一种利用短路电压作为控制信号的“短路脉冲电流抑制器”，将其插入系统的控制部分。其基本思想是：在电流信号中检出其燃弧时期的电流数值，而取消其短路时期的脉冲电流数值；在取消短路脉冲电流数值时，将电弧短路前夕电流的瞬时值保留作为控制信号。实验结果表明，该系统经过这样的改进后，不仅可适用于埋弧自动焊和射流过程的气体保护焊接方法，而且适用于短路过渡焊接方法。新方案拓宽了系统的使用领域并提高了控制精度，在当时国际上处于先进水平。

在联邦德国的短期工作，使潘际銮直接接触到国外焊接科学研究的水平、设备与方法。在国外访问期间，他通过参加学术会议和参观技术博览会，对焊接技术的最新发展与趋势有了更深切的感受。回国前夕，E. Eichhorn 教授夫妇邀请潘际銮到家里做客并热情款待了他。E. Eichhorn 教授热情健谈，说话时表情丰富，诙谐风趣。他们彻夜长谈。E. Eichhorn 教授说，从潘际銮身上，他看到了中国学者的专业造诣、科学素养和研究能力，他坚信中国的焊接科技工作者有能力在不长的时间内拿出一流的成果，进入世界先进行列。潘际銮对此也充满信心。回顾在联邦德国做研究工作的三个月，潘际銮说，在联邦德国，他进一步了解了国外焊接自动化的研究状况，看到了许多未曾看到的先进的研究装备，结识了许多同行专家。对于他来说，这段经历是“非常有益和不可能忘记的”。

三、进一步的研究

1. 创造新型电弧传感器

从联邦德国回国以后，潘际銮决定对电弧作为传感器的焊接跟踪技术作深入系统的研究。他感到德国所创造的系统尚有不足之处：因为采用摆动方式，即用一个机械机构带动电弧横跨焊缝按一定频率摆动，故传感器的机械结构大而复杂；对电弧传感器的基本理论和规律研究不足。

潘际銮首先考虑如何改进电弧传感器。当时，日本发明了一种旋转式电弧传感器，问题是没有解决焊接电源与焊炬连接的问题。日本采用碳刷和转动的焊炬导电，这不仅复杂而且导电发热不可靠。他先是和博士生费跃农研究成功圆锥摆动方案，在圆锥摆上设计了一个光盘码，既解决了日本方案的矛盾，同时还可以检测电弧的位置。实验结果证明该方案十分成功，但潘际銮认为还不够理想，因为它和前几种方案一样需要一套机械传动装置。所以，他又和博士生廖宝剑研制空心马达式电弧传感器，将一个圆锥摆式的焊炬装在空心马达的中心轴中，这样既无须传动机构又可方便地导电。这种电弧传感器属世界首创，获中国专利。

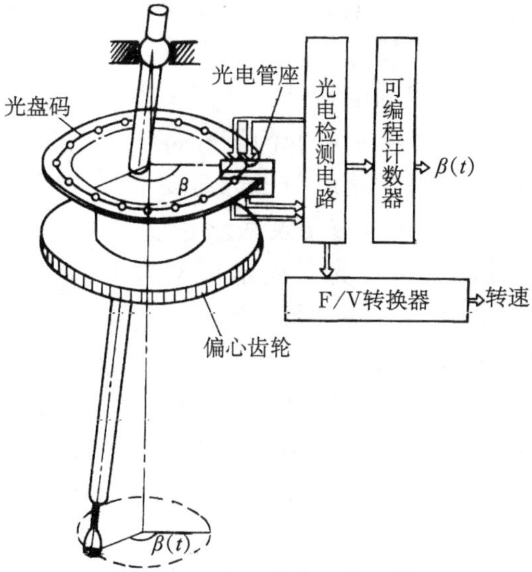

圆锥摆式电弧传感器

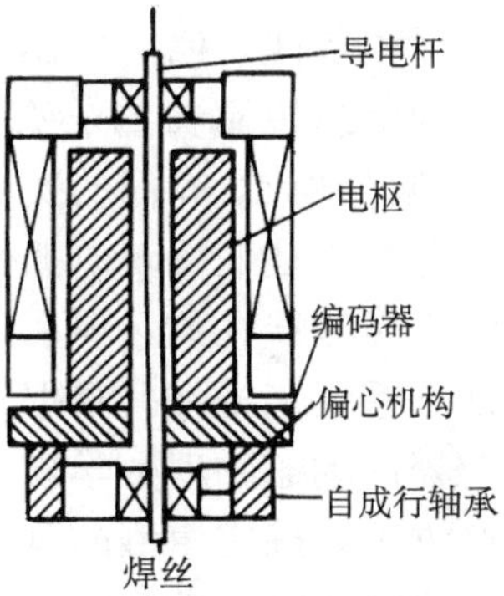

空心马达式电弧传感器构造

空心马达电弧传感器

2. 建立电弧传感器物理数学模型

要发展高精度、高灵敏度、多功能电弧传感器的设计，首先应对电弧传感作用的物理机制和输入输出间的数学关系作清楚的描述，即建立电弧传感器的物理数学模型。但是，在国内外文献中均未见这方面的报道。为此，1990 年潘际銮和博士生费跃农对此做了深入的研究。

电弧传感器传感原理是从电弧参数的变化中获取电弧扫描时焊炬高度的变化，并根据焊炬与焊缝高度关系导出焊炬与焊缝的相对位置等被传感量。因此，焊炬高度与电弧参数之间的传递关系是电弧传感器最基本、最核心的输入输出关系。电弧传感器静态和动态物理数学模型就是要对这一关系进行描述。静态数学模型指电弧处于平衡状态下，电流平均值与焊炬高度之间的关系。根据传感器工作机制，它应满足两个平衡关系：其一是焊接电源与焊接电弧之间的能量供需平衡关系；其二是焊丝熔化率与送丝速度的平衡关系。前者要求电源静态外特性与电弧的负载特性有稳定的交点，后者要求焊丝熔化速度与送进速度平衡。根据这两个平衡条件，他推导出焊炬高度 H、电流 I 及送丝速度 V_f 的数学关系，即电弧传感器的静态物理数学模型。为了确定模型式中的各个参数，他们设计了专门的实验方法和回归方法进行测定。通过这些具体模型的分析，他们发现电弧传感器系统输入 H、输出 I 之间的静态关系在理论上是非线性的，但在电弧实际工作范围内具有良好的线性，可以作为线性系统来处理。根据这一结论，潘际銮采用传递函数形式建立电弧传感器的动态物理数学模型，并设计了一套研究电弧传感器动态行为的实验方法，确定模型的具体参数。

研究发现如下三方面的内容。①电弧传感器系统动态模型的结构取决于系统中焊接电源的动态外特性。传感器系统动态模型的阶次等于电源传递函数的阶次加 1；传感器系统的零点和极点的个数分别等于电源零点和极点的个数加 1。当采用高动态品质的晶体管电源时，电弧传感器系统可以用一阶模型式描述；当回路中包含感性元件时，电弧传感器系统需用二阶模型式描述。②电源静态、动态外特性及各种焊接条件对电弧传感器灵敏度有影响。其中，传感器系统的极点频率和灵敏度随着电源静态特征斜率的增加而显著增加，而极点频率则随着电源动态响应时间常数的增大而下降。CO_2气体比例的增加会造成传感器灵敏度的增加。③为了提高电弧传感器的灵敏度，要求将电弧扫描频率设置在 15～35 赫兹，焊接电源应具有优良的动态品质和平硬的输出特性，在此条件下传感器的灵敏度可达到 10 安/毫米。

3. 提出新的信息处理方法

当时，国内外工业中应用的电弧传感系统信息处理都是采用积分差值法。具体方法是：当电弧扫描到坡口两侧时，将电流信号进行短时间的积分，然后以两侧积分值之和作为焊接高度信号，以积分之差作为焊炬偏离中心线的偏差信号。这种方法对V形坡口和角焊缝是有效的，但对I形坡口和搭接坡口，系统传输的信息不反映坡口形状和偏差，更不可进行跟踪。实际焊接中，由于各种干扰影响，情况更为复杂，积分差值法无法使用。因此需要建立新的信号处理概念和理论。

潘际銮和博士生吴世德提出了新的信息处理方法——特征谐波向量检测法。这种方法是将传感器所测的时域信号转换为频域信号，这些信号可以证明不同坡口扫描输出信号具有不同的特征谐波分量，坡口偏差在电弧传感信号中性质不变，因此坡口偏差可以由特征谐波分量大小和相位两个特征参数获得。

在以上研究的基础上，博士生廖宝剑、吴世德分别研制成功以电弧为传感器的自动跟踪焊机，博士后毛志伟研制成功以电弧传感器控制的小空间平面角焊缝焊接机器人。

四、国家发明一等奖

研究新型电弧控制法，是潘际銮赴联邦德国前提出来的。潘际銮最初的设想是对焊接电弧稳定性和熔滴过渡控制进行研究，在得到了张人豪、张连第、吴志强等几位教师的响应之后，课题很快在教研组确定下来。这是一个富有挑战性的课题。国际焊接界为了解决电弧稳定和熔滴过渡问题做了大量的研究工作，出现了多种新的焊接方法，但一直没有出现大的突破。因此，在指导思想上，潘际銮一开始就强调要站在学科的前沿做开拓性工作，而不能只在别人的圈子里做些打补丁的工作。

电弧控制研究部分老师

（左起区智明、吴志强、潘际銮、张人豪）

从联邦德国回来后，潘际銮组织张人豪、区智明、吴志强、何方殿、沈德永、潘妙良、陈武柱等人，集中力量投入新型电弧控制法的研究工作。他们的研究目标是突破已有焊接电弧的控制途径，寻找新的电弧控制方法。

他们认真分析了国外焊接电弧的控制现状和问题。电弧焊接发明已100余年，开始是手工电弧焊。手工电弧焊之所以能成功，主要是因为发明了一种陡降外特性电源，空载时电源有较高电压，使焊条接触钢板时击穿空气产生电弧。一旦电弧形成后，电压下降维持电弧，电弧短路时又能限制最大的电流，不致烧坏电源。在电弧燃烧过程中，电弧如若变长则电流自动下降，电弧如若变短则电流自动变大，这样就产生了弧长自动调节的功能。气体保护焊发明以后，这样的外特性就不能满足弧长自动调节的功能了，因为气体保护焊焊丝比较细，熔化速度非常快，陡降外特性自调节功能不足。因此，人们采用恒压外特性控制电弧，这样弧长自调节功能很强，可以稳定地进行焊接。但是，这有两个缺点：一是短路时电流很大，产生飞溅；二是电弧过长、电流过小时，产生断弧现象。所以人们用一个小容量的高压电源并联防止断弧。近年来气体保护焊的重大进展是脉冲 MIG 焊接。这种焊接方法利用有规律的脉冲电流控制电弧和熔滴过渡，提高焊接质量，取得了很好的效果。但是，这种焊接方法需要设定的参数很多，包括脉冲宽度、脉冲幅值、维弧宽度、维弧幅值、送丝速度等，操作比较复杂。英国焊接研究所发明了一种“Synergic 脉冲 MIG 焊接法”，利用送丝速度作为信号，按照一定的数学模型来设定电弧的规范参数，使电弧在任何预置的送丝速度下均获得最佳的弧长和最佳的熔滴过渡形式。但是，这种控制方法实质上属于开环控制方式，抗弧长干扰能力差，遇到送丝速度以外的弧长干扰时，弧长和熔滴过渡状态就会受到破坏。

根据以上分析，潘际銮认为，必须脱开已有的电弧控制途径，寻找新的电弧控制方法。根据电子学、控制论和功率电子器件的发展，他们提出研究以特殊的电源外特性控制电弧的技术路线。为此，他们首先研究开发了一种以大功率三极管为输出由电子线路控制的，具有高静态精度、快动态性能特性的电子控制的电源，以此作为研究电弧现象的有力装备。他们将 204 个大功率三极管并联，输出电流可达 760 安，这种电源被命名为 QHT－80 晶体管焊接电源。利用这种电源可以设计各种不同的输出外特性，研究焊接电弧现象。经过大量的研制和焊接实验，他们创造了以下焊接电弧控制方法。

（1）双阶梯外特性控制法。

（2）方框外特性控制法。

（3）多折线外特性、陡升外特性和扫描外特性控制法。

设计电子控制电路，使电源输出外特性为恒压—恒流—恒压—恒流的连续折线，形成自左向右、向下行的两个台阶，称为双阶梯外特性。恒压—恒流—恒压—恒流四个参数都可以按需要设计，以便适应不同焊接工艺的要求。例如，手弧焊时，可以把焊接电弧工作点设计在第一个恒流线上。气体保护焊则可把电弧工作点设计在第二个恒压线上。这样的外特性控制可以获得到比现有焊接方法更稳定可靠的电弧过程。

如果把两个双阶梯外特性的参数规划好，并且把它们组合起来，一条阶梯外特性控制脉冲电流，一条阶梯外特性控制维弧电流，按规定的频率进行切换，就可以进行脉冲焊接。两条外特性组合起来，在电源输出特性图上就形成一个方框，电弧无论受到什么干扰，它的工作点都在限制方框内活动，这就绝对保证了电弧的稳定性。这种外特性称为方框外特性。用方框外特性控制电弧的方法，被称为 QH - ARC 101 控制法。利用这种控制法，可以获得稳定性高、熔滴过渡均匀、无飞溅的 MIG 脉冲电弧。QH -ARC 101 控制法的出现，为焊接电弧的控制提供了新的途径。

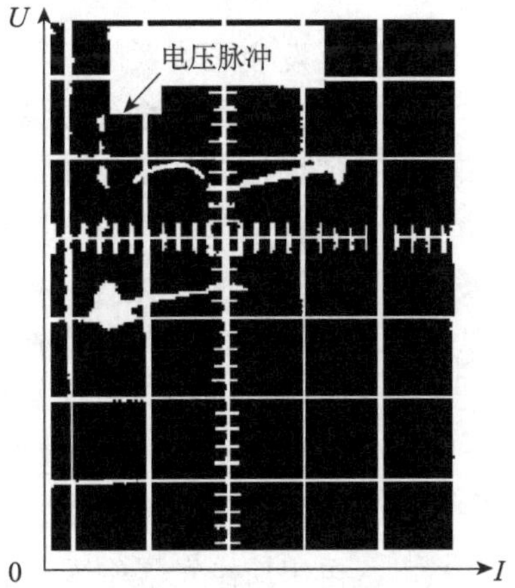

电弧工作点 QH - ARC 101

QH - ARC 101 研发成功了，但潘际銮和课题组师生并没有满足，他们感到这种方案仍有不足的地方。当送丝速度受到干扰时，虽然电弧及熔滴过渡可以保证稳定，但是弧长会发生一定的变化，不利于焊接成型。因此他们考虑，是否可以利用弧长变化的信号闭环控制脉冲频率以保证弧长稳定。然而在脉冲焊接过程中，焊接电流和弧长是剧烈变化的，所以要取得弧长信号非常困难。经过分析和实验，他们发现，在脉冲电流前沿的 0.2 毫秒后与 1.8 毫秒之前的电弧电压可准确地反映弧长大小。因此他们研究成功一种电路，在每个脉冲前沿后的 0.2～1.8 毫秒内采取电弧电压并保持作为信号闭环控制焊接脉冲的频率，保证弧长稳定不变。大量实验获得成功，这也证明他们的理论是正确的。电路设计成功，焊接过程稳定，不怕任何弧长干扰。他们将这一方法命名为 QH - ARC 102 法。

在 QH - ARC 102 取得成功后，他们还没有满足。因为 QH - ARC 102 法中采用闭环控制系统，而闭环参数设计的正确与否影响着电弧的稳定性质量。因此他们设想，是否可以创造一种电源外特性，使电弧在任何情况和任何干扰下保证燃烧稳定、熔滴过渡理想和弧长不变。研究团队经过大量的分析研究，设计了巧妙的电子电路，创造了陡升外特性和扫描外特性。他们把这种外特性和恒压、恒流等外特性组合在一起，形成多折线外特性，对焊接电弧进行控制。当弧长大到一定数值时，焊接电流由脉冲值迅速转为维弧值；当弧长小到一定数值时，焊接电流迅速转为脉冲值。整个过程全部自动，面临外来任何干扰都能保证电弧燃烧过程、熔滴过渡和弧长稳定。这第三个方案，即 QH－ARC 103。

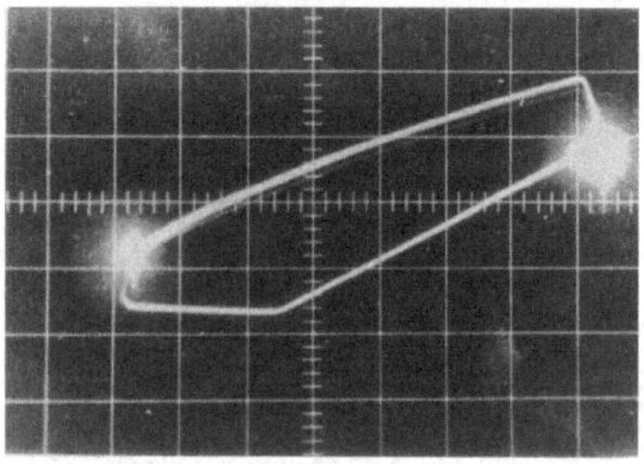

电弧工作点 QH－ARC 103

从 1978 年算起，经过六年的奋斗，QH－ARC 控制法共推出了三个方案，实现了三次重大突破。这项被认为开辟了焊接控制技术的新路、把焊接技术推向了新阶段的科研成果，具有重大的理论意义和实用价值。1980 年，教育部科技司组织了对 QH－ARC 控制法的鉴定。鉴定会上，专家们一致认为它达到了世界先进水平。这一年的 10 月，潘际銮在日本大阪举行的（20 世纪）“80 年代焊接研究国际讨论会”上发表了有关 QH－ARC 控制法的学术论文。这一优异成果在与会十几个国家的 400 多位专家中引起反响，“中国人在这方面的优势”一下子抓住了焊接界一批有识之士的心。许多学者纷纷向潘际銮热情祝贺，有的表示愿意合作研究，有的希望把技术转让给他们。国际焊接学会的瑞典代表哥德伯格捷足先登，他以一个焊接博士和商业家的双重眼光，敏锐地察觉出 QH－ARC 控制法在技术上和商业上的价值。他的公司很快与我国签订了引进这项新技术的合同。1983 年 8 月 25 日，瑞典《每日工业报》对此作了报道，指出：“这是发展中国家中国在贸易上的一个转折点。因为人们一般认为，这种先进技术应该是由像瑞典这样高度工业化的国家研究出来，然后再出口给发展中国家的。然而，这次情况却正好相反。”这篇报道还称赞说：“中国的研究人员受过最高等的教育，非常出类拔萃。”

1984 年 6 月，经国家科学技术委员会发明评选委员会审查批准，由潘际銮、张人豪、区智明、吴志强、何方殿、沈德永、潘妙良、陈武柱等研究成功的新型 MIG 焊接电弧控制法（QH－ARC）荣获国家发明奖一等奖。国家发明奖一等奖是我国五个国家级科学技术奖励之一，主要用于奖励在社会主义建设中取得前所未有的、先进的、经过实践证明具有应用价值的重大科技新成就的科技人员。1963 年，国务院正式颁布《发明奖条例》，国家科学技术委员会正式成立了发明局，开始国家发明奖评选工作。

国家发明奖设一、二、三、四共四等奖（并另设特等奖），授予发明证书、奖章和奖金。评奖活动由国家科学技术委员会组织进行，每年评选一次，“文化大革命”中，评选工作被迫中断。粉碎“四人帮”后，国务院于1978年12月28日颁布了重新修订的《发明奖励条例》。从此，这一奖励制度逐步实现了规范化。潘际銮他们是我国在工业方面，也是在高等教育系统中，第一个荣获国家科技发明最高奖的团队。这项发明已分别在中国和美国获得了专利权。

由于这种控制法可以在任何外来因素的干扰（包括送丝速度的变化）下获得稳定的电弧和熔滴过渡，团队利用这种控制法的优点，在后续研究中进一步开发了两种新的焊接工艺。

1984年6月，新型MIG焊接电弧控制法获国家发明奖一等奖

（1）用脉冲送丝进行全位置焊接。设定合适的送丝和电流脉冲可以获得优异的焊缝质量和成型，这在横焊和立焊中具有很大的实用价值。这种同时有送丝脉冲和电流脉冲的焊接方法，若干年后国际上才开发出来，被称为“双脉冲焊接法”。他们走在了世界的前面。

（2）利用送丝速度的变化控制焊缝熔深。研究和开发单面焊双面成型的自动焊接系统，是潘际銮研究方向的重要内容。由于在实际生产中许多被焊工件受尺寸、形状的限制，无法进行两面施焊。而现行的单面焊双面成型焊接普遍依靠手工焊接技术，其焊接质量在很大程度上依赖于焊工的技术水平、操作经验、劳动环境和工作情绪等，难以维持稳定的最佳状态。因此，研究实用可靠的单面焊双面成型的自动控制系统，历来是国内外焊接界关注的课题。当时我国政府也把这一课题列入国家“六五”科技攻关的重点项目。1986年，潘际銮指导他的博士研究生陈强，与刘文焕等教师合作，成功研究了一种MIG单面焊双面成型的闭环自动控制系统。在研究过程中，他们考察和分析了工人进行单面焊双面成型时的操作过程及特点，对照典型的自动控制模式，研制了能够模拟焊工操作功能的一个装置，从而构成了完整的焊缝熔透自动控制系统。这个系统采用硅光电三极管作为传感器，对焊缝根部金属的温度及熔化面积两个物理量进行检测，它能较好地反映出焊缝背面的熔透情况。同时该系统采用了QH－ARC规范自动优化焊接电源和高动态品质送丝机构，解决了MIG电弧能量调节问题，实现了封底焊接过程中对焊缝熔透及焊缝背面成型的实时控制。系统的控制电路采用了双门限脉动电流调频方案，使系统具有较强的抗干扰能力及控制精度。这一闭环控制系统对产品试焊的结果表明，它具有生产率高、质量稳定可靠等优点。1986年年初，MIG单面焊双面成型的闭环控制系统通过了国家“六五”科技攻关项目的技术鉴定。

双脉冲成型（脉冲频率较高时）

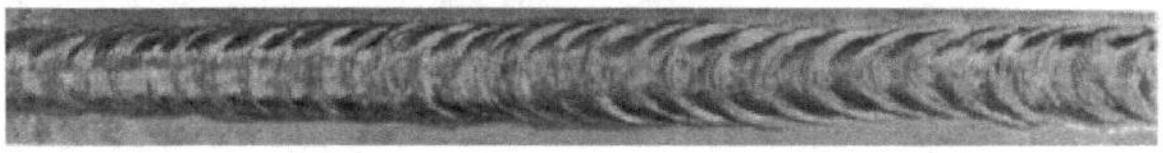

双脉冲成型（脉冲频率较低时）

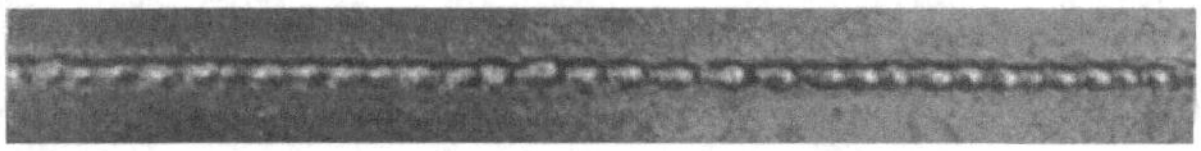

背面成型情况

单面焊双面成型焊机

1989年3月，潘际銮应邀赴美国参加美国焊接学会成立70周年庆祝活动。在学术报告会上，他以“脉冲MIG焊的熔透控制”为题作了报告，介绍了脉冲MIG焊自适应控制、以CCD为传感器的熔透识别、熔透闭环控制等重要成果，引起了与会者的兴趣。在会上会下，均有不少人提出问题，详细地了解和请教有关内容。大家反映，报告的学术思想新颖，这些成果在国际上均属首创，无论在学术上和实践上都会产生积极的影响。

潘际銮对焊接科学技术的贡献、他的学术造诣和经验，受到了国内外同行的高度赞誉和尊重。1980年11月26日，在“文化大革命”结束后增补第一批中国科学院学部委员（1993年10月19日后改称为中国科学院院士）的无记名投票中，潘际銮以其杰出的科研成就而当选。1981年，潘际銮当选为中国焊接学会第二届理事会理事长，1986年又当选为中国机械工程学会副理事长。1982年，在南斯拉夫举行的第35届国际焊接学会年会上，他被推选为国际焊接学会副主席。他还被聘请为日本焊接学会和联邦德国焊接学会的客座会员。

潘际銮当选国际焊接学会副主席

为了表彰潘际銮的卓越成就和巨大贡献，1985年，中华全国总工会授予他“全国优秀科技工作者”称号和“全国五一劳动奖章”，北京市政府也授予他“北京市特级劳动模范”称号。

五、推动国际交流

中国机械工程学会于1964年加入国际焊接学会。这是中华人民共和国成立后最早加入的国际专业学术组织之一。1973年9月，以时任机械科学研究院院长的邹家华为团长、以潘际銮为副团长的中国机械工程学会焊接代表团出席在联邦德国举行的第26届国际焊接学会年会，全面恢复了我国在国际焊接工程舞台上的活动。“文化大革命”结束后，在宽松的环境下，中国焊接技术界有了日益频繁的对外交往。

潘际銮一贯认为，焊接学术发展必须关注国际学术界的最新研究动向。即使在“文化大革命”前较为封闭的条件下，他也一直利用有限的对外交往机会收集科技信息，推动中国焊接事业的发展。1981年当选为中国焊接学会第二届理事会理事长及1982年被推选为国际焊接学会副主席后，潘际銮更是将促进焊接界的对外交流和中外合作作为自己的重要使命。他充分利用自身条件和各种国际交往机会，努力推动我国焊接科学和技术与国际接轨，扩大中国焊接产品的国际知名度和中国焊接学者在国际上的话语权。

联邦德国是机械工业的大国和强国。在中国焊接界的对外交往与合作中，联邦德国是最重要的伙伴之一。在德方，联邦德国焊接学会总干事苏森海默尔（Sossenheimer）博士是中德合作最积极的推动者。苏森海默尔是潘际銮的老朋友。1973 年的国际焊接学会会议期间有过一场外交风波，在事情解决过程中，潘际銮和苏森海默尔都给对方留下了良好印象，并开始了交往。1976 年 9 月和 1979 年 10 月，应中国焊接学会的邀请，苏森海默尔两次陪同联邦德国焊接学会主席梅奈博士来华访问，潘际銮均参与接待工作。此后，潘际銮经常出席国际焊接学会会议，与苏森海默尔有了十分频繁的接触。在此过程中，潘际銮与苏森海默尔共同探讨中德两国焊接学会广泛合作事宜，达成了多项共识。

1983 年，根据中国和联邦德国 1978 年 10 月 9 日的科学技术协定和两国 1982 年 10 月 13 日签订的技术协议，中国焊接学会与联邦德国焊接学会签订了全面合作协议，决定双方将在技术交流、人员培训、资格论证、标准规范、中介服务和技术贸易展览领域开展广泛合作。陶亨咸副部长主持签字仪式，苏森海默尔总干事和潘际銮分别代表两国在协议上签字。这是我国焊接历史上最重要的、有实质性内容的国际合作。其实质性内容体现在两方面：一是与德国合作举办焊接技术培训中心，二是联合举办国际展览会。这两项实质性内容后来结出了中德合作的里程碑式的硕果——"北京·埃森焊接与切割展览会"和哈尔滨焊接技术培训中心。

潘际銮与联邦德国焊接学会签订合作协议

长期的闭关锁国导致我国科学技术界对国际会议与国际展览知之甚少。如何举办类似的对外交流活动，有一个尝试、摸索的过程。1983 年，在潘际銮等人的推动下，由机械工业部、国家科学技术委员会、中国科学技术协会、外交部、中国国际旅行社总社联合报告并经国务院批准，决定于1984年9月在杭州召开多国焊接学术会议及国际焊接展览会。这是我国改革开放后首次决定举办大型国际焊接展览会。由于缺乏组织大型国际展览会的经验，这次杭州展览会是由中国机械工程学会焊接学会和香港中国国际会议促进中心有限公司联合举办的。和专业筹办国际会议公司合作，这是我国承办大型国际会议的一个尝试。从某种意义上说，杭州会议及展览是后来“北京·埃森焊接与切割展览会”的开端与演练。

1984年4月3日，潘际銮以国际焊接学会副主席的身份参加国际焊接学会在美国达拉斯召开的执行委员会。趁此机会，他积极就我国即将举办的多国焊接学术会议、国际焊接技术与设备展览会问题，与一些学者、厂商进行广泛联系，并与联邦德国焊接学会就推动两国合作培训问题交换了意见。与此同时，在国内，多国焊接学术会议和展览会筹备工作正紧锣密鼓地进行。

1984年9月3日，潘际銮来到杭州。一下飞机，他就直奔展览会现场察看展览会筹备情况。晚上，他又前往杭州饭店拜访了联邦德国焊接学会总干事长苏森海默尔和其他国际知名专家。4日上午，“国际焊接技术与设备展览会”在浙江展览馆开幕，潘际銮主持开幕式。时任国务委员张劲夫、浙江省省长薛驹、中国机械工程学会副理事长陶亨咸等人出席了会议。

这次展览会参加展出的有来自奥地利、联邦德国、匈牙利、意大利、荷兰、瑞典、瑞士、英国、美国、南斯拉夫、日本和中国等12个国家的119家厂商，97个展台。其中，国外厂商84家，展台82个，展品262件，价值达240万美元；国内厂商35家，展台15个。会上展出了具有先进水平的焊接和切割设备、焊接材料和各种检测仪器等，总展出面积达3000多平方米。在为期7天的展览会上，有200多位外国来宾和2万名以上的中国各地代表参观了展览。据一些人的回忆，当时，一时间杭州满城都是焊接工作者，有些人因为旅馆爆满而打了地铺。展出期间还举办了技术交流座谈会和贸易洽谈。7～10日，共安排了19项技术座谈会，其中焊接设备4项，焊接自动化4项，焊接材料7项，钎焊2项，热切割2项。国内有300多个单位、700多人次参加了各项技术座谈和贸易洽谈，成交额达200多万美元。这在国内类似的展览会成交额中也是较大的。

1984年9月6日上午，“多国焊接学术会议”在杭州举行，潘际銮主持会议开幕式。来自中国、日本、美国、英国、联邦德国、比利时、法国、瑞典、南斯拉夫、匈牙利、伊朗、荷兰、挪威、加拿大、丹麦、民主德国、捷克斯洛伐克等 17 个国家的 300 多名焊接界学者、专家、工程技术人员参加了会议。在为期 3 天的会议上，国外学者宣读论文 80 篇，国内学者宣读论文 36 篇，另有 52 篇国内论文以壁报形式展览交流。国内外学者在焊接材料和设备的研制、焊接新技术的开发和应用等方面进行了广泛的切磋。

在当时，举办如此规模盛大的国际焊接展览会和多国焊接学术会议，在我国还是第一次，其开拓性意义是不言而喻的。会议给国外学者和厂商留下了非常深刻的印象，他们对会议和展览会都给予了很高的评价。这次会议对加强中外科技交流合作和促进焊接事业的发展，都达到了预期目的，收到了满意的效果。此后，展览会由中德合作举办，以“北京·埃森焊接与切割展览会”的面貌出现在世人面前。

杭州会议结束之后，潘际銮积极从事推动中德合作的各项事务。1985 年 8 月底至 9 月初，潘际銮赴法国斯特拉萨斯堡参加国际焊接学会执委会及年会。年会结束后不久，9 月 11～18 日，恰逢联邦德国埃森举行四年一度的大型国际焊接展览会。埃森焊接展会由联邦德国埃森展览公司与联邦德国焊接学会合作创办于 1952 年，每四年一届，一直以规模大、技术含量高、展品范围广、观众人数多而享有焊接界奥林匹克盛会的美誉。在苏森海默尔的陪同下，潘际銮等三人前往埃森展会参观，详细了解展会的方方面面及各种细节。在苏森海默尔的引见下，潘际銮见到了埃森展览会总裁，就中国举办埃森展览会之事与之商谈。

这次参观中，苏森海默尔还陪同潘际銮等人参观了联邦德国焊接培训中心。在联邦德国，从事焊接的技术人员必须经过培训，即使焊接专业博士毕业生未经培训也不能上岗。参观的这个培训中心要求非常严格，有良好声誉，资格证书得到世界各国认可。潘际銮对培训中心作了详细了解，并具体商谈合作事宜。

潘际銮和苏森海默尔均认为，这些事情由两国焊接学会做不合适，必须通过政府来做。潘际銮和苏森海默尔分别向所在政府汇报，积极推动这项工作。回国后，潘际銮当即向机械工程学会和机械工业部汇报了参观的结果和焊接学会的意见。机械工程学会和机械工业部领导对此十分重视，随即上报国务院。得到上级的支持后，潘际銮又多次与机械工程学会和机械工业部联系，积极推动两国合作。

1986 年 5 月 7 日，中国机械工程学会与联邦德国焊接学会、联邦德国埃森展览公司达成一致，决定将世界上规模最大、影响最广的“埃森焊接与切割展览会”移植到中国北京，共同营造一个具有中国特色的焊接专业展览活动——“北京·埃森焊接与切割展览会”。联邦德国经济部和中国机械工业部、德国北威州政府和北京市政府均对此项目给予了极大的支持。时任机械工业部副部长的赵明生先生专程赴德，代表机械工业部和中国机械工程学会出席了双方合作协议的签字仪式，与联邦德国焊接学会苏森海默尔秘书长正式签订了《联合举办焊接学术会议及技术展览会的决定》。

1987年5月12日，由中国机械工程学会、联邦德国焊接学会及埃森展览公司联合举办的首届“北京·埃森焊接与切割展览会”在北京展览馆开幕。中国政府国务委员和联邦德国经济部国务秘书为展览会开幕剪彩，中国机械工业部部长、北京市常务副市长、联邦德国埃森市市长和部分议员出席了开幕式。这次展览会展览总面积大约为1万平方米，共8个展厅，有17个国家的150个单位参展。其中，我国参展单位为70个，联邦德国为55个，其他国家为25个。瑞典的ESAB公司、美国的Miller公司、联邦德国的KUKA公司、中国的上海电焊机厂和上海华东电焊机厂等国际知名厂商，都占有很大的展出面积。会上展出了各种焊接设备与用具、切割设备与用具及相关产品22大类。这是我国历史上展品最多、技术水平最高的一次国际焊接博览会。为期5天的展览会吸引了30 000多名中国观众前来参观、洽谈合作、采购设备、交流经验，展览会超出预期设想，取得了圆满成功。

展览会期间，5月13至15日，召开了第一届“中国-联邦德国焊接学术会议”。会议的主题是“焊接技术的发展及应用”，内容包括焊接新技术、焊接质量保证、交通及能源开发等方面的焊接新工艺。会议收到论文56篇，其中我国学者与专家提交的有20篇，联邦德国学者与专家提交的有36篇。56篇论文中有22篇论文分6个组进行宣读和讨论，所有论文编成德、英、中三种文字的论文集。展览会期间还举行了20项技术的座谈，这些座谈和学术会议正好是对此次焊接展览会的一种深化和补充。

从1987年的第一届到2012年的第十七届，“北京·埃森焊接与切割展览会”有了巨大的发展：展台面积由最初的3000多平方米发展到现在的10万平方米，增长30多倍；会期由最初的每四年一届发展现在的每年一届；由北京举办发展到北京、上海轮流举办。今天，“北京·埃森焊接与切割展览会”已发展成为除德国埃森焊接展览会之外的世界第二大焊接展览会，成为焊接行业不可替代的综合交流平台。无论是全球市场领军企业，还是新兴市场明星，都把“北京·埃森焊接与切割展览会”作为自己必不可缺的展示窗口，全球各应用行业商家更是把“北京·埃森焊接与切割展览会”作为洞悉国际焊接技术走势、了解市场行情、降低采购成本、考察供应商的最佳良机。“北京·埃森焊接与切割展览会”被焊接界认为是中德合作中“具有里程碑意义的典范作品”。

除“北京·埃森焊接与切割展览会”外，1983 年中德合作协议中双方在中国合作开办焊接技术培训中心的事项也得到了很好的落实。1984 年开始建设哈尔滨焊接技术培训中心，第一任负责人是陆仁发（第一批哈尔滨工业大学培养的两年制的焊接毕业生）。该中心由长期在中国的德国专家指导工作，并按规定请国际焊接学会有关负责专家定期来该中心评审。因此，我国焊接人员的资格认证完全与国际接轨。我国现在的产品出口和人员出国工作，只要有哈尔滨焊接技术培训中心授予的资质，全世界都承认。除哈尔滨外，该中心后来还在北京、上海设立了培训基地。同“北京·埃森焊接与切割展览会”一样，哈尔滨焊接技术培训中心已成为国际合作的成功例子。2006 年潘际銮来到哈尔滨焊接技术培训中心。该中心网站报道称：“焊接界德高望重的潘际銮院士是中德合作项目的倡导者，十分关心焊接培训事业的发展，于 2006 年 8 月再次光临哈尔滨焊接技术培训中心时，欣然提笔：焊接培训、国际认证、服务行业、走向世界。这是焊接界前辈的亲切关怀和最高褒奖。”

1989 年 3 月，潘际銮应邀赴美国华盛顿参加美国焊接学会成立 70 周年庆祝活动。除参加大会和学术活动外，他还与国际焊接学会主席比利时的萨尔金（Salkin）、联邦德国焊接学会主席苏森海默尔、日本焊接学会主席益本功、加拿大焊接所长易顿（Eaton）、匈牙利科协负责人康科利（Konkoly）等国际焊接知名专家进行了广泛的交流活动。同时，他受中国机械工程学会的委托和授权，与美国焊接学会讨论签订全面合作协议，并进行了正式的签字仪式。会后，潘际銮到俄亥俄州立大学焊接系参观，并与系主任狄金荪（Dickinson）教授和爱迪生（Edison）焊接研究中心主任格绕夫（Graff）教授进行了学术交流。

与美国焊接学会签订合作协议

与世界各国特别是德国、美国、日本等焊接界的交流合作，极大地促进了我国焊接事业的良性发展，我国焊接事业也得到了国际焊接界的肯定和赞赏，这使潘际銮感到十分欣慰。

六、秦山核电站顾问

1987～1991 年，潘际銮受国务院委托和核工业部聘请，担任秦山核电站工程的焊接技术顾问，为秦山核电站安全运营作出了重要贡献。

秦山核电站是我国第一座自主研究、设计和建造的核电站，1984 年破土动工。1987 年年初，核工业部请国外专家参观正在施工的秦山核电站。外国专家认真察看了工作流程，发现工程中大量焊接结构质量不合格。焊接是建设核电站的关键技术。外国专家发现上述情况后，十分担忧。他们认为，核电站焊接质量出现问题会导致核泄漏，不仅会给中国造成毁灭性灾难，而且会对全球造成危害。因此，外国专家紧急向时任中国国家主席李先念写信报告此事。李先念主席感到了问题的严重性，将信转给国务院总理赵紫阳。赵紫阳将信转给时任国务院副总理李鹏，由李鹏处理此事。3 月初，潘际銮应李鹏副总理邀请，去中南海探讨秦山核电站焊接问题。李鹏当即决定，派核工业部赵副部长陪同潘际銮去秦山核电站实地考察。潘际銮在考察中发现，安全壳、吊车牛腿和核岛内的一些结构确实存在大量焊接裂纹和质量问题。他与赵副部长及工程总负责人欧阳予院士商量，决定向秦山核电站施工单位建议，立即停止工程，有问题的焊接结构推倒重做，并与电站施工单位共同制订了焊接结构、焊接性能及焊接工艺试验方案 。

潘际銮在秦山核电站工地

为保证秦山核电工程的质量，潘际銮先后请了教研组的任家烈、徐济民等一起，深入秦山核电厂工地，对重要结构的焊接情况进行深入了解研究。

按照他们的建议，秦山核电建设公司对安全壳钢内衬 20 米以下约 5000 米焊缝全部进行了外观检查、修补、打磨，并进行 100％的真空探漏。潘际銮对此进行严格检查，确认完全达到质量要求。对钢内衬的其余部分，也分情况进行了妥善、可靠的处理。对某些重要结构存在的焊接问题，他们认真细致地分析了原因，提出了可焊性试验方案，以及消除缺陷、不留隐患、确保质量的具体工艺技术措施。这些方案和措施实施后收到了良好效果，克服了施工中的障碍，使工程得以继续顺利进行。他们还对主管道的焊接准备工作提出了系统的建议，特别强调必须对焊接材料及接头型式进行可焊性评定和工艺评定，并提出“未经试验验证的，应不允许施工”的要求以加强和严格质量管理。最后，为焊接一回路主管道，他们决定采用人工焊接。为确保人工焊接质量，潘际銮他们对焊接工人的技术、操作规程等提出了非常严格的要求。工地上的一些优秀焊工被挑选来参加考试，从中挑选出 24 人集中培训。培训结束后，工人们每三人一组协同工作，一人操作，一人记录，一人负责调节焊接规范。各小组对自己的焊接质量负责，有专人进行检查评比。在此安排下，焊接技术有保障，焊工工作积极性被充分激发，主回路的焊接任务得以高质量完成。

1991 年 12 月 15 日，秦山核电站并网发电，运转至今，主要焊接结构未发生问题。

第九章　南昌大学校长

1993年4月，江南春暖花开、桃红柳绿。65岁的潘际銮提起行装，携妻将子，暂别工作、生活了40多年的清华园，南下回到故乡江西，出任南昌大学校长。这位长期从事科研和教育工作的国际著名焊接专家，开始了他新的人生历程。

一、接过聘书

江西地处长江中下游交接处的南岸。唐朝中期，它隶属于江南西道监察区，“江西”就是江南西道的简称。自古以来，江西经济富庶，教育文化兴盛，人才辈出，大家林立。例如，陶渊明、欧阳修、李觏、曾巩、王安石、黄庭坚、杨万里、朱熹、文天祥、汪大渊、况钟、汤显祖、宋应星、朱耷、詹天佑……据说，北宋时天子招进士不过千名，江西抚州小小南城一县便有107位。

1949年前，江西共有8所高校，即中正大学、中正中医学院、江西省工业专科学校、江西省农业专科学校、江西省医学专科学校、江西省水利专科学校、江西省兽医专科学校、江西省体育专科学校。1949年，中正大学改名为南昌大学，在它的麾下，先后并入了工业专科学校、农业专科学校、水利专科学校、体育专科学校、兽医专科学校，后又增设了师范部。20世纪50年代初，中国高等教育盲目效仿苏联进行院系调整，羽翼逐渐丰满，欲振翮高飞的南昌大学被当头一棒，铩羽而坠。南昌大学的文理系科并入了武汉大学和中山大学，工学院分别并入华中理工大学、华南工学院、中南矿冶学院及中南土木建筑学院，文法学院的教育系和师范部的中文、历史部分并入湖南师范学院和华南师范学院，文法学院的经济系并入中南财经学院。南昌大学解体了。

1958年，江西的高等教育有了大发展，江西大学、江西工学院、江西师范学院、江西冶金学院、景德镇陶瓷学院、江西财经学院、江西医学院、江西中医学院等一批全日制高等院校创建起来。江西高教的发展虽然不可能毕其功于一役，但已出现蒸蒸日上之气象。但好景不长，“文化大革命”时期，江西的大学被大砍大伐，原来的13所高校撤并为5所。江西大学和江西工学院的理科合并，改名为江西理工大学，强令其下迁到武宁县新宁公社；江西师范学院与江西大学文科合并，改名为井冈山大学，强令其下迁到井冈山的拿山公社；江西医学院与江西中医学院合并而成的江西医科大学则下迁到吉安县的青原公社。这次惨遭毁损的不仅是人才，还有不可胜数的珍贵的图书资料和仪器设备。年长的教师还记得，自武宁县迁到景德镇的途中，一车图书器物翻入河里，尽付东流……

江西教育羞愧地进入了“三无”省：无重点高校，无学部委员，无博士点。1991年，江西在校研究生仅400人，每万人口拥有研究生数为全国倒数第三；江西每年考外省重点及非重点院校学生五六千人，但回省工作的不到1/3；“七五”期间分配到江西的博士生仅10人，就是这些人也逐渐流失。教育的滞后、人才的短缺、经济的落伍，已形成一个恶性循环链。江西省委、省政府领导清醒地认识到这一点，他们义无反顾地做出决定：从非常紧缺的经费中拨出1亿元，将江西大学与江西工业大学合并，集中精力建设一所重点大学，并将这所大学命名为南昌大学。

江西省委、省政府的这项决策有一个重要背景，这就是我国政府在20世纪90年代初推出了“211工程”。“211工程”是指为了迎接世界新技术革命的挑战，面向21世纪，集中中央和地方各方面的力量，分期分批地重点建设100所左右的高等学校和一批重点学科、专业，到2000年左右在教育质量、科学研究、管理水平及办学效益等方面有较大提高，在教育改革方面有明显进展，力争在21世纪初有一批高等学校和学科、专业接近或达到国际一流大学的水平的建设工程。“211工程”是新中国成立以来国家正式立项在高等教育领域进行的规模最大的重点建设工程，是国家“九五”期间提出的高等教育发展工程，也是高等教育事业的系统改革工程。重点建设的高等学校的遴选条件是：有一支相对稳定、素质较高的师资队伍；有较先进的教学科研水平和条件；具备一定数量的博士点和重点学科点，高层次专门人才的培养数量较多、质量较好；科研经费较多，成果显著，对国家建设贡献较大，办学效益较高；在国内外有较大的学术影响力；学校建设目标明确，并有自己的特色，建设经费落实有保障等。南昌大学，其奋斗目标就是要进入这100所国家重点建设的大学行列。

1992年12月，南昌大学尚在孕育期间，省长吴官正就提出：要建高起点、高水平、高标准的大学，首先应该选好校长；校长必须是学部委员，必须具有高等教育的管理经验，要重金聘请。省委书记毛致用两次召开省委常委会肯定了这一举措。

1992年年底及1993年3月，江西省教委受省政府委托，先后两次召开部分在北京工作的江西籍中国科学院学部委员扩大会，既为论证如何建一所重点大学，也为了解部分同志有否赴江西工作的可能。两次会议潘际銮都参加了，对桑梓之地的教育、文化和经济，潘际銮均十分关心，而且提出了许多中肯意见。

1993年3月，吴官正省长在参加第八届全国人大会议期间，两次抽暇赴母校清华大学请书记、校长推荐人选。结果不谋而合，江西省心仪已久、清华大学极力举荐的候选人中，第一名都是潘际銮。

带着全省父老乡亲的殷切期望，江西省副省长黄懋衡等人迫不及待地叩响了潘际銮的家门。可惜，潘际銮外出讲学未归。黄懋衡副省长只得留下纸条，说明来意。

接着，黄懋衡副省长又连续两次登门，恳请潘教授回桑梓效力。

在拟聘请潘际銮担任南昌大学校长之初，由于不了解他的意愿，江西省有关领导曾向他表示：为了不过多影响您的学术活动和健康，哪怕您去挂个校长的名，具体事务可以少做或不做也行。不料，潘际銮对各种有名无实之举最为反感，一听这话，内心自然不快。当江西省领导获知潘际銮的本意是“要么不去，要去就得有名有实”时，正是求之不得，不禁大喜过望。省领导当即表示：全力支持潘教授的领导，努力创造人事和物质等方面的良好条件，完全信赖潘教授的工作。

1993年4月1日，对故乡满怀深情的潘际銮来到南昌考察，省长吴官正亲自给他安排行程。家乡经济建设的突飞猛进和加快教育发展的迫切愿望使他怦然心动。当毛致用和吴官正来到潘际銮下榻的江西宾馆看望并再次恳请他担任南昌大学校长时，他欣然允诺。

潘际銮受聘为南昌大学校长仪式

1993年4月14日，南昌大学正式挂牌前夕，江西省委省政府在原江西大学学术报告厅举行南昌大学校长受聘仪式，省领导毛致用、吴官正、刘方仁、朱志宏、卢秀珍、钟起煌、陈葵尊、黄懋衡、廖延雄、戴执中等出席。身材挺拔、仪表儒雅的潘际銮在大会主席台上，从吴官正省长手里接过大红聘书。会议宣布了南昌大学领导班子名单：潘际銮、周绍森、李嗣垦、蒋如铭、熊大成、潘传康、熊耀祖、黄汝为、何小江、王振东。会后，毛致用书记又单独接见潘际銮夫妇。从此，这位享誉海内外的焊接专家肩上又多了一副光荣而沉重的担子。他肩上所挑的是江西4000万父老近半个世纪的梦想。

毛致用书记接见潘际銮夫妇

在南昌大学成立大会的第二天，潘际銮搬出江西宾馆，住进了南昌大学学术交流中心。在接受记者采访时，潘际銮说："我早已年过花甲，在清华也有很好的工作和生活条件。但我是江西人，江西人民养育了我，省委、省政府领导信任我，希望我为故乡做点事。这既是我应尽的义务，更是我的光荣！"他的夫人李世豫，原是北京大学化学系副教授，现在跟随他到南昌大学，做他的助手，儿子潘磊在北京从事焊接工作，此时也往来于北京和南昌，照顾他的生活。

二、零的突破

1993年4月16日下午，走马上任的第三天，在南昌大学召开的第一次中层干部会上，潘际銮提出办好南昌大学的基本思路。他认为，应着重抓好三个方面的工作。他说：

潘际銮携妻将子抵达南昌就任南昌大学校长

第一是花大力气提高本科教育的质量。抓好本科教育质量是办好重点高等学校的根本任务，也是办好重点高校的基础。首先要抓好学生的基础理论知识教育，在本科期间，必须给学生打下一个非常坚实的理论基础，让学生牢牢掌握基础知识。没有这个基础，学生就没有前进的力量，参加工作后也不可能有充足的后劲。要抓好学生的能力培养，培养学生三个方面的能力，即自学能力、独立工作能力、实践能力。现在本科生课程太多太杂，而专业知识的课程不宜太多，因为专业知识淘汰得很快。应该是加强基础课，注重培养学生的能力。打个比方，是给学生更多的干粮，还是给他们一支猎枪？显然是后者。

第二是要认真扎实地提高研究生的教学质量，争取建立博士点。目前南昌大学有17个硕士点，这17个硕士点是南昌大学的学科“代表队”，将来争取博士点也要靠这些“代表队”。衡量研究生教学水平，除了基础理论知识以外，更重要的是科学研究工作水平。对于培养研究生来说，导师的水平至关重要。衡量导师水平的标准有四条：一是有没有高水平的科研成果；二是有没有高水平、高质量的学术论文；三是有没有获得学术界的奖励；四是成果有没有产生经济效益和社会效益。

第三是尽快建设若干新的重点学科。根据现代学术发展方向和国家经济发展的需要，南昌大学不仅要继续加强发展现有的硕士点，而且要尽快发展若干个有重大意义的新兴学科。根据调研情况和学校领导讨论意见，着手抓好六个重点学科：现代汉语、生物工程、化学工程（包括稀土化学）、机械电子工程、电力电子工程、食品工程。重点学科的建设包括学术带头人的选拔和培养、学术梯队的形成、研究条件或实验室的建设等问题，这是一项艰巨而重要的任务。

潘际銮提出，要建立“两个基础”：

第一是物质基础。南昌大学的物质基础目前还不够强。就清华大学来说，固定资产有6.5亿元，实验室仪器设备等达2.6亿元。南昌大学原两校的实验仪器设备加起来也只有2000多万元，不要说和清华大学比，就是和其他一些办学历史较长的大学比，差距也很大。但也不要去攀比。当年西南联合大学办学条件很差，图书馆和南昌大学的教工食堂差不多，却培养出了诺贝尔奖获得者和很多学部委员。南昌大学既要发扬西南联合大学的学风，同时也要为办好大学创造更好的物质条件。第二是抓好师资队伍。教师队伍的建设，一是引进人才，二是就地培养，重点要立足于就地培养。要发挥老教师的作用，同时更要把精力放在培养中青年教师上，各系要制定引进和培养人才的措施和计划。

最后，潘际銮向全体师生员工提出了希望。他希望全校师生员工立即行动，树立一个目标，为办好南昌大学，为南昌大学早日进入“211工程”而努力奋斗。

凭着自己长期从事科研和教学工作所积累的丰富经验，通过大量缜密的调研，潘际銮首先从管理机构和学科设置上进行大刀阔斧的改革，短短3个月便完成了管理机构布局和干部调整工作。紧接着，他将院系和学科合并调整，使原来两校76个专业优化组合为27个院系，使一些文理兼容的专业得到了更科学的组合。环境科学工程、生物科学工程、食品科学工程等综合性强的专业和系应运而生。废除了文理学院与工业学院分离的模式，建立起“文理渗透、理工结合”的办学模式，实现了学科配套、优势互补、整体优化的办学效益。所有院系都按照文理工渗透的思路考虑教学大纲、教学计划和课程设置。

为了更好地培养面向21世纪的实用型、创造型、竞争型和复合型人才，潘际銮和学校新班子采取了一系列改革措施。在招生方式上，自1993年9月起，实行按系招生、高年级再分专业的做法，按“加强基础、注重能力、文理渗透、理工结合”的思路培养人才。在教学组织上，废除只按专业组织教学的办法，实行第二专业制、主辅修制，允许和鼓励学生跨系（院）跨学科选课，拓宽知识面，增强适应性，促进“复合型”人才的培养与成长。在课程建设上，实施“模块式的课程组合、复合式的能力培养”的方法，选定含文、理、工各学科的10门课程（“两课”、公共外语、计算机、体育、数学、物理、化学、力学、电工及电子学、制图）作为学校的基础课程，重点投资建设。同时注重基础课与选修课、公共课与专业课之间的互补搭配，特别是把那些紧密相关、具备共同教学规律的若干课程作为一个系统加以规划和调整，形成一个个菜单式的课程群，实现课程结构的整体优化。在教学制度上，实行完全的学分制，推行“学分制、淘汰制和滚动竞争制”的重大改革。

这些改革措施的实行，使南昌大学以一种崭新的面貌与社会见面。

并校之初，工作紧张而又繁忙，用潘际銮的话来说是“千头万绪”，但每项工作都要稳步推进。

为了加快南昌大学学科建设的步伐，尽快实现博士点零的突破，自5月26日起，潘际銮连续几天召开会议，部署博士和硕士点的布点工作。

5月的南昌，气候宜人，嫩枝舒展，新叶舞动，雏燕扎翅，彩蝶双飞……这是南昌一年中最清爽、最有生机、最美丽的季节，而南昌大学行政楼二楼会议室内，气氛却有些凝重。参加会议的校领导和科研处、研究生处及各院系负责人，均感到肩上压着沉甸甸的担子。他们肩负着一种神圣的使命和责任，要为江西省博士授予点零的突破而努力。

潘际銮作了申报博士点、硕士点的动员讲话，各院系负责人郑重汇报了本单位的学科优势、全国排名及竞争力。经过几天的讨论和论证，最后确定：金属塑性加工、工业催化、材料物理、动物学申报博士点；水力发电工程、化学工程、电力电子技术、建筑设计及其理论、马克思主义理论教育、食品工程、机电控制及自动化、轻工机械、马克思主义哲学、现代汉语、比较文学、中国现当代文学、微生物学、工业催化、无机化学、材料物理、计算机应用等申报硕士点。南昌大学博士、硕士点申报工作正式启动。

潘际銮要求科研处、研究生处和有关院系做好论证和材料组织工作，同时他要求各院系重视重点学科建设。他说，高校能否持续发展，学科建设是关键。学科是大学的基石和支柱，高度重视学科建设对南昌大学至关重要，关系到她的前途和命运。南昌大学要选择若干重点学科予以人、财、物的支持，经过10年左右的时间建设，使部分重点学科进入全国先进行列，形成南昌大学自己的办学特色。他还说，南昌大学把所有的学科建设好是不可能的，根据“有所为，有所不为”的原则，择优支持。经过充分酝酿和讨论，确定了机械电子、电力电子、食品工程、化学工程、现代语言文学等六个重点学科，同时明确了重点学科建设包括学术带头人的选拔和培养、学术梯队的形成、重点实验室的建设等方面内容。

为了支持六个重点学科建设，学校克服经费困难，为新建的机械电子、电力电子两个重点实验室设备各投入500万～700万元，要求按国内先进水准建设。化学工程、生物工程实验室在原已投入200万美元的基础上，增加投入加以扩充。食品工程实验室在原已引进400万马克的基础上，进一步引进外资进行第二期建设。他希望重点学科和重点实验室的建设能够形成联合攻关的优势，具备承担国家重大研究课题和培养博士生、硕士生的能力，同时指导本科生教育。有了经费支持，六个重点学科就像加了油的马达，快速运转起来。

6月下旬，潘际銮利用在北京开会的时间，向国家教育委员会（简称国家教委）朱开轩主任、张孝文副主任等领导，以及国务院学位委员会办公室、“211工程”办公室的主要负责人汇报了南昌大学的建设与发展情况，并转交了江西省政府主要领导的信件。朱开轩对江西省委省政府作出创建南昌大学的重大决策和压缩行政经费以保证资金到位的举措极为称赞。他说，江西省这一举措在全国已引起很大反响。两位主任对南昌大学的改革与建设情况表示满意，对申报博士点表示支持。朱开轩对《南昌大学改革与发展情况汇报》作了如下指示：

> 综合大学和工科大学有机结合，真抓实干，南昌大学是首例，很不容易。望细心爱护，在政策允许范围内予以扶植与支持；我相信办好了，会对全国有重要影响。

1993年9月中旬，从国务院学位委员会召开的全国第五次博士、硕士学位授予单位评审会上传来消息，南昌大学成为江西省第一个博士授予单位，金属塑性加工专业成为江西省第一个博士授予点，金属塑性加工专业的扶名福教授、稀土化学与工业催化专业的李凤仪教授成为江西省第一批博士生导师。此外，还新增了马克思理论教育、现代汉语、现当代文学、微生物、无机化学、材料物理、水利水电工程、电力电子工程、食品工程等九个专业硕士学位授予权。南昌大学博士授权点从无到有，成功地实现了江西省博士点历史性的零的突破。硕士授权点由原来的17个增加到26个，取得了南昌大学硕士点申报的大丰收。

消息传来，举校欢庆。南昌大学组建成立才过半年，就实现了江西4000万父老乡亲许下的一个愿望。

省委书记毛致用在获悉喜讯后，作了如下批示：

申报博士点一举成功，表示热烈祝贺，望继续努力，力争早日建成重点大学。

9月28日，中秋将至，吴官正省长亲自致信潘际銮校长，并委托省教委主任黄定元同志携带月饼专程看望潘际銮校长和夫人李世豫，表示节日的问候。信全文如下。

潘校长际銮同志：

欣闻南昌大学被国务院学位委员会学科评议组审核确定为博士学位授予单位，设立金属塑性加工博士点，这是你校建校伊始迈出的可喜的一大步，我感到十分高兴，谨此，对你们卓有成效的工作表示由衷的感谢，并向全校师生表示热烈的祝贺！

在江西建立博士授予点，建设一所全国重点大学，是我们多年来梦寐以求的愿望，许多同志，特别是您为此作出了极大的努力。在国家教委的领导和支持下，由于您治校有方和全校同志们的努力，南昌大学成立几个月来所取得的成绩，给人留下了深刻的印象。我相信，您和绍森同志一定会继续带领同志们大胆改革，勇于开拓，严格管理，科学运筹，加快建校步伐，为把南昌大学早日建成全国重点大学，为我省建设培养高级人才，再建功绩。省委、省政府将一如既往对您的工作给予大力支持。我也力争当好你们学校的“后勤部长”。

后天就是中秋，祝您全家幸福，工作愉快！

吴官正

一九九三年九月二十八日

这次学位授予单位申报竞争异常激烈，全国共有91所高校申报博士学位授予单位，1381个专业申报博士学位授权点，2839个专业申报硕士学位授权点。结果，只有10余所高校评上博士点单位，而南昌大学以全票通过的优势名列第一。

10月5日下午，潘际銮和几位校领导向江西省委常委、宣传部部长钟起煌，副省长黄懋衡汇报了南昌大学申报博士点工作情况。两位领导对这次申报工作的成绩与意义给予了高度评价，显示出江西省在南昌大学的建设问题上决心很大，工作扎实，措施得力，效果很好。他们勉励南昌大学认真总结前一段的经验，规划好下一步的工作，乘胜前进，开创南昌大学建设与发展的新局面。

乘拿下博士点的东风，潘际銮和校领导班子一鼓作气，连续召开会议，研究并完善学校一年建设与发展规划，决定在深化学生“三制”（学分制、淘汰制、滚动竞争制）、教师全员聘用制、干部任期目标责任制等三项改革的基础上，着重抓好以学风、教风和干部作风为主要内容的校风建设，加速推进南昌大学的改革与发展，力争在尽可能短的时间内进入“211工程”，早日建设成为全国重点大学。

三、扭转学风

潘际銮家住南昌大学北区，即原江西大学校园内。这是吴官正省长亲自选址、学校基建处承建的一栋两层小楼，周边围了一个几十平方米的小院。院子右侧紧邻教工宿舍区，小楼正门对着一片种有荷花的池塘。夏天的夜晚，时有淡淡的荷香从池塘飘出，偶尔传来几声蛙鸣，使这个小院显得分外静谧。

潘际銮和夫人李世豫有晚饭后散步的习惯，常去的地方是教室、实验室，以及校园周边的游戏机室和桌球室。散步中潘际銮发现，不少学生晚上在校园周边玩耍，把大好时光浪费在打游戏和桌球上。对此，潘际銮感到十分痛心。为了鼓励学生勤奋学习，他决心加快推行以“学分制、淘汰制、滚动竞争制”为主体的教学改革。他认为，抓学风比抓投入更加重要。

学生“三制”的主要内容是：对思想品德、学业成绩排列于前10%的学生实行重奖，后10%的学生实行部分交费，对未获40%规定学分的学生实行淘汰。每学期滚动一次。彻底改变现有的学年制教学管理体制，引入竞争机制。修满学分的品学兼优的学生可以提前毕业或修双学位或直接升读硕士学位；对学习努力但未修满学分的，可以延长学习年限。同时对教师也提出了更高要求。建立定量考核评估体系，对教学质量进行动态监控（作者注：当时我国教育制度，在高考时按考试成绩分为公费生和自费生，在校四年不变）。

根据当时的风气，潘际銮估计到实行“三制”将会有阻力，有人会闹，甚至到处告状。但“三制”是从严治校的重要举措，只能成功，不能失败。为了不使“三制”中途夭折，潘际銮拨通了吴官正省长的电话。吴省长很干脆：我完全支持您从严治校的方针，有人告状，省委、省政府帮您顶住。吴官正还说：“哪个被学校开除了，我给他安排工作。”

有了吴官正省长的支持，潘际銮在学校谨慎地铺开了学生“三制”改革工作。

1993年5月10日，潘际銮主持召开党政联席会议，讨论了推行学分制问题。5月15日，在党政联席会议上，他又提出了制定学分制条例和实施办法的问题。5月18日下午，南昌大学召开科级以上干部会议，布置本学期下半段工作。会上，潘际銮对学校当前情况进行了分析，要求各级干部为下学期本科教育实行全面学分制、淘汰制做好周密细致的准备工作。6月19日，潘际銮主持召开党政联席会议，审议了南昌大学学分制、淘汰制、滚动竞争制实施办法。6月25日下午，南昌大学召开首次全校教职工代表大会，正式推出了三个改革方案，其中一个就是《学分制、淘汰制与滚动竞争制及实施办法》。

教代会上，潘际銮对实施学生“三制”作了较为详细的说明。他说：

> 教育的目的主要是培养人才，并且是培养各式各样的人才，不能一刀切。如果过于强调统一模式，齐步走，是不符合教育规律的。要办好一所大学就必须创造一个自由的活动空间，很宽松的学术环境才能使人才辈出。有些人思维活跃，具有创新精神，有些人基础扎实，动手能力强，各种类型都要培养出来。要发挥人的作用，因材施教。要允许大家在前进过程中有比较宽松的环境。西南联大就是这个样子。当时我读西南联大，有的学得非常好，四年毕业，有的学得比较好，五年毕业，有的甚至八年毕业。和我同时念书的就有一个八年毕业的。他可以慢慢念，念好了就行了。现在高校没有这个气氛，原因一是不严，二是不宽松。好像一个人游泳，游到对岸去，谁都可以游，你什么姿势都可以，允许大家游，只要游到对岸去就可以，不管多少时间都可以，这样才能把人才推出来。我对教育是这样的想法。不能说游不过去，就统统不要了，或者说你只能自由式的，不能有花样，这也不行。高等教育应该是多样化的模式。我觉得美国人很活，不说重大发明，就是一些科研工作中十分实用的仪器，往往都是他们的好用，我们的创造性哪里去了？很大程度上是长期以来教

育中的“一刀切”给造成的，大家没有了自由发展的可能性和空间。

在高等教育培养人才的过程中，我们可以尝试真正意义上的学分制。这是十分必要，也是十分可行的。学分制有三大优越性。一是可以做到真正的因材施教，使优秀的人才脱颖而出，及早作贡献。二是促使学生主动学习，学得好的学生更好，后进学生能摆脱被动局面。因为它可以允许学生在一定范围内安排自己的学习计划，后进学生可以适当减少学习内容，不至于跟在优秀学生后面处于被动局面。三是能够适应社会需要，培养各种类型的人才。学分制可以打破僵硬的办学模式，使学生能够根据社会的发展需要和自己的主修方向，选择辅修方向，跨学科选课。对学分制的要求，一是坚决保证学生的基本理论学习和基本能力训练，这是不可动摇的。不管多么灵活，学生怎么选课，都必须保证这些，这是学生将来出去的基本功，也是学生毕业以后到社会上工作的武器。正如干粮与猎枪的例子。猎人有了猎枪，他就不会挨饿；学生有了扎实的基本功，今后发展就会有后劲。基本能力训练包括自学能力、独立工作能力、实践能力。自学能力应该再扩大来看，一个人拿本书会念，叫自学能力；再扩大点，自己知道应该去念什么，应该去学什么，也是自学能力。抓好学分制，就是培养学生的能力。二是实行学分制以后，学生具有自己规定自己学习强度的自由度，就是学生可以按照自己智力、体力规定自己的学习强度。三是允许学生自由安排毕业时间。原则上我们规定四年毕业，但学习比较优秀的，一年级把二年级的课程学完了一部分，二年级把三年级的课程学完了一部分，那么三年半能不能毕业呢？如果达到了要求，允许他们毕业。有的学生学得慢一点，允许他们五年毕业。就是允许学生学习的年限有一定的自由度。四是允许学生在学习的范围上有一定的自由度。招生时我们规定了主修方向，但允许学生选择辅修方向，允许他们跨系、跨专业、跨学科选课。对某方面有特长的学生可以多选取某方面的课程，而少选不感兴趣的课程。这样就有可能把某些有特殊才能的学生很快培养成具有世界水平的人才。国内外许多著名大师、科学家、发明家都是在某一方面自幼钻研而成的，他们兴趣集中、精力集中，从而进入很高的境界。我们既需要全面发展、博学多能的多元化、复合型的人才，也需要专门特殊的人才，这就要通过学分制的弹性选课制来实现这个目标，这也符合人才天资不同、素质不同而因材施教的规律。

同时，潘际銮也看到了实行学分制的复杂性。他说：

> 实行学分制得解决好四方面的问题。一是学分制基础上的教学计划怎么订。过去是苏联的教育模式，规定好了整个班级什么时候上课，上什么课，什么时候实习，实习时间有多长等，教学计划制订得非常详细。实行学分制以后，就得重新制订教学计划。第二是如何组织好教学。允许学生自由选课，但有的教师开的课不一定有人选，有的教师开的课选的人特别多，怎么办？怎么排课？教室怎么安排？学生选课时间发生冲突怎么办？第三是讨论如何指导学生自主学习。学生在这种情况下，自己想学什么，怎么选课，学哪个方向，他有一定的自由度，但需要有教师的指导。第四是学生管理和学生政治思想工作如何完善？如何适应学分制的要求？就教务处学籍管理工作来讲，同一年进来的学生，有的毕业，有的还没毕业，怎么管理？政治思想工作以前以班为单位，实行学分制以后班级会散一点，不见得每个班级都学一样的课程，怎么管理？种种情况都可能出现，要进行认真研究。

潘际銮再三强调：学校推行“三制”的目的在于引进竞争机制，激发学生的学习积极性，促进学风的根本好转，从而提高教学质量，实现学校上质量、上重点、上水平，早日进入“211 工程”的办学目标。不是摆花架子，出新点子，更不是想着法子来收学生的钱。实施“三制”收来的费用将全部返回用在学生身上，直接用来改善学生学习条件，给优秀学生奖励，给困难学生补助，绝对不能挪用，更不能用来给教职工发奖金。

推行学生“三制”改革，如潘际銮所预计的，阻力很大。有来自学生的阻力，有来自教师的顾虑，也有学生家长的各种担忧，但学校党政一班人思想统一，下大决心予以推行。

在学生“三制”正式实施前，学校有计划、有步骤地认真组织师生和教学管理人员学习“三制”精神与条文。有关部门遵照学校指示编印了材料及测试题，与“三制”实施方案一道，发至所有教师和学生，宣传解释“三制”的精神和意义，传达国家教委和各级领导关于教学改革的有关指示，介绍全国其他高校的成功经验与效果。暑假前，学校还给每位学生家长一封信，详细解释和宣传了“三制”。通过学习和讨论，全校师生极大地统一了思想，达成了共识。

在“三制”的整个实施过程中，潘际銮和学校领导班子成员在各种大大小小的会议上反复进行思想动员，积极处理好改革与稳定的关系。1993年下半年，期末考试成绩出来后，学校党委和行政多次开会研究“三制”的执行情况，所有校领导分头深入院系调查研究。

“三制”实施的半年时间里，全校25名学生获得两位海外华人在南昌大学分别设立的奖学金。其中获得“王氏奖学金”的有20名，获得“余氏奖学金”的有5名。全校7430名老生中，5851名没有补考课程，占78.7%；250名学生补考不及格，仅占3.4%。其中33名学生在滚动竞争中留级或降级，仅占0.45%。全校2132名本科新生中，1673名没有不及格课程，占同类学生的78.5%。有10名学生被淘汰转入专科自费试读，占0.47%。全校只有21名学生因考试舞弊被淘汰退学，其中除个别情节恶劣外，均在下学年返校自费试读。

受到学生“三制”淘汰的学生和家长多次来到学校抗议。有的家长在社会上散布意见说南昌大学要求太严格，不要让自己的孩子考南昌大学。有的家长给教育部写信，说孩子在南昌大学读书，功课及格了还要交费。有的校领导甚至收到一些学生和家长的恐吓信。面对这一状况，一些系、处领导和教师也产生了糊涂认识和退缩思想。有的校领导也表示担心。但潘际銮坦言：“现在实行淘汰制很不容易，学生会闹事，有的甚至可能自杀，家长也会来学校闹。但对提高办学质量有好处、对学校发展有好处的事情我们就要坚持下去。”为了了解教育部对“三制”改革的态度，避免来自上级部门的压力，潘际銮拨通了教育部周远清副部长的电话。周远清说：“有几个家长给我们写信表示反对学校‘三制’，说孩子及格了还要交费。我们没有理睬，学校有改革的自主权。”

顶住压力坚持按制度办事的结果是南昌大学的学风很快有了好转。据统计，1994年春开学的第一天的第一节课，全校近万名学生中只有13人迟到，这是从来没有过的。学生上课的出勤率由原来的89%增加到99.4%，自习率由原来的82%增加到98%。这个学期，学校首批开办了9个第二专业，有838名学生报名参加学习，占符合条件学习的本科学生的43%。学生的主要精力都集中在学习上，校园里有“五增多、五减少”，即“上课实到率增多、晚自习人数增多、图书馆图书借出数增多、阅览室满堂率增多、读书声增多”；“舞会减少、晚会减少、谈恋爱的减少、学生经商的减少、违纪事件明显减少”。

历史系92级全班37人有33人一次通过全国英语四级考试，通过率近 90%，名列全校第一。全班同学向潘际銮校长写了一封公开信，以自己的亲身感受谈了学校实行“三制”后的可喜变化。潘际銮在同学们的来信上作了批示，并指示在校报上将此信公开发表。

一位外语系学生给教务处写信：

> 自“三制”实施以来，学校确实掀起了一股学习的热潮，大大调动了同学们的学习积极性。特别是“滚动竞争制”的实施，好像给每个同学上紧了发条。现在的南大，再也不是“歌舞厅”，也不是“混混儿”的归宿……清晨，伴着小鸟欢歌的是琅琅的书声；暮夜，伴着虫鸣的是沙沙的笔声。

1994 年 5 月 4 日，南昌大学举行并校一周年庆典，不少来校参加校庆的兄弟院校领导对学生“三制”表现出很大兴趣，纷纷向潘际銮取经。潘际銮说这项改革南昌大学也还在探索中，有些条款还需要完善。

6 日上午，潘际銮在“三制”研讨大会作了动员报告。在这个 300 多人参加的会议上，潘际銮对实行学分制提出了五点要求：一是必须保证基础理论学习和三个基本能力训练不能削弱；二是允许学生学习强度有所差异；三是允许学生学习的毕业年限有弹性；四是允许学生在跨院系选择及辅修方向等方面有相当的自由度；五是允许学生有选择老师的可能。

潘际銮希望各系领导重点关心那些学习基础较差的学生和平时不够用功、缺乏紧迫感的学生。对学习基础较差的学生，一方面鼓励他们放下包袱，消除畏难情绪，勇敢投入竞争；另一方面安排任课教师为他们开“小灶”，帮助他们提高学习成绩。对缺乏紧迫感的学生，要找他们谈心，晓之以利害，增强他们的竞争意识。这样就会使多数学生处在勤奋用功、力争上游的状态。

此后，南昌大学关于“学分制、淘汰制和滚动竞争制”的学术讨论进行了一个半月。通过这场讨论，进一步完善了“三制”改革措施，使全校师生进一步认同改革、参与改革。

“三制”改革为学校的教学与教学管理注入活力，彻底改变了原来那种学好学坏一个样的局面，在学生中建立起一种促使他们你追我赶的内在机制，为高校管理提供了新鲜经验。面对记者采访，潘际銮说：学无压力难以成才，要办好大学没有投入不行，但光有投入也不行。抓学风比抓投入更重要，因为那是直接关系到学生全面素质和教育质量的大事。

经过不断的探索、总结和完善，由潘际銮主持的“南昌大学‘三制’改革的研究与实践”获 2001 年高等教育国家级教学成果奖二等奖。

四、服务社会

由于历史的局限性，并校前，江西大学和江西工业大学整体上的科研观念比较陈旧，主动服务意识比较弱，所承担的科研项目也大多缺乏多学科联合攻关和大兵团作战。两校各项科研经费相加不足200万元。面对这种科研局面，潘际銮有些着急。“不打大仗出不了将军，不搞大课题出不了人才!”这是潘际銮一有机会就要宣传一番的观点。他还经常对有关同志说：我们不是要办成重点大学吗？那就要改变现状、转变观念，重点既要体现在教育质量上，也要体现在科研水平上。他直率地向学校领导、中层干部和教师表示：南昌大学教师安于搞小项目，习惯于小打小闹，他对这种精神状态很是担忧。为了引导教师在科研上有追求、有奉献，也是为了学校科研工作走出困境、步入大道，潘际銮不辞辛劳，曾10次亲自率领各系、所的精兵强将走出校门，奔向社会，寻求科技合作伙伴，争取各种科研经费。

1994年年初，针对江西沿京九线的产业布局、山江湖综合治理、信息网络建设等大项目，南昌大学提出当年拿下10个万元以上项目的计划。为落实这一计划，潘际銮带领一班人马，东至上饶、景德镇、贵溪、鹰潭，北达九江、瑞昌，西到新余、高安，南抵抚州、吉安，深入各地市作调查研究，在调查研究中寻找科研项目。

1994年10月，抚州地区召开科工联姻洽谈会，潘际銮率领校内18个院系及研究所63名专家再次专程前往咨询和洽谈项目。会上，南昌大学咨询团向各界人士和企业咨询项目200余项，达成技术合作和转让意向63项，签订意向合同15项。

1995年暑假，潘际銮和副校长吴志强率领校内20名专家、教授，冒着酷暑深入吉安地区揽项目。潘际銮一行先后考察了赣新电视有限公司等近10家企业，并与市政府、市环保局一起重点对吉安市后河开发治理工程进行实地考察和专题座谈。该项目涉及环境治理、生态农业、水电工程、特种养殖等多种学科，项目经费达6000多万元。

1996年春节前夕，雨雪交加，道路受阻，潘际銮不顾年事已高，再次率队坐火车赶赴全国最大的铜业基地贵溪冶炼厂和江西铜业公司考察，同贵溪县政府签订了多项科技合作协议。

与此同时，学校加强了重点学科与产学研基地建设，投入2500万元进行基地建设，提高了重点学科的科研能力，加速了科技成果的产业化进程。

在南昌大学并校后近三年时间里，潘际銮跑遍了除赣南地区外的全省各地市，并逐个拜访了省政府各厅局，与社会各界建立了广泛联系。走出去的同时也请进来，尔后是不请自来或慕名而来。这步棋一走活，学校与社会联系更加广泛、更加密切，科研工作局面顿时打开。1994 年，南昌大学以科技为依托，直接为江西经济建设服务，经费投入超过百万元的科技开发项目达 11 项，总投资超过 6000 万元。全年有 80 余项科研成果获奖，其中 5 项分别获省科技进步奖一、二、三等奖，学校的教学科研工作均创造了原两校历史上从未有过的最好水平。

在潘际銮的积极推动下，教师们的科研态度和科研方式实现了根本转变，科研人员初步实现了由封闭型、单干型向主动适应、大兵团作战型转变。教师们积极在江西经济建设的大市场中寻找科研项目，主动承担省内经济建设中急需解决的课题。大家争项目，做课题，你追我赶，积极投身到为江西经济发展作贡献的队伍之中。

江西是个农业省份，省委作出决定，要把江西的经济大厦建立在现代农业的基础上。南昌大学着力于农副产品的深加工、再加工，承担了粉末油脂的研究与生产。学校与高安市合作，高安市增加投入 1500 万元，建立了产学研一体化的生产与开发基地；与万载县联合开发“百合系列”，对方也投入 1500 万元。学校还抓住江西十分广大并迅速增长的计算机信息技术市场，拿下了“江西农行系统金融证券全省联网系统”、“江西邮政联网系统”等大项目，科研经费达 1000 多万元。

江西林业资源丰富，南昌大学校办工厂承担了中密度纤维板生产线两条，年产值 5000 万元，共投资 3200 万元。校办工厂江西第三机床厂的 BQ18 系列无卡轴旋切机获得国家科技进步奖二等奖，1994 年被国家经济委员会等部门评定为“中国名牌产品”。1995 年该厂被评定为“中国明星企业”，产品远销到东南亚等地区。

与此同时，南昌大学还积极组织文科教师和科研人员参与江西区域经济研究、赣文化研究，着重解决物质文明和精神文明建设中的重大实际问题。经济学院承担的国家教委“八五”规划重点课题——“江西跨世纪区域经济研究”、“大京九铁路与江西生产力布局研究”均为省委、省政府的科学决策提供了重要的参考依据。

并校三年，南昌大学共承担省级以上科研项目 188 项，其中国家级 20 项；通过鉴定的科技成果项目有 76 项；发表论文 3402 篇，出版学术专著 308 部；80 余项科研成果获省部级奖励。联合攻关、大兵团作战，使学校真正培养和锻炼了一大批教师、科研人员，同时也出现了一批善打大仗的“大将军”。2002年，潘际銮改任南昌大学名誉校长。令他欣慰的是，此时，学校的科研工作终于结出了硕果。“九五”期间，南昌大学共承担国家和省部级科研项目766项，其中国家“863”项目5项，国家自然科学基金项目47项；获（省）部级以上科技进步奖36项，人文社科奖128项，其中国家科技进步奖二等奖2项，第12届中国图书奖2项；有200项科研成果向社会转化；拥有涉及机电、化工、医药、信息等领域20多家校办企业。学校为江西经济建设和社会发展作出了应有的贡献，实现了他初任南昌大学校长时的诺言：“江西举全省之力建设南昌大学，南昌大学要举全校之力回报江西人民。”

五、“1+1”大于“2”

南昌大学组建后的一年多时间里，紧紧围绕“上质量、上水平、上效益，力争早日进入‘211工程’”的发展目标加紧建设，成功地实现了两校合并，推行了学生“三制”改革，加强了六大建设（本科建设、重点学科建设、师资队伍建设、校园基本建设、科研和科技开发基地建设、精神文明建设），学风校风有了明显变化，申报博士点一举成功，实现了“1加1大于2”的办学效益。

在前进的道路上，潘际銮清醒地认识到，与国家教委有关进入“211工程”的条件相比，南昌大学在师资队伍、办学条件、教育水平及自我发展能力等方面还存在很大差距。为了缩短差距，达到“211工程”遴选条件，1994年7月，经反复思考，潘际銮提出在现有27个院系的基础上组建学科群的设想。他认为组建学科群有五大优势：第一，可以集中人力，形成比较强大的学术梯队；第二，可以集中实验研究设备，形成有实力的研究基地；第三，可以集中各系的成果，突出学校已有的科研水平；第四，可以更好地进行学科交叉，形成学术上的优势；第五，可以扩大学术领域，更好地规划学科发展方向，更好地规划硕士点、博士点，也可以规划承担重大国民经济和社会发展的课题。

经学校党政联席会认真讨论研究，潘际銮的设想很快在班子中形成了统一意见。

组建学科群将涉及原两校专业的搬迁和部分干部调整，一些干部和教师难免存在种种顾虑。为使这一工作顺利进行，1994年8月27日，潘际銮和党委书记周绍森向吴官正省长汇报南昌大学组建学科群，实行校、院、系三级管理体制的工作思路与工作安排。吴官正听完汇报后表示赞成和支持。他说他相信南昌大学的同志们都会顾全大局，因为这对南昌大学进入“211 工程”关系重大，对每个同志也有好处。他认为把一些相关学科结合在一起，是南昌大学发展到今天必须走的一步。只要把领导的意图、办学科群的意义向大家讲清楚了，大家就会支持。吴官正还列举了江西一些大中型企业合并的事例，说明联合出了效益，出了水平，联合改善了职工生活。吴官正鼓励南昌大学领导班子要有信心，并特意表示，他讲这段话“是代表省政府讲的”。

吴省长的这番话给了潘际銮和学校领导班子成员很大鼓舞。8 月 29 日，在全校教职工大会上，潘际銮就组建学科群，实行校、院、系三级管理体制工作作了动员和布置。他说，南昌大学的建设与发展进入了新的阶段。学校已经胜利完成了两校合并和江西省博士点零的突破这两大战役，现在进行的是第三战役，即争取通过“211 工程”的预审和预备立项。这是学校下半年的中心工作，是“重中之重”。学校党委决定组建学科群，实行校、院、系三级管理体制，其目的是使学校上质量、上水平、上效益，通过“211 工程”预审，并以此为突破口，推动学校的全面改革。把相邻、交叉的若干学科组织在一起，有利于扬长避短，发挥群体优势，提高学校的学术水平和办学能力；有利于集中师资优势，形成一支比较合理的学术梯队；有利于集中人力、物力、财力，充分发挥作用，避免低水平重复建设和资源浪费；有利于集中力量拿大课题、大项目，解决经济建设和社会发展中的重大问题。

暑假第二天，学校把中层干部拉到设在德安县共青城的南昌大学共青学院，进行为期一周的组建学科群讨论会。这种在外地讨论问题以避免干扰的会议形式，在南昌大学甚至并校前的江西大学、江西工业大学都是第一次。会议形成了组建学科群的五项原则和三个目标。五项原则是：科学原则、优势原则、互补原则、群体原则、稳定原则。三个目标是：规划学科群的发展战略、规划博士点和硕士点的建设、规划如何争取进入“211 工程”。会议还达成了组建 10 个学科群的共识，这 10 个学科群分别是：①人文学科群，包括中文系、历史系、新闻系、外语系、东方文化艺术系；②政法学科群，包括哲学系和法律系；③经济贸易与管理学科群，包括经济学院和工业管理系、工业外贸系、旅游系；④数理与材料学科群，包括数学系、物理系、材料系；⑤化学化工学科群，包括化学系和化工系；⑥生物食品科学工程学科群，包括生物系、食品学院和有关研究所；⑦机电工程学科群，包括机电系、电力电子系和有关研究所；⑧计算机与信息科学工程学科群，包括计算机系、信息科学系、信息管理科学系；⑨建筑与环境工程学科群，包括建筑系、土木工程系、环境工程系、工业设计系、水利电力系和一个研究所；⑩工商学科群，设在共青学院。

共青城会议一结束，潘际銮积极深入各系调研，与持各种意见的教职工对话交流，达成共识。整个暑假，潘际銮和学校领导班子成员全部精力都投入学科群的组建当中。论证规划的 10 个学科群随即转入调整阶段。在这项堪称“大动作”的改革中，仅原两校南北区之间的调整搬迁工作就涉及 80%的系和近 3000 名学生，仅搬迁实验室等内部装修费用就投入了 300 多万元。实践证明，这样做是值得的，因为这不仅使学校综合办学实力进一步提高，而且使江西大学和江西工业大学达到了实质性的融合。学校教职工称这项改革举措是进入“211 工程”的新的里程碑，是使并校成果得到巩固和发展的“第二次并校”。

紧接着，学校又按照“教学、科研、生产三结合”的思路，在学科群的基础上，连同相关的研究所（室）和科技开发产业，建立相应的新型学院，实施校、院、系三级管理。根据校、院、系三级不同的管理特点，明确划分责权利，辅以行政职能，使其成为“学研产结合”的办学实体，使校内管理体制改革向纵深发展。

南昌大学的这项改革和建设受到了新闻界的高度关注，500 余次的报道见诸国内外媒体。《江西青年报》记者凌一在《里程碑，于一月铸就》的报道中对南昌大学规划学科群工作作了如下描述：

> 1994 年酷热的暑假，为规划学科群，校领导一班人丁持续 40℃左右高温的 6 周时间里，夜以继日，反复论证。不少人与会随身携带馒头、饼干、降压片、消暑药等必备物。年近古稀且长期生活在京城的潘际銮校长，尽管身板硬朗，但也因酷暑加劳累而明显消瘦了。赴庐山开会时，吴官正省长交给校党委书记周绍森一个任务：留潘校长在庐山休息一星期，但周书记未能完成任务。潘校长清晨上山，白天开会，当夜回校，次日又坐到“火炉”边与一班人集体琢磨。校领导的无声垂范，激励着南昌大学人万众一心无私奉献，奋发图强。

《中国高等教育》1995 年第 10 期以“改革力度大，合并效应好——来自南昌大学的报告”为题，对南昌大学的改革与建设给予了充分肯定：

> 在高等教育体制改革中，作为全国首例，南昌大学在江西大学和江西工业大学合并基础上的重新组建，开创了新时期我国综

合大学与工业大学有机结合的先河。迈出这一步很不容易。

为了使南昌大学向更高层次发展，尽早进入全国“211 工程”，潘际銮提出了“到 21 世纪初，把学校建设成为在教育质量、科学研究、管理水平和办学效益等总体上达到国内同类高校先进水平，服务于江西经济和社会发展的新型综合型大学”的奋斗目标，并向省政府提交了进入“211 工程”的预审报告。省政府根据省教委、南昌大学的报告，向国家教委提出了对南昌大学进入“211 工程”进行预审的报告。

六、关键一跃

根据国家教委的安排，“211 工程”的实施主要分为以下几个阶段：学校申报、部门预审、预备立项、正式立项、项目实施和验收。通过由国家教委组织的部门预审，是一所大学进入“211 工程”的关键。

1996 年 1 月上旬，新年钟声的余音尚在袅袅之中，南昌大学 17 000 余名教职员工翘首以待国家教委“211 工程”预审组专家来临，这距南昌大学宣告成立只不过 950 多天。

潘际銮和学校领导班子成员全身心投入预审准备工作之中。该准备的材料都准备好了，各院、系、所、厂，以及医院、食堂、招待所等，面貌都焕然一新。南昌大学南北两区的每一寸土地，都在凛冽的寒风中迎接缜密的推敲与丈量。

1 月 12 日，向塘机场大雾弥漫，由北京飞抵的两个航班均遭延误。国家教委“211 工程”办公室的负责人及评审组专家心急火燎——他们的工作任务十分繁重，原本的个人日程就紧锣密鼓。专家组成员——山东工业大学校长刘玉柱教授，1 月 11 日刚预审完山东大学，12 日就飞往南昌；中国科学院院士、北京师范大学原校长王梓坤教授早已拟定行程，一俟 15 日预审完南昌大学，即飞回北京，接着预审他的老“根据地”——北京师范大学；国家教委“211 工程”办公室主任王忠烈，拟在南昌逗留的时间更短，因为上海财经大学与南昌大学几乎摩肩接踵地在等待他及其他专家灼热而审慎的目光。

这次预审组专家阵容如下：清华大学龙驭球院士，华南理工大学党委书记刘正义博导，华中理工大学原校长黄树槐博导，哈尔滨工业大学党委书记吴林博导，中国人民大学教师进修学院院长许征帆博导，山东工业大学校长刘玉柱教授，福州大学校长钱匡武教授，南昌航空工业学院院长陈立丰教授，江西财经学院原院长裘宗舜教授。专家组组长由北京师范大学原校长王梓坤院士担任。清华大学学术委员会主任黄克智院士和内蒙古大学校长旭日干院士担任专家组副组长。这12位专家均是中国当代科学教育界顶尖级人物。他们一方面学有专研——专家们在各自研究的专业领域在中国乃至世界都享有很高的声誉；另一方面治有专长——9名正职校长、书记，皆多年从事大学教育与管理工作，境界阔大，道行高深，目光"挑剔"。

吴官正率队，省委五位正副书记及主管教育的副省长当天全部到场与专家组会面——这是另一种意义上的阵容，这阵容是无声而强有力的表述：江西4000万人民办一所重点大学的诚心与热望！

在"211工程"预审开幕式上，吴官正代表省委、省政府对国家教委"211工程"办公室领导和预审组各位专家表示热烈欢迎。他说，国家教委派预审专家组来南昌大学进行预审，是对江西教育工作的重视和鼓励，将对江西教育事业的发展起到积极促进作用。省委、省政府有决心在江西建立一所全国重点大学，这是江西人民多年的愿望，也是改革开放和经济发展的迫切需要。为了实现江西人民的这一愿望，省委、省政府作出决策，尽全力重点建设南昌大学。吴官正表示，他曾经说过他要当好南昌大学的"后勤部长"，今后，省委、省政府还要继续在政策上，在人、财、物等各方面全力支持南昌大学，使南昌大学尽早进入"211工程"，为江西经济和社会的全面发展作出贡献。

王忠烈主任代表国家教委及所属"211工程"办公室讲话。他说，作为地方院校进行"211工程"预审，南昌大学是第一所。南昌大学的改革力度比较大，实现了两所学校的真正合并，并且进行了学科调整，各方面都取得较大成绩，这一点对如何优化教育资源在全国都很有指导意义。南昌大学作为地方院校的第一家进行预审是很有意义的。

预审有条不紊地进行。国家教委"211工程"办公室领导和专家组全体成员听取了潘际銮关于南昌大学"211工程"自我评估和整体建设规划报告，观看了学校申请进入"211工程"的专题录像，听取了江西省副省长黄懋衡、江西省教委主任黄定元关于全省教育特别是普通教育和高等教育情况的报告。专家组全体成员和参加预审工作的其他人员，实地考察了包括学院、工程中心、研究所、实验室、图书馆、附属工厂在内的近20个教学、科研和生产单位，审阅了学校整体发展规划，观看了各单位教学、科研和学科建设的展览，并召开了学术带头人和中青年学术骨干座谈会。预审专家组对南昌大学申请进入"211工程"的整体建设规划报告进行了认真的评议。专家组认为：江西省委、省政府重点建设南昌大学，对促进地区教育合理布局、推动江西经济发展和社会进步，具有重要意义；南昌大学通过并校、改革与建设，办学效益显著，校风学风明显变化，教育质量有了很大提高，办学综合实力大大增强；学校的自我评估报告和整体建设规划是实事求是的，学校提出的总目标切合实际，是可以达到的。预审专家组还对南昌大学的“211 工程”整体建设规划提出了建设性意见。

1 月 15 日下午，南昌大学“211 工程”部门预审闭幕式在南昌大学“211”会议室举行，省委副书记、代省长舒圣佑和主管教育的副省长黄懋衡出席。王梓坤代表专家组宣读了专家组评审意见：全体专家一致建议通过“211 工程”主管部门预审。

连日来，尽管教职员工们从专家们审慎而欣然的目光和郑重而热切的谈吐中，已经感觉到一个令人振奋的宣告即将来临。但是，当预审通过的消息传出来时，那激动之情依然似惊涛拍岸，在校园内外荡漾起璀璨的涟漪。这是 17 000 名南昌大学师生的光荣与梦想，也是 4000 万江西父老乡亲的骄傲。

好事成双。正当专家组在南昌大学预审时，1 月 15 日，中共中央政治局常委、国务院副总理李岚清飞抵南昌，视察南昌大学。

这天上午，寒风凛冽，细雨蒙蒙。潘际銮在办公室与分管人事的副校长及人事处长讨论人才引进问题，一边等候李岚清副总理的到来。这些天潘际銮太忙，眼睛里布有血丝，声音有些沙哑，但精神状态很好。上午 10 点多钟，李岚清副总理在省委书记吴官正、副省长黄懋衡、省教委主任黄定元等人陪同下来到南昌大学。潘际銮向李岚清副总理一行介绍了生命食品学院、食品工程研究院、机械电子研究所、信息网络中心和计算机工程研究所等单位的建设与发展情况，观看了南昌大学“211 工程”预审展览室和学校校园发展规划模型。在“211”会议室，由吴官正书记主持召开高校体制改革座谈会。会前，吴官正请李岚清副总理等领导观看南昌大学“211 工程”预审电视片，李岚清看后第一个鼓掌表示满意。接着，潘际銮、周绍森分别向李岚清汇报了南昌大学成立以来真投、真合、真干和学校四大改革、六大建设取得显著成绩的基本情况。

听完介绍，李岚清高兴地说：“还在 1994 年年初的全国人大会议期间，我就来到江西省代表的住地，对吴官正说：‘你们把江西大学和江西工业大学合并得很好，我很支持。’刚才听了潘校长、周书记的介绍，看了你们的录像，给我很大的启发，原来我讲支持你们的合并，赞成你们的合并，现在我要加个‘更加’支持。”①

李岚清对南昌大学并校以来所取得的显著成绩给予了充分肯定。他说：“刚刚潘校长、周书记都说到1+1不等于2，1+1大于2，我刚刚在实验室还听到1+1等于4000万，1+1就能更好地为江西4000万人民服务。这是非常明显的。”②他还说，南昌大学合并的经验是比较完整、比较全面的。因为南昌大学除了学校建制融合在一起以外，还进行了一系列改革。南昌大学改革的思路和做法，为全国高校改革提供了带方向性的经验，我们还要继续推广南昌大学的经验。

李岚清最后说：“这次来，最大的收获，就是看到南昌大学的改革已经取得这些很好的效果，我们高等院校还要坚定不移地推进联合，现在联合的形式很多样，你们是最高形式。”②

不久后，国家教委将李岚清视察南昌大学的讲话形成文件，要求“各单位认真学习研究并结合本地区、本部门的实际情况贯彻落实”。

全国有省属高校700余所，南昌大学是省属高校中第一所接受并顺利通过“211工程”主管部门预审的大学，此刻，又有副总理亲临视察并给予高度评价。潘际銮认为，这不仅是南昌大学的光荣，也是一种鞭策和鼓励。

1月18日下午，在学校召开的“211工程”预审总结大会上，潘际銮回顾了南昌大学成立近三年来的建设和发展。他说，我们能够在这么短的时间里取得这么大的成绩，归功于省委、省政府的决策与指导，中央有关部门的关心和支持；归功于17 000多名师生员工的辛勤劳动；归功于南昌大学党委和领导成员。展望未来，我们要把握机遇，再攀高峰。

七、不辱使命

在成绩面前，潘际銮清醒地看到，通过“211工程”主管部门预审仅是向建成重点大学所迈出的第一步。他说：“我们已经走过了第一个里程碑，今后还有‘九五’第二个里程碑，‘十五’第三个里程碑。今后攀第二个、第三个里程碑难度更大，大家要有充分的估计和克服困难的思想准备。”

---

① 相南翔. 风正一帆悬——南昌大学“211工程”通过预审追记. 江西日报，1996-01-26.

② 王哲平、李水第、李岚清副总理视察南昌大学. 江西青年报，1996-01-30.

潘际銮和学校领导班子决心把南昌大学建设成为一所服务于江西经济建设和社会发展的新型综合性大学，到 21 世纪初，力争在教育质量、科学研究、管理水平和办学效益等方面总体上达到国内同类高校先进水平。为此，他们确定了“211 工程”建设基本思路，并在全校中层干部会议上作了通报。

第一，面向江西经济和社会发展主战场确立“211 工程”建设项目。根据这一原则，确立了五个重点项目及其相应的研究机构。

(1) 食品科学与工程中心。江西是农业大省，农产品的育种、种植、保藏、加工等都必须大力加强。江西省委、省政府确定了一个方针，以食品工程为支柱产业，要把江西办成食品产业大省。这对学校发展食品工程，特别是以生物工程技术为基础的食品工程提出了迫切需要。

(2) 材料科学与工程中心。江西矿藏丰富，钨、铀、锰、铜、稀土、煤等储藏量很大。中国是世界上稀土资源第一大国，中国稀土又在内蒙古包头和江西南部。这对学校发展稀土材料工程创造了有利条件。同时，江西建有全国最大的发光材料工厂——746 厂，这为学校发展功能材料（氮化镓蓝色发光材料）的研究创造了有利条件。

(3) 信息科学与工程中心。信息产业是世界上最有生命力的新兴产业。江西信息产业基础薄弱，力量不足，迫切需要大力发展。学校建立了网络中心和信息工程中心，在人力、物力上都已形成规模。

(4) 机电工程中心。机电产业是江西的支柱产业，中小型汽车制造业发展很快。学校把机电一体化、计算机辅助设计与制造（CAD），特别是模具的设计与制造（CAM）作为一个工程中心来抓。

(5) 文科中心。江西是陶渊明、欧阳修、王安石、曾巩、朱熹、汤显祖等人的故乡。过去江西的文化很发达，特别是唐宋时期，著名理学家朱熹创办的白鹿洞书院吸引了全国各地儒生，被人们称为“海内书院第一”。江西的地方语言对全国人口的迁移和语言发展起到了促进作用。文科基地的重心在于研究客、赣方言。

五个中心完全是以经济建设和社会发展为背景，根据江西的发展情况确定的，而非因人设事。

第二，以任务为龙头带动中心建设。学校对中心不进行太多投人。中心应瞄准江西经济建设和社会发展中的最大任务，通过接受重大任务来带动工程中心的建设。

(1) 瞄准江西的农业发展，研究如何增产，提高农产品质量。学校与农业厅签订合同，农业厅拨了100亩地和160万元资金给学校作为试验基地和经费。

（2）解决江西工业中迫切需要解决的问题。例如，江西发电厂煤燃烧后产生的粉煤灰每年达几百万吨，污染严重。建栏灰坝投资大，每建一座投资1亿元。学校研究出利用粉煤灰替代水泥，化害为宝，目前已与公路局签订了合同。

（3）注重解决工业中重大的技术难题。例如，曲轴生产。一般轴承，如汽车轴承等都很简单，但也有特殊轴承的生产，像高速列车轴承、大马力轮船的曲轴，要求非常高，一般工厂做不好。学校用电渣熔铸直接制造曲轴，不仅可制造难度大的轴承，而且可以保证质量。

第三，在接受任务过程中，直接与生产挂钩，搞产学研结合，把成果转化为生产力。学校接任务的同时与对方签订产销合同。例如，食品工程系发明了粉末油脂，通过加工，把低产值的菜子油、棉籽油变成高产值的油。目前，粉末油脂厂全世界只有4～5个，中国只有南昌大学一家。

第四，根据学校文理渗透、理工结合的特点，跨学科组织学术梯队，形成中心。中心不是交给单一单位或学院，而是由若干系或若干学院联合组成，如材料工程中心含4个系，跨3个学院。4个系分别是物理系、化学系、土建系、材料系；三个学院分别是数理材学院、化学化工学院、建筑与环工学院。

第五，工程中心建设采取竞争机制，学校投资要有目标、有项目、有预计效益。

第六，加强国际合作，借助国际国内力量，推动工程中心建设。学校与德国有很好的合作项目，中试中心得到两国政府批准。德国投资600万马克，学校给予相应投资。

第七，形成产业集团，争取上市。1995年后，江西省就开始建防洪防汛计算机网络系统，由南昌大学信息工程中心承担，已完成一期工程，二期工程正在进行。江西省相关部门已同意南昌大学和电子工业局合作成立飞虹集团上市。

经过一年多的改革和建设，南昌大学各项工作又取得重大进展。1997年5月18日，以中国科学技术协会副主席左铁镛院士为组长，刘正义教授为副组长，由马善贤、陈定方、南庆贤、陈立丰、陈章太、李德华、金涌等专家组成的专家组，根据国家计划委员会、国家财政部、国家教委“211工程”部际协调小组会议的部署，对南昌大学“211工程”建设立项可行性研究报告进行审核。专家组成员认为：经过一年来的改革和建设，南昌大学取得了很大的发展，为立项打下了扎实的基础，南昌大学“211工程”建设项目可行性报告的必要性和可能性的分析论据充分，体现了江西省经济和社会发展的需要，以及学校“211工程”建设的特色和实际。19日，专家组一致通过对南昌大学“211工程”建设立项审核，正式将其列入国家“211工程”重点建设大学。这标志着南昌大学建设跨入了一个新的阶段。这是南昌大学继1996年1月通过部门预审后，“211工程”建设取得的又一重大成果。根据南昌大学“211工程”整体建设规划，“九五”期间重点建设食品科学与工程、机械电子工程、稀土材料科学与工程、应用语言学四个应用性学科，此次立项审核通过，意味着这四个学科建设正式进入国家“211工程”实施阶段。

2001年6月18日，国家计划委员会、教育部、财政部三部委对南昌大学“211工程”一期建设项目进行整体验收，王梓坤院士任专家组组长。经过考核，专家组成员一致认为，南昌大学“211工程”“九五”期间建设成效突出，高水平、高质量地完成了国家下达的“211工程”“九五”期间建设项目计划，学校整体实力和办学水平有了显著提高，全面超额实现了“211工程”“九五”期间的建设目标，达到了国家验收的各项标准，为继续实施“211工程”“十五”期间建设奠定了坚实的基础。

对这次验收，《光明日报》记者胡晓军作了如下报道：

> 南昌大学“211工程”一期建设子项目最近以全优通过验收。这是由来自清华大学、北京大学、中国社科院等高校、科研院所及教育主管部门的31位专家经考察后在此间宣布的。这意味着该校将获得“211工程”二期建设的“准入证”。南昌大学“211工程”“九五”期间按计划建设的子项目共14项，截至2000年年底，建设资金总计投入2.035亿元。经过5年不懈努力，第一期建设目标基本实现，该校教学、科研、管理、办学效益均有质的飞跃，部分重点学科达国内同类学科先进水平。据悉，该校目前办学规模已由1993年并校时各类学生总数1.1万余人，发展到“九五”期末的2.3万余人；博士学位授予点由零突破为现在的5个，硕士点由原来的17个增加到现在的60个。“九五”期间共承担国家和省部级纵向科研课题404项、横向课题222项，获省部级以上科技进步奖29项，人文社科奖106项，共有200项科研成果向社会转化，产生直

接经济效益10亿余元。

2002年2月，教育部正式决定：将南昌大学列为教育部对江西省重点支持的大学，第一期投资在近两年内增加4500万元，以后将继续给予投入。至此，南昌大学不仅成为江西省唯一一所“211工程”重点建设大学，而且成为江西省唯一一所由教育部与江西省共建的大学。

2002年12月，潘际銮改任为南昌大学名誉校长，省委孟建柱书记设宴款待。

潘际銮受聘南昌大学名誉校长，与省委书记孟建柱等合影

这位领导南昌大学改革与发展10年，把一个基础比较薄弱的地方院校建设成为全国重点建设大学的校长，在离任前的一年多时间里，着手新校区选址。他希望在他离任前能把这件事确定下来，这样，他的后任校长可以集中精力搞建设，不用为买地、规划校园花费时间。经过对瑶湖、艾溪湖、南昌高新开发区、新建县、前湖等六个地方实地考察，他选中了前湖。他认为前湖有山有水，且湖泊多，风景好，是理想的办学地点。新校址确定后，潘际銮多次与南昌市吴新雄市长协商，在吴市长的大力支持下，以每亩3.8万元价格，在红谷滩购得前湖3400亩土地。2002年10月28日，南昌大学举行购地签字仪式，潘际銮代表南昌大学签字。

八、坚强后盾

潘际銮常说：“南昌大学在10年时间内取得这么大的成绩，得益于省委省政府领导的大力支持，得益于各级领导和社会各界的大力支持。”

1993年9月9日上午，教师节前夕，吴官正省长在教委主任黄定元的陪同下来到南昌大学，代表省委、省政府向潘际銮和南昌大学的全体教职工表示节日问候。潘际銮向吴官正汇报了南昌大学组建以来几个月的改革与发展情况。潘际銮汇报了南昌大学面向江西骨干产业，发展横向合作，大力加强重点学科建设的情况，机械电子、电力电子两个重点学科与江西五十铃汽车有限公司在计算机辅助设计、计算机辅助制造及自动冲压生产线等重大技术改造项目上开展合作，并与美国EDS公司签订协议，引进一套计算机辅助设计与制造软件，建立一个计算机应用的高新技术实验研究中心。吴官正对此极为赞赏。当听到引进这套建设重点实验室的进口设备需要100万美元外汇时，吴官正当即在学校的申请报告上进行批示，为南昌大学重点学科的建设解决了一个大问题。吴官正检查省委、省政府当年增拨的3000万元经费的分配与使用情况，并向大家宣布：明年增拨的3000万元建设经费由7月提前到3～4月到位，五年内1.3亿元增拨款项的其余部分以后每年都将如期下拨。吴官正冒雨检查了南昌大学基本建设的竣工项目和施工现场。当听说南昌大学北区大门两侧的土地归属问题尚未解决，影响到学校建设进度时，当即指示："请南昌市蒋仲平赶快解决"。接到指示后，蒋仲平市长上午立即召开会议研究，下午，又率领南昌市政府各级领导赶到现场办公，不到一个小时就解决了这个多年悬而未决的历史遗留问题。蒋仲平市长还告诉大家，南昌市委、市政府已批准先期投入100万元，立即开工修建连接南昌大学南北两区的上海北路，为南昌大学的校园整体建设、学校的有效管理做了一件大好事。

1994年2月1日上午，新年将至，吴官正来到潘际銮家拜年，刚坐下，吴官正就说：

> 在来学校的路上，我在想，南昌大学有了好的校长、好的教授，但要建设成重点大学，还要有好的学生，要把最优秀的高中生吸引到南昌大学来。今天省财政厅厅长也来了，我考虑由省财政出钱设立一个“培养拔尖人才专项奖学金”，专门奖励南昌大学录取的总分前20名考生。学校也对这20名考生免除学费，这样来吸引高分学生进南昌大学。

潘际銮对吴省长此举非常赞赏，当即表示同意。吴官正当场拍板决定四件事。一是在增拨1.3亿元的基础上再对南昌大学追加600万元的拨款，即五年内投入 1.36 亿元；二是决定从省财政中给予南昌大学 600 万元的贴息贷款用于基础设施建设；三是江西省人民政府自 1994 年开始设立“南昌大学专项奖学金”；四是对学校的基本建设工作作重要指示：南昌大学校园环境既要有统一规划，又要按重点大学的要求高水准加以美化，成为园林式的适宜读书的好地方。

1994 年 11 月 16 日，吴官正省长视察了南北两区校园，检查了每个建设工地，向潘际銮详细询问了学校迎接“211 工程”预审工作的情况，吴官正说：

> 我看了一下那边（指南区）大楼很好看，环境整理得也比较好，这边（指北区）大楼改造了一下，也不错，学校要继续搞好环境建设。明年省里给南大 2400 万元，重点建设实验室。你们赶快作出计划，明年早点给你们，争取 3 月份到位。

潘际銮说：

> 学校基础很差，离“211”差距很大，但势头很好，国家教委很称赞。江西的经济建设和社会发展对南大提出了更高的要求，我们已承担了重大任务，现在正在制订进入“211”的规划，在 1.36 亿元以后，还需要省政府继续投入。

吴官正听后说：

> 我授权给你，你提出一个规划来，下一个五年要增加多少投入，你定，定下来报省政府，我继续给学校当“后勤部长”，一定支持你们。人家能办到的，我们也能办到。江西这几年发展很快，并不穷，这次加工资人均增加了 120 元，是全国第一个兑现的省。进“211”，需要配套的，我们就配套。另外，我们还可以通过搞科研项目，划一点出来。

吴官正还亲自给有关厅局领导写信，指示要支持南昌大学的发展，“在项目上尽量让南昌大学参与”。

1995 年 2 月 2 日上午，省委书记毛致用在省委办公厅秘书长钟家明和省教委主任黄定元等陪同下来到南昌大学给潘际銮拜年，毛致用书记仔细询问潘际銮的工作和生活情况，再三叮嘱有关领导一定要继续关心潘际銮的生活。潘际銮向毛致用汇报了南昌大学近期工作情况及 1995 年重点抓好的几项工作。毛致用听后，赞扬南昌大学的面貌有了很大的变化，他说：“省委和省政府已多次研究，要振兴江西，必须抓好教育，重视人才培养，特别是要重点建设好南昌大学。”他又说：

> 您来江西两年，为江西的教育事业作出了很大的贡献。江西人民非常感谢您，省委和省政府一定会继续关心和支持南昌大学，使南昌大学早日成为全国重点建设大学，培养出更多更好的人才，为江西经济建设和社会发展作出更大贡献。

1995年2月16日下午，吴官正轻车简从来到南昌大学，察看南北两区校园时，在北区文化长廊西侧遇到在这里现场指导校园环境治理工作的王振东副校长、总务处负责人及现场工作的工人。吴省长和他们一一握手并亲切交谈起来。吴官正说，南昌大学要进一步绿化、美化校园，要建成和全国名牌大学一样的校园环境。接着，吴官正询问了当年3000万元建设经费的安排，询问了江西省人大代表、政协委员17日来南昌大学参观的路线情况，王振东副校长一一作了简要汇报。离开南昌大学时，吴官正要王振东副校长代向潘际銮校长问好。

1995年3月9日，国务院学位委员会办公室主任、国家教委“211工程”办公室主任、研究生办公室主任王忠烈同志专程来南昌视察南昌大学，受到江西省委、省政府和南昌大学的热情接待。王忠烈详细考察了学校的办学思路、过程和做法。认为南昌大学成立两年面貌焕然一新，改革力度大，发展势头好，两校合并以后取得很大成绩，在历史上可以写上一笔，对全国、对江西省高等教育事业也很有影响。王忠烈对南昌大学今后的发展，对南昌大学的“211工程”预审工作和博士点建设提出了建议，给予了指导。

1997年5月14日，国家教委周远清副主任专程来南昌考察南昌大学及江西高教改革情况。

1998年8月14日，教育部韦珏副部长冒着酷暑考察南昌大学“211工程”项目建设情况。

1994年5月，在江西大学与江西工业大学合并成立南昌大学一周年的时候，国务院总理李鹏，副总理李岚清，国家教委党组副书记、副主任张孝文分别题词祝贺。李鹏总理的题词是：“提高办学水平，振兴江西经济。”李岚清副总理的题词是：“发挥联合优势，进一步提高教学质量和办学社会效益，为办好新型综合性大学作贡献。”张孝文副主任的题词是：“人文日新。”

1995年3月22日，正在江西视察工作的中共中央总书记江泽民同志为南昌大学题词：“建设好南昌大学，为江西经济腾飞和社会进步作出更大的贡献。”

1996 年 5 月 24 日，全国人大常委副委员长布赫视察南昌大学时，为南昌大学题词：“面向江西经济建设，促进社会发展，创一流大学。”

领导的关怀和支持成为南昌大学奇迹诞生的精神源泉。南昌大学的成立与建设引起强烈反响。新华社 1993 年 9 月曾发消息说：“江西省在较短的时间内，成功地将省内两所高校合并，并投入巨资，引进人才，推进改革，使学校面貌为之一新。这一举措，引起国内教育界的关注并产生连锁反应。”一年来，国内外传媒对南昌大学跟踪采访，作了 120 多次的报道。

《中国高等教育》杂志社记者陈浩、侯铁军在《改革力度大　合并效应好——来自南昌大学的报告》一文中说：

> 一般人难以想象，江西省委、省政府对南昌大学的特别关照，会是如此真切而厚实。在两年多的时间里，吴官正省长到南昌大学达 12 次之多，而且大多是自己悄不作声来，事先不通知学校，进校后随处察看，遇上教工、学生问这问那；凡是事先通知要来的，他都要带各有关部门的负责人一道，到现场办公来了，帮助学校解决难题。南昌大学建设过程中遇到许多棘手问题，就是在这种形式下当场拍板解决的。1993 年教师节，吴官正对南昌大学的教师说：南昌大学是江西的重点工作，我乐意当南昌大学的“后勤部长”。

1995 年 1 月 11 日，《人民日报》刊登《来自南昌大学的报道之三：资金人才政策同步到位，江西重点建设南昌大学》一文，其中说：

> 江西省省长吴官正近日到南昌大学视察，向该校校长潘际銮教授说的一番话令四座皆惊：“潘校长是我的老师，南昌大学后五年的投入要多少，由你定，我给南昌大学当后勤部长，一定支持你。江西虽不富，但对教育要另眼相看。”……近年来江西经济稳步发展，但财政底子依然不厚。省政府将办公大楼安装中央空调的 1500 万元压下来投入南昌大学；为聘请一名理想的校长，吴官正省长、黄懋衡副省长及省教委有关负责人多次进京，请来潘际銮教授；直到今天，吴官正省长还经常到该校现场办公，解决实际困难。用潘际銮的话说：“不是我们有事找省长，而是省长常问有什么事要办。”

在省委书记、省长的带动下，省委、省政府的各位领导都到过南昌大学指导工作。分管科教的黄懋衡副省长上任之初，正值南昌大学新建之时，吴官正特意向她交代一定要办好两件事，即南昌大学和高新技术开发区的建设和发展。从此，南昌大学也少不了黄副省长的身影，有时她直接深入实验室。

九、优秀团队

潘际銮非常感谢南昌大学的领导集体和周绍森书记。他们领导经验丰富，为人正直，使得2万多人的学校生活稳定，工作运转顺利；他们对潘际銮在工作上全面支持，生活上细心照顾，这样潘际銮就有了全副精力从事教学和学科的提升工作。吴志强教授，从工作和生活环境优越的清华大学孤身到南昌大学，在艰苦的条件下协助潘际銮工作五年。许多个严寒酷暑，全校干部为了两校合并，为了规划学校的发展，未曾休过寒暑假。他们精神抖擞，意气风发，令潘际銮十分感动。

回顾南昌大学10年校长生涯，潘际銮感慨地说，南昌大学并校之初仅有17个硕士点，两校科研经费相加不足200万元，实验仪器设备加起来才2000多万元，为了使这样一所基础比较薄弱，师资、学科水平尚待提高的大学能够在不太长的时间里进入“211工程”，成为全国重点建设大学，作为一校之长，在工作中不敢有丝毫懈怠。潘际銮和校级领导班子成员及全校教职工以艰苦创业、只争朝夕的奋发精神，围绕南昌大学上水平、上重点、上效益，早日进入国家“211工程”，奋力拼搏。校领导班子成员和中层干部那种充满责任感和使命感的工作精神，潘际銮至今想起来仍觉感动。他为自己能有幸与他们共事感到荣幸，为江西教育界有这样一支队伍感到骄傲。省委书记毛致用、省长吴官正经常深入学校第一线，了解南昌大学的建设和发展情况。在南昌大学组建一年多的时间里，吴官正省长曾12次亲临南昌大学，实地解决学校建设过程中遇到的难题。就任省委书记的当晚，他又来到南昌大学。1996年1月中旬，国家教委“211工程”专家组对南昌大学“211工程”进行预审，在专家组莅临之前，吴官正省长一一过问预审准备的细节。领导的关心和支持、江西人民的深情注视，是南昌大学每个教职员工工作的压力和动力。

潘际銮改任名誉校长后很少回南昌大学，但他忘我工作的敬业精神至今还留在南大人心中，他的同事曾形容他为“高速陀螺”。记者陈渊平、黄虹在一篇《一蓑烟雨报桑梓》的文章中写道：

68岁高龄的潘际銮就任校长三年来，没有休息过一个寒暑假。

1993年暑假忙于制订学生“三制”方案，1994年暑假忙于组建学科群，1995年暑假忙于“211工程”预审的准备工作。三个寒假也都用于处理职称评定工作。南大人清楚地记得，1995年大年初一，潘际銮校长为了准备“两会”代表参观，亲自深入建设工地检查；1996年2月，正当“211工程”预审通过后的第三天，潘校长马不停蹄冒着风雪严寒去贵溪洽谈一个科研项目……

潘际銮求真务实的工作作风，南大人亦不会忘记。南昌大学的学科调整、管理体制改革、学校发展规划、财政预算等每项工作，他都会到干部、教师、职工中听取意见，对已实施的政策，注意收集意见，不足之处，及时修正。例如，经费切块管理，他发现有的院系将切块经费拿来装修办公室、会议室，购置桌椅板凳，没有真正用到教学科研上去，他对此提出了严厉的批评。他说：“江西省举全省之力，投入1.36个亿建设南昌大学，如果我们没把这些钱用好，我们就对不起4000万江西父老。”为了防止类似事件发生，他责成有关部门制定资金使用审查制度，在项目的审批和采购等方面采取了一些措施，力求杜绝浪费和腐败。在潘际銮的严格管理下，南昌大学每引进一台设备都要反复比较，每用一笔资金都要反复掂量，把有限资金用在最需要的地方。并校初的几年里，他们用4495万元盖起7.26万平方米校舍，新建和改造了机械楼、文科楼、化学楼、综合楼和机电楼，面积达3.2万平方米，新建师生宿舍4万多平方米，还建起5个基础课实验室和9个语音室。有人作了统计，这些基建项目的造价每平方米仅408元，比商品房造价低一半多。

潘际銮平时也非常节俭，在相南翔《绿叶对根的情意》一文中有这样一段文字：

数九寒天，潘际銮披着一件在北京极少穿的黑呢大氅，坐在南昌大学北区一间西南的办公室里，仍感寒气袭骨，“在北京感觉不到这么冷”。他这样对我说的时辰，窗外的白杨枝叶尽脱，阴霾的天空下，寒风飒然有声。他的左侧，安置着一只电热取暖器，他有些难为情了。“热天我也受不了南昌，所以最热的时候，要找个有空调的地方办公，这就显得有点特殊化了。”

南大学子们称潘际銮校长是“毫无架子，风度优雅，值得人尊敬的长者”。有的学子甚至说：“在这样一个物欲横流的社会里，还有几个校长能像老校长这样纯粹，这样厚德，这样让人尊敬！”

在潘际銮任南昌大学校长期间，还有几件事值得提及。

一是亲自培养了一支优秀研究团队。为培养师资队伍和组建科研团队进行试点，潘际銮亲自在学校物色人才。他在物理系找到青年教师张华等人，动员他们报考国内名牌大学博士。张华因成绩优秀被清华大学录取，潘际銮亲自指导张华完成博士学位论文获得博士学位。张华博士毕业回校后，潘际銮又指导他组织研究团队，进行“爬行式弧焊机器人的研究”。该研究获得科技部“863”项目立项，经过数年艰苦工作，获得成功，经科技部组织鉴定验收，达到“国际领先水平”，这项成果现已转让给企业。这个团队成为南昌大学优秀研究队伍之一，张华也成为南昌大学的骨干教师和干部。

研制成功的弧焊机器人

二是在病床上撰写了一部优秀著作。1997 年 3 月上旬，潘际銮患腰椎间盘突出，两腿瘫痪，不能行动，部分医生的意见为必须立即开刀，但为避免风险，潘际銮决定听另一部分医生的意见，在家绝对卧床，牵引治疗。夫人李世豫除护理照顾生活外，每天为他牵引两次。卧床期间，潘际銮除用电话坚持办公外，还开始撰写专著《现代弧焊控制》。床上架了一个支架，这位古稀之年的老人，在一块写字板上费力地写作，床边垒着一天天增厚的手稿。7 月，腰椎间盘突出基本治愈，潘际銮开始正常工作，其专著《现代弧焊控制》初稿也基本完成。

2001 年 6 月，《现代弧焊控制》被新闻出版总署授予“第十届全国优秀科技图书奖一等奖”。机械工业出版社版权部主任谌建辉在参评材料附函中写道：

> 值得一提的是，输出版图书《现代弧焊控制》（*Welding arc control*）为我国著名焊接专家潘际銮先生所著，书中介绍内容具有世界先进水平，故有国外两家著名出版公司联合（英国 Woodhead Publishing Limited 及美国 CRC Press LLC）购买了英文版版权，在国际市场已成功发行（一般说来，我国科技出版物直接以英文版进入世界图书市场实属不易）。此类图书版权

直接输出到工业技术最发达的英国，由英译向世界发行，堪称精品。

国内外专著

三是喜得孙儿。潘际銮夫妇养育了三个子女，大女儿潘晶、二女儿潘荧于 20 世纪 80 年代相继出国定居，她们所生子女，很少和潘际銮夫妇生活在一起。三个子女中，唯有儿子潘磊在国内工作和成家。1996 年 9 月，孙儿潘晨炜在南昌出生，小生命的到来给全家带来了无限的欢乐。含饴弄孙，成为潘际銮繁忙工作之余的一大乐事。

潘际銮夫妇与孙儿潘晨炜

最后，还有一件巧事也值得写上一笔。数十年来，潘际銮一直携带着祖父及父母的骨灰，南颠北簸，未曾稍释。花甲之年以后，考虑着应该让先人魂归故里。1991 年春，潘际銮和妻子李世豫、儿子潘磊回到瑞昌，把先人骨灰安葬在风景清幽的祖坟之山。此前他并无其他念想，在京华之地继续带博士生、做课题及著书立说，直至终老，这是他最终的目的。未曾料到，1993 年，江西省政府就与清华大学商定，邀他返回江西，效力桑梓，创建南昌大学。“莫非，这也是祖先在冥冥之中召唤?”

第十章　再立新功

2002年12月，潘际銮从南昌大学校长的岗位上退下来，回到了熟悉的清华校园。他并没有去安享晚年，而是继续奋斗在教学、科研第一线，一如既往的紧张和繁忙。他率领研究团队进行了无轨导全位置爬行焊接机器人、高速铁路钢轨焊接和核电站焊接问题等项目的研究，常年指导5～6名研究生，此外还要经常参加各种社会和学术活动。在清华期间，只要没有特殊情况，他每天都会骑电动自行车去实验室，指导年轻教师和学生进行研究工作，讨论学术问题，乐此不疲。已是耄耋之年的潘际銮，虽然顶发稍谢，鬓染秋霜，但他依然朝气蓬勃，壮心不已，继续为祖国的科学和教育事业贡献自己的力量。

一、十年心血

潘际銮从事无轨导全位置爬行焊接机器人这一课题的研究，既有偶然，更有必然。

过去国内外对中、小型工件的自动焊接方式已经很多，一般可以用翻转装置配以焊机运动的机械化自动焊接，甚至可以用肘关节式机器人进行智能化焊接。但对巨型工件，如10万吨级储油罐、大型球罐、几十万吨级油船等庞然大物，则无法翻动构件进行自动焊接，必须在工地的安装位置就地焊接，而且各部位的焊缝方向是全方位的。因此大量的工地焊接仍须依靠手工焊接或机械化焊接方法，工作环境恶劣，劳动强度大。多年来潘际銮一直在思考如何解决这一问题，早在20多年前就开始着手寻找研究的方向。他曾和香港理工大学梁天培教授合作研究，利用现有工业机器人安放在大型移动车上进行大型结构焊接，可惜未取得满意的结果。

所以潘际銮考虑新的技术路线，采取蚂蚁啃骨头的方式，用爬行式机器人进行焊接。要想实现这个方案，就需一个爬行式的“蚂蚁”，但是如何研制这样的“蚂蚁”，如何操纵这只“蚂蚁”，如何能跟踪焊缝，保证全位置焊接的成型和质量，是一项国内外没有人做过的工作。

1996 年 4 月 27 日，时任南昌大学校长的潘际銮赴北京参加国务院第十四次学位委员会会议。其间，清华大学阎炳义及夫人卢勤英邀请潘际銮和高力生去看他们设计的无轨导电磁爬行机。虽然这台爬行机当时还只是个雏形，但潘际銮敏锐地感觉到，可以以此为基础研究爬行式焊接机器人，实现他所想的蚂蚁啃骨头，解决大型结构焊接自动化问题。

科研团队很快形成，包括清华大学和南昌大学的老师阎炳义、高力生、张华，卢勤英、郑军，以及研究生熊振宇、余锋、贾剑平、马兆瑞、刘正文、张虓等。课题正式开始前，研究团队首先分析科技文献，了解国际上自动化焊接技术发展现状。截至 20 世纪 90 年代中期，世界上焊接自动化的最高水平是工业机器人，它已被广泛应用于汽车和机械部件的焊接之中。但是，工业机器人存在两个局限。一是活动范围较小，不能焊接太大的工件。工业机器人就像一只手臂，1.5～2 米的臂长是它的活动半径，所焊接的工件最大长度不能超过这个尺寸。有的工厂开发出龙门式的机器人，其做法是将手臂式机器人安装于龙门支架上，龙门支架有 X、Y、Z 三个轨道以增加三个自由度，扩大其活动范围。这样，机器人就有 11 个半自由度，包括 6 个半自由度的“手臂”，3 个自由度的走架，2 个自由度的操作台，控制系统较为复杂。这样它可以焊接更大尺寸的工件，但是也只能在车间的空间范围内进行工作。工业机器人存在的另一局限是它必须用编程或示教进行工作，对不规则的焊缝特别是在焊接过程中发生变形时，很难适应。

然而，实际工程中，超大型工件，如石化工业中的大型储油罐、球罐，造船业中的船体结构等，体积异常庞大，必须在工地和现场进行焊接。按当时的技术，对这类产品的焊接很难实现自动化，而这些又偏偏是焊接工作量非常大的产品。当时国际上解决大型工件在工地现场进行焊接的办法有两种。一种是美国欧德（ODEN）公司生产的挂车式焊接机，用于焊接大型筒形储油罐。将焊机放在挂车内，将挂车挂在被焊接的油罐最上层钢板边缘上（油罐建造是由下层向上逐层安装逐层焊接），沿着工件运动，由工人坐在挂车内操作焊接，焊接这一层的横缝和立缝。这是一种机械化焊接方法。还有一种方法是由美国巴格阿（BUG - O）公司与加拿大古耳克（GULLCO）公司生产的永磁吸附轨道式焊接机，也是一种机械化焊接方法。采用这种机械化焊接方法工作比较复杂，需要搭脚手架，在脚手架上把磁性轨道安装在工件上，再把焊机放到磁性轨道上，焊机则在磁性轨道上爬行。因此要求轨道安装的方向必须与焊缝方向一致，否则焊接电弧就不能准确跟随焊缝轨迹，所以还需要人工监控，随时调节焊枪位置。

与此同时，潘际銮多次率课题组成员赴三峡考察大型发电进水管焊接情况，到广东茂名乙烯工程、江南造船厂等重点工程的户外作业地进行调研。他了解到重点工程户外焊接自动化程度较低，许多大型工件焊接依然靠手工或人工辅助机械化操作，焊接工艺烦琐，作业条件艰苦，受天气及人为因素影响大，限制了焊接质量。通过调研他们感到，研制爬行式焊接机器人在这一类工程上有非常重要的价值。

研究工作从1997年正式开始。时任南昌大学校长的潘际銮，不想花南昌大学的钱去完成自己尚无绝对把握的课题。因此他通过清华大学非官方的“高科技专家委员会”的介绍，获得民营企业风险投资课题经费支持。一开始经费并不宽裕，后来陆续得到江西省科技厅和国家自然科学基金委员会的经费支持，研究工作才得以顺利进行。

爬行焊接机器人课题团队的工作模式是：潘际銮主持讨论会，先谈他的工作设想，然后课题组成员充分讨论，形成方案，分工负责。方案性问题讨论或关键实验，潘际銮均亲自参加。研究工作兵分两路：闫炳义、高力生、卢庆英、郑军及部分研究生在清华大学开展研究，张华带领部分研究生在南昌大学从事研究工作。两路人马分工合作，遥相呼应。

实施这个方案的关键在于要研制具有一定智能的全位置爬行机构，它必须有很强的吸附能力和负载能力，同时又要能按控制系统的信号运动。这里存在四个难点。①既要有强吸附力与负载能力，又要有很好的可控性和响应速度。②要有识别焊缝位置的能力，这就要有相应的传感器，要能抗弧光干扰，并快速处理图像，快速地识辨焊缝的位置。③爬行机构要有一套控制系统，使爬行机和焊枪能精确跟踪。因为焊接结构装配时焊缝可能不规则，焊接过程中还可能变形，要求全位置爬行机构在这些情况下都自动精确跟踪，达到最小的误差。④驱动机构的设计。

课题组要做的第一步是研制爬行机。爬行机不仅要有足够大的吸力，具有重量轻、动态性能好、自由度多等性能，还要能适应在船头、船尾这样的曲面上运动，进行全位置焊接。

他们曾经设计研制了三种类型的爬行机构。第一种是轮式结构，采用悬浮永磁将爬行机吸附在工件上。第二种是履带式结构，采用电磁将爬行机吸附在工件上。第三种是轮履式结构（轮子与履带联合结构），采用永磁加悬浮磁将爬行机吸附在工件上。课题组将这三种结构都做了样机，而且做了大量实验。用电磁吸附方式效果很好，但一旦断电就会掉下来，十分危险，不但机器砸坏，还可能造成人身事故，因此这一方案被放弃。用永磁悬浮的轮式结构，运动性能和受控性能都很好，但它是靠轮子的摩擦力带动爬行机运动，而轮子的摩擦力有限，只能带 20 多公斤的物体爬行。轮履式结构既有轮子又有履带的优点，较好地解决了爬行机构运动的灵活性和负载能力的矛盾。履带由许多单个永磁体连接构成，像坦克一样，一边滚动一边吸附在墙壁上，在立面上爬行负载能力可达到 130 公斤以上。为了能在圆筒罐或球罐上爬行，履带要有一定的绕性，为此他们设计了一张紧机构，使履带绕度自动适应工件曲面。后来，他们又研究设计了一个灵巧的磁力控制机构对永磁进行控制，使磁力可有，也可消除，以便在爬行机不工作时可以方便地取下。还有一个安全保险机构，即使爬行机履带出现问题，爬行机也不会掉下。

课题的第二步是研制跟踪及控制方案，这是研究工作的重点。在这以前，潘际銮曾设计了一台手臂机器人，在它的上方安装了两台数码摄像机用以观察下面的工件。通过对数码相机所摄图像的处理，机器人可得出焊缝的三维轨迹，自动规划自己的路径，准确找到焊接点自动焊接。这一设计在实验室中获得了初步成功，但实际工作中存在若干问题。一个问题是，摄像机视域范围有限，只有 1 米×1 米。如若扩大视域范围，摄像机分辨率势必要降低，导致它识别轨迹的精度不够。另外一个问题是，由于被焊构件体积巨大，机器人必须逐步移动到所有要焊接部位才能完成任务。而机器人每移到一个地方，首先要标定自己和摄像机的位置，然后才能自动规划和自动焊接。标定工作经过计算需要很长的时间，比较麻烦，在工地上实际运用不现实。总之，这个方法理论上可行，但实际应用困难。

为此，潘际銮和课题组闫炳义、高力生、张华、卢勤英等人讨论改变技术路线。他们在爬行机构上配备一个视觉传感器，使之能自动识别焊缝位置和形状。之后，他们还研制一套控制系统，使爬行机器人根据传感器所发出的指令运动，然后再配备焊接系统，包括焊接电源、送丝机、摆动机构、水、电气路等装备，以便进行焊接。

爬行机内设有两个直流伺服马达，分别控制左、右履带运动，以便爬行机能前进、后退和拐弯。由于强大的吸附磁力和摩擦力，要使爬行机灵活地转弯是很困难的，靠简单的履带速度差不能使爬行机准确转动。因此他们又设计了一个导向系统，使爬行机可以按给定的信号灵活准确地转弯。为了保证焊枪自动跟踪的动态精度，爬行机上装了一套能上下左右运动的高精度、高动态性能十字滑块，焊枪和传感器装在十字滑块上。

为焊接跟踪，课题组选择了激光传感器作为视觉传感器。一束结构激光打在焊缝上，焊缝的形状显示出来后，由摄像机CCD获取激光在焊缝上投影的形状，由计算机进行图像处理，计算出焊缝中心位置，然后发出信号使爬行机器人跟踪。这种传感器的缺点是激光束投影与焊接电弧并非完全重合，之间有一定差距；优点是可对多道焊缝同时跟踪。但这个缺点并不是很大问题，因为焊缝方向一般不会突然拐弯，激光束投影与电弧点只有3～5厘米差距，焊接跟踪不会造成很大误差。为对机器人所有被控对象（包括爬行机、跟踪器、焊枪摆动器、焊接电源、保护气、冷却水等）进行综合控制，他们采用了可编程控制器（PLC），另加手控盒及人机界面系统。

控制系统中最难的是焊枪的跟踪精度。他们采取了两个方案来实现焊枪自动跟踪焊缝。第一方案为“并行控制”，即通过激光传感器得到焊缝的偏差信号，一方面控制装在爬行机上的十字滑块，另一方面控制小车的运动。小车左、右各有一个直流伺服马达。前者直接控制焊炬，精度和响应速度都较高；后者控制小车，使小车随着十字滑块跟踪焊缝。两个运动通过一个信号分配两路实现分别控制。第二方案为“串行控制”：信号用以控制十字滑块，十字滑块受控以后产生的位移信号也输出，两个信号综合起来控制小车运动。试验样机采用的是这一方案。

控制小车的运动是比较复杂的。例如，小车转弯时，不管小车运动速度如何，焊接电弧的运动速度必须保持不变，否则影响焊接质量。而焊接电弧中心点与爬行机的相对位置因焊接工艺要求需要经常调节，很难找出明确的数学关系。为此，他们采用了比例积分微分控制（PID）和模糊控制联合控制：十字滑块用PID控制，小车运动则用模糊控制，两个控制综合起来使焊炬运动达到要求。模糊控制器共有三个信号输入：第一个信号是传感器检测出来的电弧偏差；第二个信号是十字滑块的横向位移值；第三个信号是焊接速度。三个信号输入将其模糊化，按模糊规划运算后输出数据，控制左、右履带的运动速度。实验证明，这种设计效果良好，可使电弧跟踪精度高达±0.5毫米。

这项研究工作先后持续了10年之久，耗费了潘际銮和课题组成员们的大量心血和精力。实践证明，这台无轨导全位置爬行式弧焊机器人具有多种优点。

（1）具有很强的负载能力和良好的受控性能，运动灵活，在立面和仰面上负载能力可达130公斤。

（2）利用激光跟踪，采用非线性控制方法，对爬行机的十字滑块和爬行机协调控制，实现了焊缝自动跟踪，精度高达±0.5毫米。

（3）能自主爬行、自动进行电弧焊接。

（4）实现了全位置、多道、多层次自动焊接的跟踪。

2006 年 5 月 16 日，这台机器出现在第十一届北京·埃森焊接与切割展览会暨第十一届国际焊接与切割展览会上，受到了许多参观者的青睐和好评。同行专家评价“无轨导爬行式弧焊机器人”填补了国内外均无类似技术的空白，是国际焊接领域中的首创，属于国际领先、原始创新的科研成果，成为解决大型结构件在工地实现自动化焊接的强大武器。

在第十一届北京·埃森焊接与切割展览会暨
第十一届国际焊接与切割展览会上展示爬行式弧焊机器人

回顾这项研究的漫长历程，课题组成员张华不胜感慨。他说：

我们先后共研制了电磁式、履带永磁式、轮式、轮履结合式四代焊接机器人，每一代机器人的“分娩”过程都十分不易。曾经有一段时间让我们十分难熬，那就是如何解决机器人负重的问题。多次实验都无法达到满意效果，无奈之下，我们甚至找了研发小组外的科技人员来设计机器人机构，但问题还是无法解决。我们理解并认同潘际銮先生提出的想法在原理上是没有问题的，而从原理变为现实，则是团队其他成员们要做的事了。为此，研究团队进行了大量的实验，克服了无数的困难，终于在 2002 年完成世界上第一台全位置爬行式弧焊机器人，被权威专家鉴定，为重大技术突破，处于国际领先地位。在这个基础上，2006 年研究团队又成功开发了无轨导全位置爬行式气电立焊机器人。

爬行式弧焊机器人
在广州文冲造船厂试用

爬行式弧焊机器人在江西江联公司试用

江苏常州华通焊丝有限公司生产的爬行机

无轨导全位置爬行式弧焊机器人研制成功后，获得国家发明专利一项，国家实用新型专利一项，国际PCT专利一项，美国专利一项。2008年5月19日，清华大学与江苏常州华通焊丝有限公司签订了“无轨导爬行式弧焊机器人技术合作协议”，请潘际銮担任公司特聘技术顾问。此项目获得2008年度江苏省科技成果转化专项资金资助，资助额度1100万元。2009年，该项目已经成功实现了爬行式气电立焊机器人的转产，横焊机器人也基本完成任务目标，项目进展顺利。清华大学与常州华通焊丝有限公司的此次合作，将把这一技术最终转化为生产力，造福人类。

二、重任在肩

根据《中国铁路中长期发展规划》，为满足快速增长的旅客运输需求，到2020年将建立省会城市及大中城市间的快速客运通道，规划“四纵四横”铁路快速客运通道及三个城际快速客运系统，建设客运专线1.6万公里以上，客车速度目标值达到每小时200公里及以上。实际上，我国面临建设11条省会城市及大中城市间的高速客运专线任务。

京津（北京至天津）城际高速铁路专线是11条高速客运专线中第一条开工兴建和投入运营的，运行速度计划每小时350公里，全程120公里，2005年7月4日开工建设。由于是第一条，这一线路的建设面临许多新问题，解决这些问题的技术方案和工艺措施对其余线路具有一定的参考价值与示范作用。

高速铁路的关键之一是以焊接方法制造无缝线路，而焊接质量又是无缝线路的关键，是安全行车和高速行车的关键。为了确保京津城际高速铁路钢轨焊接的质量，铁道部有关领导与清华大学多次接触和讨论，决定由清华大学与北京铁路局共同成立京津城际铁路钢轨焊接项目组，对钢轨在厂内和现场的焊接及热处理各个工艺环节的主要问题进行分析、评估与研究，提出评价性意见和改进建议。2007年6月，潘际銮被铁道部聘为该项目研究总指挥。

京津铁路铺设的钢轨是由攀枝花钢厂生产的60千克/米级U71MnK（S350）。首先在天津杨村基地把五根单根长100米的钢轨焊成500米的长轨，然后用火车把焊好的钢轨运至现场进行铺设，在路基上再将六根500米的钢轨焊成3000米长的钢轨，最后把3000米的钢轨焊接合拢。也就是说，从北京南站到天津站，全程120公里的铁路是由两根平行、中间没有任何缝隙的钢轨组成的。京津高速铁路需要焊约3680个接头。京津城际铁路钢轨焊接项目组的任务就是要保证这3680个焊接接头不出任何问题，从而保证高速铁路高平顺性和高稳定性。对此，潘际銮深感责任重大。

从2007年7月起，年事已高的潘际銮冒严寒，顶酷暑，一次次亲赴现场调查研究。课题组先后16次赴天津杨村钢轨焊接基地，考察钢轨的焊接与热处理工艺执行情况和设备状况；先后8次赴北京昌平区沙河镇，考察北京焊轨厂的焊轨生产线和工艺过程，现场对钢轨热处理时加热与冷却过程的温度进行测定；多次赴天津近郊区段钢轨铺设工地，参观、考察钢轨移动式闪光对焊的工艺和执行情况，与现场管理人员和工程技术人员进行深入讨论，将钢轨闪光焊的大量工艺数据作了记录。为了进一步了解国家铁道行业标准对焊接钢轨型式检验的要求，潘际銮他们参观了铁道科学研究院金属及化学研究所及相关的实验与检测设备，与铁道科学研究院的焊接专家、相关工程技术人员共同研讨调整京津线钢轨焊接与热处理中的问题。

通过深入细致的考察和调研，课题组掌握了大量第一手材料。他们对所取试样进行了化学成分分析与微观组织观察，对现场铺设后的钢轨焊接接头，以及附近区域的硬度与所取试样的硬度进行测定，对现行工艺和工艺的执行情况进行了评估与分析。经试验研究、统计分析与数值分析，他们主要完成了如下研究工作。

潘际銮在工地考察焊接钢轨

（1）在考察高速铁路专线工程现场钢轨移动式闪光对焊的过程中，发现现场焊接工艺在执行中存在焊后冷速过快、热处理工序衔接不够及时等问题。他们采用统计分析方法，对超过 2000 个闪光焊焊接头的焊接过程监测数据进行了处理，发现了影响钢轨接头质量的某些潜在因素，提出了保证钢轨接头质量的监控措施。

（2）针对钢轨焊接及热处理后产生的残余应力及其对焊接变形的影响，他们在北京市昌平区沙河镇北京焊轨厂进行了 24 小时的连续变形测试试验，在清华大学进行了残余应力的测试和 30 天的变形监控试验。试验结果表明：焊接及热处理后温度均匀化过程是影响变形的主要因素。他们还采用计算机建模和仿真的方法，研究了钢轨焊后变形及应力的演化过程，研究分析了影响钢轨焊后应力和变形变化的主要因素，对控制钢轨变形和钢轨焊后的放置时间提出了具体的建议。

（3）在研究现场焊接及热处理接头金相组织的过程中，发现钢轨母材中存在的某些冶金质量问题，经过焊接和热处理过程这些问题会进一步严重，甚至形成微裂纹，必须足够重视。尽管钢轨母材的质量问题不是项目合同规定的内容，但是潘际銮他们本着严谨负责的科学态度，额外对钢轨母材中的某些冶金质量问题进行了分析研究，特别是对其在焊接和热处理条件下的变化进行了详细的研究和分析，并从列车的运行安全角度出发，提出了意见和建议。这一研究结果对我国后续高速线路的建设有重要意义。例如，2010 年 3 月，铁道部针对武广线无缝轨接头质量问题邀请相关单位专家参加讨论。当攀钢集团与中国铁道科学研究院专家对影响接头质量的原因各执一词、相持不下时，潘际銮研究团队以在京津高速线上的分析成果平息了双方争执，为问题的解决起了重要的作用。

就京津无缝轨道焊接研究项目，在不到两年的时间里，潘际銮他们先后提交了《钢轨固定式闪光对焊焊接工艺分析》、《钢轨车间焊后热处理工艺分析》、《钢轨现场移动闪光对焊工艺分析》、《现场焊后热处理工艺及执行情况分析》、《车间热处理后焊接接头残余应力与变形的测量分析》、《钢轨母材中某些冶金质量问题的观察与分析》等六份报告。其中，他们采用创新性的统计方法，对全线 60%焊接接头的制造过程监测数据约 3.8 万点进行处理，发现了以前尚未明确的影响钢轨焊接质量的若干因素，并相应提出了提高质量的可行性建议；通过细致实验，首次定量化研究了影响焊接接头变形的主要因素，提出了调控方法。这些研究成果为京津城际高速客运线的施工和安全运行作出了贡献，为我国其他高速客运线钢轨的焊接和热处理工艺过程和质量控制提供了重要参考和借鉴。

2008 年 8 月 1 日，中国第一条高等级城际高速铁路——京津高速铁路开通运行。经过大量焊接后铺设的钢轨，没有任何连接缝隙，保证了线路的高平顺性，提高了旅客乘坐的舒适度，减少了钢轨与列车车轮的磨耗，为保证京津铁路的安全运行作出了贡献。

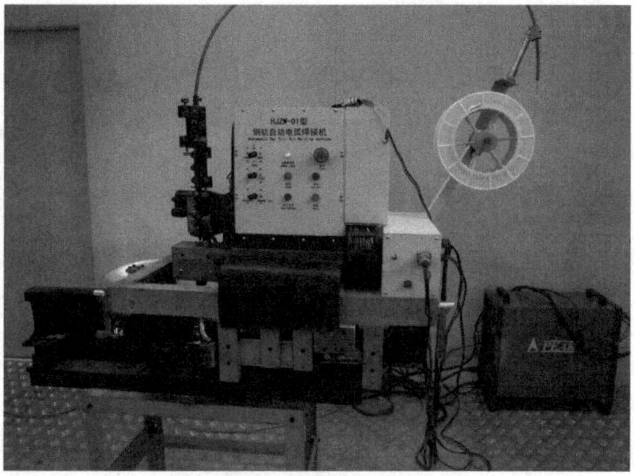

钢轨自动电弧焊接机

之后，潘际銮他们对无缝钢轨焊接作了进一步研究。他们发现在现场焊接中，虽然可以采用移动式闪光焊机，但是在焊接过程中，机器需要拉动钢轨，所以 3000 米以上的钢轨及线路分叉时，只能采用原位焊接的方法。目前原位焊钢轨只有“铝热焊”方法，但是“铝热焊”质量差。为此潘际銮、季关钰和朱志明提出了采用窄间隙自动电弧焊的钢轨焊接方案。2008 年，他们就此向铁道部提出了书面报告，希望通过全自动钢轨窄间隙电弧焊接工艺解决钢轨现场焊接的需要，提高焊接质量。该报告引起了铁道部的重视，并被作为2008年铁道部科技研究开发计划重大课题立项。在京隆华公司季关钰研制的特种窄间隙焊机基础上，他们经过大量的实验创造了异型截面程序控制焊接工艺，获得优良焊接质量。2009年，课题组完成了《全自动钢轨窄间隙电弧焊接工艺与装备》、《钢轨窄间隙电弧焊自动控制系统》、《窄间隙电弧焊接60g/m钢轨接头热处理工艺研究》、《全自动窄间隙钢轨电弧焊性能研究与检验》等四份研究报告。经铁道部组织的评审，同意将成果在铁路线路上进行试铺。试铺成功后，经过鉴定即可推广代替现有钢轨现场焊接使用的铝热焊，甚至移动式闪光对焊。该成果提高了焊接质量，提高了功效，节约了资金，成为我国一项自主创新成果。

钢轨窄间隙焊接

工人们深夜在南京段用窄间隙电弧焊机试铺钢轨

三、迎难而上

进入工业化时代后，能源已成为一个国家经济社会发展的基础和前提。长期以来，我国的能源结构以煤炭为主，辅以水电等其他能源。进入21世纪后，随着煤炭资源面临枯竭和全社会对环境保护的日益重视，核能在能源可持续供应中的重大意义为社会各界所公认。在此背景下，中国调整能源战略，开始计划大规模发展核电。2007年11月2日，国家发展和改革委员会正式对外发布我国《核电发展专题规划（2005—2020年）》。该规划确定，到2020年争取核电占电力总装机比例达到4%。随后，国家能源局在中长期发展规划中提出2020年我国核电装机容量如下：建成7000万千瓦，在建3000万千瓦。要实现这一战略目标，中国平均每年要建设7座左右100万千瓦的核电站。

建造百万千瓦级核电的关键部件是特大型低压转子。转子是汽轮机的核心部件，需要在高温、高压工况下高速旋转，制造要求极为严格。特大型转子分焊接和整体锻造两种。截至2010年，核电焊接转子只有法国阿尔斯通（ALSTOM）有生产和应用经验，整锻转子则只有日本制钢所（JSW）和韩国斗山重工具备制造能力和水平，我国已建和在建百万千瓦级核电低压转子全部要依靠进口。当时，世界范围内供应百万千瓦级核电低压转子的能力为每年6～8根，分配到我国的指标只有1～3根。如果我国按平均每年建成6座百万千瓦级核电机组规划，每年约需要低压转子12根，1～3根的指标远远不能满足我国核电建设对低压转子的迫切需求。而国外政府和供货商往往采用延期、提价及胁迫我国政府签署限制性协议等手段控制我国低压转子的数量，进而压制我国核电发展。因此，自主制造核电低压转子已成为我国核电事业顺利发展的关键。

根据国家相关部门的规划，我国大型核电低压转子的研制工作将实行“两条腿走路”，即既研制焊接转子，也研制整体锻造转子。2008年10月23日，在由中国机械工业联合会重大装备办公室组织的“大型焊接转子研制开发交流会”上，上海电气集团股份有限公司、清华大学、上海交通大学、哈尔滨焊接研究所组成了“产、学、研”攻关团队，共同研制我国百万千瓦级核电低压焊接转子。作为我国焊接领域的权威，潘际銮被聘任为大型核电低压焊接转子研制攻关的首席科学家，负责四家单位的协同科技攻关。

应该说，自主研究和制造大型焊接转子，在我国是具备一定的经验和基础的。20 世纪 60 年代初，清华大学、哈尔滨焊接研究所、中国科学院沈阳金属研究所、上海汽轮机厂和上海汽轮机锅炉研究所等五家单位，历时三年合作攻关，成功地完成了国内第一根大型转子——以焊接结构替代传统的整锻结构转子，用于 6000 千瓦燃气轮机组的压气机，并以此为基础不断发展和延伸，为我国电站设备、大型动力装备等关键部件的自主制造作出了重大贡献。从 20 世纪 60 年代初第一根燃气轮机焊接转子的成功制造到今天，这一具有完全自主知识产权的关键技术已相继在我国自行设计与制造的燃气轮机移动电站 125 兆瓦、300 兆瓦、600 兆瓦等大型汽轮机组中成功应用，400 余根大型焊接转子的运行实现了“零故障”、“零事故”。但是，百万千瓦级核电低压焊接转子的制造仍然面临重大挑战。百万千瓦级核电转子长 15 米，重逾 260 吨，尺寸精度控制在 0.5 毫米以下，在高温及湿度环境下高速重载运行，而且要求安全运行寿命在 40 年以上。攻关组需要从设计、设备、材料、工艺、检测及安全评价等方面进行充分、细致、深入的研究实验。潘际銮深知，中国要解决百万千瓦级核电低压焊接转子的制造问题，将面临重大挑战。但他是个喜欢挑战难题、迎难而上的人。这位 81 岁高龄的科学家，勇敢地挑起了解决国家核电建设关键部件的重担。

2008 年 11 月 11 日，清华大学与上海电气电站设备有限公司签署《百万级核电低压焊接转子焊接工艺优化研究与接头性能分析》技术开发合同，拉开了转子焊接技术联合攻关的大幕。2009 年 1 月，潘际銮密集地组织了多次会议，分别组织探讨了转子焊接技术难点及人员安排等问题，初步确定了研究工作中要解决的四大难点。

（1）焊接质量要求高，无裂纹、夹渣、未熔合等缺陷。转子钢合金元素较多，易产生裂纹，对施工工艺区间的范围要求严格；结构重大（总重 200～300 吨），厚度大，焊道及层次多，对影响设备稳定性的因素需要从焊接冶金的角度进行严格控制；必须一次性成功等。

（2）变形要求控制严格。其中包括对测量设备，特别是现场、高温、高干扰环境下的测量设备选型提出较高要求；测量方法要符合现场施工的特点，精度高，可靠，便于分析，且操作方便；对影响变形的装配、预热、焊接、热处理各环节均要提出明确的控制精度的要求；对焊接方法、工艺及设备提出更为细致精准的要求。

（3）转子制造过程中各种因素互相影响，“牵一发动全身”，每一环节的实验都要组织好，每一细节都要求精益求精。

（4）焊接冶金难点。母材中的金属镍易导致接头处晶粒粗大，晶内强化，晶界弱化，易出现再热裂纹；焊剂中的 S、P 难以控制，易导致再热脆化；焊剂中的 Si、Mn 易导致再热裂纹；焊剂、焊丝必须满足埋弧焊（SAW）的冶金质量要求。

清华大学的研究团队由老、中、青三代组成，既有当年参加我国第一根压气机焊接转子研制工作的老一代科学家陈丙森、任家烈、鹿安理等，也有青壮年科研骨干单际国、都东、朱志明、蔡志鹏、赵海燕等，还有更年轻一代的张瑞华、车洪艳、和平安、屈岳波等博士生，以及黄欣泉、曹彬、马文超等硕士生和本科生。这支队伍不断壮大，后来又有张伯奇、李克俭、李轶非、王梁、吴健栋、孙林根、马文超一批博士生、硕士生、本科生陆续加入。

为了更好地开展研究，潘际銮将研究团队分成若干小组，各小组分头工作，每周召开碰头会，汇报研究情况，讨论遇到的问题，制订下一步工作方案。临时碰到难以解决的问题时，大家会聚起来一起讨论。由于研究队伍包括了一大批中青年生力军，故研究工作既艰苦忙碌，同时又不缺少活泼。蔡志鹏对研究工作作了如下描述：

> 在潘院士的团队中，平均每周有一次学术午餐，讨论学术问题，每两周或三周组织一次全组的汇报，同学们有充分的锻炼、学习机会；而每周一次的集体篮球或游泳，也加深了师兄弟与年轻老师间的关系。团结紧张的协作科研风气，为涌现丰富深入的科研成果奠定了重要基础。

在潘际銮的领导下，清华大学研究团队的研究工作紧张而有序地开展起来。2009 年 3 月，研究团队首次进行了模拟件热处理前后残余应力的对比测试。焊接转子残余应力分布是制造单位、设计部门与用户共同关心的重大问题，但未调研到相关技术报道，缺乏经验，且现场测试影响精度的因素较多。研究者采用自己设计并订制的钻头，精心施工，多次测量，取得了较高精度和较高可靠性的结果，所出具的研究报告得到厂方的高度认可。随后的几年中，他们又陆续测量研究了热处理工艺、根部弹性槽、模拟件与产品、不同结构及材料的实际产品对焊接接头残余应力的影响及分布规律，相关研究成果系统地说明了焊接汽轮机转子的应力分布，为设计与制造工艺提供了重要参考。

2009 年 5 月，研究工作进行到一定阶段，由清华大学牵头，在上海召开了清华大学、上海交通大学、苏州热工研究院、哈尔滨焊接研究所、上海电气电站设备有限公司汽轮机厂等五家单位参加的“百万千瓦级核电汽轮机低压焊接转子技术研发‘产、学、研、用’四方第一次专题会议”。

会议交流了焊接转子项目开始以来的主要实验研究工作情况，重点就实验研究方案进行交流讨论，在广泛深入的讨论的基础上确认实验研究方案，为下一步的实验工作明确方向和要求。会议上，潘际銮以严谨求实的科研方案协调理顺了关系，博得多方共同的高度信任，为日后多方合作奠定了良好基础。

5 月底，潘际銮主持召开清华大学研究团队会议，蔡志鹏、黄欣泉详细汇报了近一个阶段核电焊接转子模拟件及火电转子产品残余应力测量研究进展情况，内容涉及核电焊接转子模拟件及火电转子产品残余应力测量目的，模拟件径向测量方案，试件的特点，外圆、内圆测量结果，形成全面残余应力状态的评价，以及下一步实验方案等。课题组成员对实验结果展开讨论，确定了下一步实验方案。

2009 年 7 月，上海电气集团股份有限公司成立“院士工作室”，潘际銮受聘进入。潘际銮在“院士工作室”的研究内容涉及多个方面，但最核心的工作是围绕百万等级核电汽轮机大型低压转子焊接工艺技术的开发研究工作进行科研合作，即结合上海汽轮机厂当前正在开展的百万等级核电汽轮机大型低压焊接转子的焊接技术研究与开发工作，围绕焊接转子结构设计、焊接设备改造、焊接工艺方法试验研究、焊接材料、焊接质量的控制与检验等方面，带领和指导上海汽轮机厂技术攻关组开展实验研究，在继承上海汽轮机厂焊接转子传统焊接工艺方法的基础上，分析探讨采用新工艺、新方法的可能性，并不断完善和优化焊接工艺，最终实现焊接转子新产品的开发和应用。有了“院士工作室”这个平台，潘际銮进一步密切了清华大学与上海电气集团股份有限公司的联合攻关工作。

经过一段时间的努力，清华大学课题组作出阶段性成果。8 月，课题组写出了残余应力研究报告——《环状 25Cr2Ni2MoV 焊接模拟试件 125 兆瓦汽轮机低压焊接转子产品残余应力测量结果》。他们采用小孔法测量了未经热处理及热处理之后核电转子焊接模拟件外圆、内圆和剖面处的残余应力，测量了 125 兆瓦实际焊接转子产品外圆接头处的残余应力，得到如下初步结论。

（1）在未经热处理及经热处理的模拟件的内、外圆焊缝和剖面处，在小孔法所反映的被测件近表面处均未测得双向拉伸的应力状态，所测部位主要为拉—压与压—压应力状态。

（2）在未经热处理的试件内圆焊接接头处，测得量值约 400 兆帕的切向拉伸应力。经热处理后的试件，内圆焊接接头处的切向拉促应力接近于零甚至为约－50 兆帕的压应力。由于未经热处理的模拟件内圆接头处存在较高的切向拉伸应力，所以在实际制造过程中，应注意预热及焊后温度的控制，注意热处理的及时性。

（3）在未热处理试件外圆和剖面处，在经热处理试件的内、外圆和剖面处，在实际产品外圆焊接接头处，测得明显的轴向压缩应力。热处理前的轴向压应力大致在－400 兆帕，热处理后大致在－200 兆帕。

（4）通过未热处理试件与经热处理试件残余应力的对比，通过实际产品外圆接头处残余应力的测量可知，经热处理后切向拉应力得到消除，轴向压应力幅值也明显降低，因此可以认为所采用的焊后热处理工艺对降低残余应力是必要和有效的。

（5）通过对比环状模拟件与实际产品外圆接头处的应力分布，可以看出：模拟件的焊接接头处外圆应力的分布和状态与实际产品相似，在焊接接头处均测得明显的轴向压缩应力，但较小尺寸环状模拟件外圆接头处的残余应力值高于实际产品。

2011 年，清华研究团队取得了更多的阶段性成果。10 月 31 日，潘际銮参加了国家核电技术公司召开的“CAP1400 汽轮机转子、长叶片和 MSR 试验和验证规程专家审查会”，会后制定了我国第一份关于核电焊接转子的国家标准。这是自 2008 年推介焊接转子以来将焊接转子作为大型转子制造主要方法的重要里程碑。

百万千瓦核电转子焊接装备之一

11 月 11 日，潘际銮率清华研究团队部分成员队赴上海临港工厂见证核电焊接低压转子 1∶1 模拟件的制造过程。他们深入现场进行研究，包括对已有产品的应力测量分析，从材料、工艺及安全性方面提出了若干论据充实、充分的建议。这些分析和建议在生产上得到了采用和印证。此外，他们还与用户单位积极沟通，明确多家科研单位的进一步分工合作。

2012 年 5 月 11 日，受国家能源局委托，由中国机械工业联合会主办，在北京召开了“百万千万级汽轮机低压焊接转子”鉴定会。国家能源局、国家工业和信息化部及华能集团、清华大学等十几家相关使用单位和科研单位参加了鉴定会。潘际銮担任鉴定委员会主任。鉴定会上，上海电气集团股份有限公司介绍了焊接转子设计、开发情况。与会专家讨论研究了关键技术问题，认为该转子制造水平“达到国际先进水平”。原机械工业部老领导陆燕荪副部长和孙昌基副部长充分肯定了焊接转子在大功率、高参数能源装备中的发展方向。

焊接百万千瓦核电转子模拟件

在这次鉴定会上，清华大学课题组汇报了国内首次进行的焊接转子接头韧性不均匀性的系统研究，阐述了相对薄弱区的韧性对接头整体的影响。他们所提出的观点和论据，得到行业内专家的高度评价，被我国机电工程领域的泰斗陆燕荪评价为“真正回答了焊接转子是否可靠的问题”。

当时，清华研究团队仍在对上海电气集团股份有限公司制造的“百万千瓦级汽轮机低压焊接转子”1∶1 模拟件的力学性能进行紧张的测试和分析。

第十一章　赤子诤言

改革开放以来，我国的科学与教育事业发展迅速、成绩显著，为国家近二三十年的经济腾飞和社会进步作出了巨大贡献。但是，毋庸讳言，和其他领域一样，在迅速发展的同时，科教领域也逐渐积累了不少矛盾与问题，有些甚至演化为十分严重的弊端。如果这些矛盾、问题不能得到很好的解决，弊端不能被有效革除，我国科教兴国战略的实施效果将会大打折扣，国家、民族的振兴大业将会受到影响。有鉴于此，国内外科学教育界众多有识之士纷纷发表意见，就我国科教领域存在的问题及对策进行反思和探讨。

潘际銮就是那些积极关注我国科教事业健康发展的学者之一。从2005年开始，潘际銮通过撰写文章、接受记者采访、作学术讲座等方式，较为密集地发表了他对我国科学和教育领域一些问题的观察和思考，既有对某些乱象和弊端直言不讳的批评，也有经过深思熟虑的建设性意见。此时的潘际銮已年届八旬，仍然从事着繁忙的科研与教学工作。于他而言，发表这些意见既无关乎名，亦无关乎利，甚至还可能使一些人不悦。潘际銮之所以要这样做，完全是出于强烈的社会责任感和历史使命感，体现的是一个老知识分子对国家科教事业的热爱与忠诚。

一、大声疾呼

直接引起潘际銮对学术界问题关注的，是当时在高校和学术机构中盛行的唯SCI论现象。

SCI（Science Citation Index，科学引文索引）是美国一家文献检索机构的论文数据库，收录在全球6000余种杂志（其中中国74种，18种用中文出版）上发表的科学论文及对论文的引用数据，内容包括引文索引、专利引文索引、来源索引、机构索引和轮排主题索引等五个部分。SCI只是作为图书馆所编的索引目录，是工具书，便于学者查找资料。美国科学界在进行学术成就评价、评估，人才选拔的过程中没有使用过SCI这一概念。

20 世纪 80 年代末，南京大学将 SCI 引入科研评价体系。他们这样做主要基于两个原因。一是当时处于转型期，国内学术界存在各种不正之风，缺少一个客观的评价标准；二是某些专业国内专家很少，国际上通行的同行评议不现实。南京大学引入 SCI，主要是试图通过可以量化的指标对科研人员施加一些压力，使学校的科研可以更好地参与国际竞争。作为配套措施，南京大学规定对能完成论文数的科研人员给予一定的奖励，一篇 1000 元左右。后来对研究生也作了发表 SCI 论文的要求。

根据中国科学技术信息研究所对中国科学家在被 SCI 收录的杂志上发表论文的研究结果，1992～1998 年，南京大学被 SCI 收录的论文数居全国第一。1995 年 10 月，美国著名的《科学》（*Science*）杂志在其“中国科学”专刊中，有对南京大学这方面的介绍。此后，中国各高校和研究机构竞相模仿，SCI 逐渐被异化为衡量科学研究水平的最主要指标，用于高等院校、科研单位甚至科学家排名。为追求排名的提高，各高校和科研机构纷纷出台政策奖励 SCI 论文，少则数千元，多则上万元，论文成了有价商品。由于论文数量的片面导向，有的学者专门选择容易被 SCI 收录的论文课题去研究，将同一项研究反复发表或拆分发表；有的甚至弄虚作假，“搭”别的科学家的“车”。中国被 SCI 收录的杂志也一时间门庭若市，洛阳纸贵。

从 2004 年年底开始，潘际銮对 SCI 现象十分关注，在多种场合呼吁不能以 SCI 论文衡量科研水平。2004 年院士大会期间，他和一些院士交流，呼吁院士们要和这一现象作斗争。2005 年 2 月 24 日，潘际銮在“科学网”发表了他就 SCI 现象所写的首篇文章——《学术界三个严重误导必须纠正》（文章批评的另外两种现象是以外语水平衡量一切工作人员水平的评价指标和视博士后为高一级学位而作为任用人才的依据）。2005 年 3 月 25 日，潘际銮在《中国教育报》发表《以 SCI 论成败——学术界一个严重误导》一文，较为系统地阐述了他对 SCI 现象的看法。此后，在涉及科学和教育的一系列文章、采访谈话和学术报告中，潘际銮从不同角度反复阐述了唯 SCI 论的错误及危害。

潘际銮明确地表示，学术界以 SCI 录用论文数作为衡量一切工作最主要的指标，这种做法是一种“必须纠正”的“严重误导”。因为这导致了高校教师及科技工作者猛烈追求 SCI 论文（或论文）数量，急功近利，甚至弄虚作假、炮制论文，极度污染了学术氛围，破坏了扎扎实实搞研究、默默无闻潜心治学的学术环境，忽视了为国家经济建设、科学发展作出有意义的贡献和成果。这样发展下去，势必破坏我国的科技发展，甚至影响经济建设。

潘际銮进一步分析说，以SCI论成败会促使人们仅仅追求SCI论文数量而忽视科研成果的质量，而这对科学研究是极其不利的。他说，做研究工作一定要戒除浮躁心理，要踏踏实实，要耐得住寂寞。一项研究或许几年、数十年都不能解决一个问题。例如，2002年诺贝尔生理学或医学奖获得者悉尼·布伦纳（Sydney Brenner），从1960年开始默默无闻地从事线虫研究，40多年后获得诺贝尔奖；袁隆平院士从1964年开始培育杂交水稻，连续六年没有出成果，终于在1973年培育出了我国第一批籼型杂交水稻。

潘际銮指出，以SCI录用论文（或论文）作为衡量一切工作的主要指标的指导思想，产生于对世界一流水平的认识，即认为我国科技是否达到世界一流水平的主要指标，就是看学术论文数（SCI录用论文）是否达到世界先进国家的数量；一所大学是否为世界一流大学，就是要看该大学所发表的论文数。潘际銮说，这种认识是非常片面的。实际上，一个国家或一所大学的科学技术水平的高低，主要是要看其创新能力，是否作出重大科学或技术成果。他举例说，我国20世纪50年代在第一个科学规划中提出的主要目标是“两弹一星”，由于这个目标的实现，我国科技水平跻身世界一流行列，而非我国当时发表了多少篇SCI论文。

针对一些人误将论文完全等同于科技成果的错误认识，潘际銮指出，论文是科学成果的反映，而不是科学成果本身，论文数量与科学成果的价值和意义没有必然的逻辑关系。许多重大的科技成果，如三峡水利工程、杂交水稻等，具有重大科学意义和经济价值，是世界一流的科技成果，但是并不表现为大量的SCI论文。相反，有SCI论文的成果，不一定具有重大的科学意义和价值。再者，SCI录用论文是有一定范围的，自然科学是录用的主要方面，而技术科学和工程就较少录用，至于人文社会科学则不在其列。由此可见，仅仅以SCI录用论文数作为衡量科研水平的指标，是极不合理的。

潘际銮呼吁，有关方面应该尽快制定出客观、公正，有利于科学技术发展的学术评价机制，消除“以SCI论成败”对中国学术界的误导。他特别强调指出，学术评价这根指挥棒应指向解决国家重大科技问题。他说，如果了解一下世界先进国家科学家或教授所做的工作和论文就可以发现，他们大都是为了解决自己国家的科学和技术问题。因此，解决重大科学技术问题特别是中国自己的重大科学技术问题应该是我国追求一流水平的主要指导方针和方向。

在后来的一些采访谈话和相关学术演讲中，潘际銮就学术评价体系问题作了更为完整的阐述。他说，国家重大科技问题，首先是国家的重大的建设工程，比如三峡工程、核电工程等，科研工作应该朝着这个方向去做；其次是技术上没有解决的，必须迫切解决的问题；再次是在学术上还没有解决，而且迫切需要解决的问题；最后就是属于学科前沿的问题，有重要前景的，有选择性地进行研究。总之，指挥棒要指向这几个方面。相应地，对科研成果的评价关键是三个方面。第一个方面是经济效益。能不能产生经济效益，能不能产业化，这是科研评价首个方面。第二个方面是技术成效，即能不能改造现有的技术，提高技术水平。第三个方面是学术价值。有些成果是不直接用于生产的，但是在理论上有很高的水平，有学术价值，这类科研成果也是高水平的科研成果。

潘际銮的呼吁在科技和教育界的许多学者中引起了共鸣。一次院士会议上，曾担任北京师范大学校长多年的王梓坤院士对潘际銮说：看了你关于 SCI 的几篇文章，同意你的观点。关桥、林尚扬、钱易等院士给潘际銮来信，表示支持潘际銮的观点。关桥院士在信中提出应“追根溯源”，追究“以 SCI 论成败的‘潮流’是如何形成的，这股‘逆流’的背后，谁在主导”，并提出“是否通过相应渠道提出具体建议”。身为全国人大代表的钱易院士则考虑以提案方式向有关部门提出这一问题。潘际銮对钱易院士的这一想法表示赞成。在他们反复讨论的基础上，2006 年全国人大会议期间，钱易向大会提交了《关于建立科学、客观、公正学术评价机制的建议》。提案说“以 SCI、EI 论文收录数量来衡量科研成果是片面的”，“建议有关部门纠正这种错误的导向，建立科学、客观、公正的学术评价机制”。

二、忧心忡忡

2005 年下半年，鉴于国际国内形势的变化，党和国家在制订“十一五”规划时高度重视科技创新特别是自主创新能力的增强问题，并将其提升到国家发展战略高度加以对待。但实际上，科技界许多人无论在思想认识上还是实践上，均存在一些误区，制约了我国科技创新事业的健康发展。在接受媒体采访和以科技创新为主题的学术演讲中，潘际銮表示了他的忧虑，同时也提出了建议。

潘际銮认为，人们对自主创新的认识误区有两个：一是学术界的浮躁心态较为严重，单纯鼓励多写论文；二是科研工作者一味追求原创性研究。而这两者的共同缺点则是不注重与实践相结合或完全脱离实践，对实际中出现的问题重视程度不够。潘际銮举例说，桥梁用钢，国外目前用的是 60 公斤级钢，我国用的是 50 公斤级钢。从 50 公斤级到 60 公斤级，虽然钢材强度仅仅提高了 10 公斤，但后者的开发却需要做大量的实验——除了研究炼钢的过程、钢水杂质、均匀性等问题外，诸如钢材的成分组织、机械性能、抗疲劳性能、抗断裂性能、焊接性能等都需要做很详细的研究。然而，这些开发研究工作需要投入大量的时间和资金，再加上这些工作并不具备所谓的“原创性”，故而很少有人涉足这一领域，国家又没能重视，致使我国在这一方面始终未能有所突破。潘际銮深感惋惜地说，如果 50 公斤级到 60 公斤级这一难题得以突破，那么一座桥就可以节省上万吨钢。按每吨钢 5000 元计算，一座桥就可节省 5000 万元。

使潘际銮忧虑的正是这种情况——很多人对“原始创新”这个名头特别看重，捧得过了头，以至于真正的原始创新无法出现，而很多非常需要解决的问题又因为不具有“原始性”而被搁置起来。让他忧虑的另一后果是，过分强调原创性还会引发科研环境恶化。他说，有关领导一味追求原创性研究，会促使许多人在申请项目时挖空心思想点子，通过各种方法标新立异，设置一些能出论文而对解决现实问题毫无意义的课题。潘际銮警告说：“这是很危险的事情，对我国的经济建设和科技发展不会有什么贡献。”

潘际銮还将脱离实践片面追求原创性的做法上升到哲学高度加以阐述。他说，在科研和开发的指导思想上，要提倡辩证唯物主义，自主创新不是凭空而来的，而是必须以实践为基础，然后上升到理论，再以理论指导实践。原始性创新本来没有什么过错。把原始性创新看成自主创新没有问题，把外国没有而中国做成了的东西说成是原始性创新也没有问题。但要注意，在提倡原始性创新时一定要有个度——原始性创新不是空想，否则就会掉进唯心主义的陷阱。

潘际銮结合科学史事例进一步阐述了创新离不开实践这个朴素的道理。他说，从哲学来讲，物质与精神，物质是第一性的。客观存在与主观认识，客观存在是第一性的。所以没有理论，是盲目实践，明显的例子就是研究永动机。反之也不能盲目地一切按照理论来做。实践可能修正理论，甚至产生新的理论，这在科学上有很多例子。例如，麦克斯韦的电磁波理论，它在电磁波领域里可以解释所有的现象，还可以解释光波的现象。这个理论在物理界是一个非常重要的理论，大家一致认同。但是到 19 世纪末，人们发现，在高温物体的辐射过程中，用这个理论就解释不通。后来维恩（Wein）和普朗克（Planck）两位科学家做了大量的实验，把实验规律整理出来用理论加以解释，发现只有一个解释可以讲得通，就是高温物体的辐射必须以量子的形式辐射，只有以量子的形式辐射才可以把这个得到的实验结果解释通，这就是后来形成的量子论。量子论是在实验的基础上产生的。潘际銮据此总结说：创新应该是理论与实践螺旋式上升，又有理论又有实践，这样不断地发展才能成为创新。而在创新过程当中，最关键的是前人的基础和自己的实践。没有前人的基础不可能创新，没有自己的实践也不可能创新。

潘际銮强调实践，就是强调科学创新要面向现实需求。他说，科研创新工作应该瞄向急需解决的国家重大课题，如我国的重大建设工程三峡工程、核电工程等。科研创新工作也要瞄向那些迫切需要解决而目前没有解决的基础性课题。同时，对那些学科前沿有重要前景的课题，有必要有选择性地进行研究。正是基于这一立场，潘际銮又阐述了“科技创新要着眼于产业化”的意见。他将能否产生经济效益、能否产业化视为评价科研成果的首要标准，并将“以企业为主体，市场为导向，研究与开发为动力”视为推动我国科技创新的主要路径。鉴于一些企业中存在着满足于当前产值与利润的短期行为从而不利于科技创新和企业自身发展，他建议企业必须要有稳定的领导体制和领导集体，同时也必须要有长期的发展规划。

三、直言不讳

20世纪90年代末，我国高校发展中现出了盲目求“大”求“全”、不切实际地追求“一流”和人才培养层次的升格等趋势，误认为规模越大、学科越全、培养层次越高则办学水平就越高，就能进入“一流大学”行列。一些学校受利益驱动，在学科专业设置、办学规模、培养层次等方面出现无序状态。潘际銮对此十分痛心。2005年年底，他在有关高校办学的学术报告中对上述现象提出了批评，并将之概括为“不利于我国大学发展”的“四种倾向”：追求一流、追求综合化、盲目扩大办学规模、追求研究型大学。

潘际銮说，所有学校都在争一流，有的争国内一流，有的争国际一流。每所大学都要成为一流大学，这是不现实的。大家都争一流，最后都不入流。

在一些高校，已经有了理工科，就想着要办文科；有了文理工科，就想着要办医科、艺术、体育等。针对这种现象，潘际銮在质问中透着失望："是不是所有的学校都要成为综合性大学?"他说，美国的加州理工大学没有提出要改成加州综合性大学，麻省理工学院也没提出办成综合性大学，但这些学校都是世界一流大学。

针对盲目扩大办学规模这一弊病，潘际銮说，现在一些高校把办学规模当成一个指标，规模越大越好，有的学校只能容纳万人规模，却招收四五万名学生。规模扩大了，教学质量却降下去了。因为招 1 万名学生是这些教师，招四五万学生还是这些教师，师生比例失衡，根本不能保证教学质量。而更有甚者，一些学校扩大规模并不是为了办好学校，培养好学生，而是受经济利益的驱动。因为学生招得越多，钱就收得越多。

潘际銮说，一味争取成为研究型大学，也会影响大学的发展。有人认为一旦成为研究型大学，学校的规格就高了。这么做的结果是没有老师再去安心从事教学工作，老师们都是想着各种法子申请课题，发表论文。

在批评了上述四种错误倾向之后，潘际銮提出，办大学追求的目标应该是特色、大师和质量。办学特色很重要，没有特色就没有竞争力。潘际銮引用西南联大的例子说，西南联大有很强的学科，但是也有较弱的学科。学校有能力就多抓几个特色学科，没有能力就少抓几个，特色多就代表着高水平。

潘际銮的这些意见引起了媒体的高度重视。2006 年 4 月 10 日《科学时报》以"中国科学院院士潘际銮：四种倾向不利于我国大学发展"为题发表了采访报道；4 月 14 日，《人民日报》又以"专家：大学都争一流，最后可能都不入流"为题，对潘际銮的观点作了完整的刊载。

四、深刻反思

在相当长的一段时间内，潘际銮对中国教育体制进行了反思。而且，他在这方面用力最深，见解十分深刻。

促使潘际銮反思我国教育体制的是困惑着他同时也困惑着千千万万中国知识分子的同一个问题：钱学森之问。2001 年，潘际銮在《我国高等教育面临的挑战与对策》(《中国高教研究》2001 年第 10 期) 一文中提出了"三个值得思考的问题"："为何近百年来世界重大创造发明不是出现在中国? 为何青少年奥林匹克竞争我国屡屡夺冠，而诺贝尔奖尚未出现? 为何社会上违反科学、违反伦理道德的事件层出不穷?"2008 年，潘际銮又在《培养拔尖创新人才　期待教育旧体系突破》(《中国高等教育》2008 年第 10 期) 一文中再一次问道："为什么社会的现代化程度越来越高，反而我们的顶尖科学家越来越少？为什么我们总是与诺贝尔奖无缘？高校培养出来的创新型人才为什么如此稀缺？”

潘际銮的基本结论是：原因是多方面的，但教育工作是其重要的一方面；我们长期以来固有的教育体系有了问题，必须从整体上进行旧体系的突破和全面改造。2007年7月3日为纪念恢复高考30周年而做客腾讯网时，潘际銮甚至不无激愤地提出：要像当年邓小平同志恢复高考那样，对中国教育制度来一个“全面的改造”。

潘际銮对我国教育体制的反思主要集中在两个方面：一是“统一模式”或说“一刀切”；二是应试教育。

从不同文章和谈话中的具体论述看，潘际銮所说的“统一模式”、“一刀切”体现在三个方面。一是教育主管部门对全国各级各类学校统一的管理和要求。他说，我国目前高校大一统的传统管理模式束缚了高等学校根据时代发展而前进的力量，也束缚了科学技术按自己规律自由发展的步伐。对此，潘际銮提出的解决办法是“实行大学自治，提倡学术自由”。他说，“大学自治，学术自由”是19世纪德国洪堡与英国纽曼提出的大学理念。这一理念对欧洲乃至世界大学的发展起了重要指导作用，对我国目前高等教育仍有现实意义。在高校中提倡学术自由可以激发教师与学生自由治学，充分发挥积极性，使他们能按照学术发展的规律探索创新。只有这样，才能使高校在知识经济的时代作出创造性的成果，推动先进生产力的发展。他提出建议：“应该把大学管理权利，包括招生、课程设置、学科划分、毕业认可、教师管理与聘用等，下放给学校，形成充分的市场机制。各学校要以自己培养学生的质量、师资力量和科学水平，形成优势，塑造品牌。国家用宏观评估的办法，进行控制和奖励。”

“统一模式”、“一刀切”具体表现的第二个方面是学校管理中对所有个性不同、才情迥异的学生统一要求。潘际銮说，人的智商不一样，兴趣、爱好和特长也不一样，这是人的体质和大脑结构决定的。大学教育的目的应该是把各类人都能够培养成才，挖掘他们的聪明才智，调动他们的主动性和积极性。有些人理论研究能力强，有些人动手能力强，各种类型人才都要培养出来。强调统一模式、齐步走，不符合教育规律，会束缚人的创造性，埋没人才、毁坏人才。

对此，潘际銮提出应“实现真正意义上的学分制，营造宽松与严格有机结合的学习环境”。他说，要办好一所大学，就必须创造一个自由的活动空间，很宽松的学术环境才能使人才辈出。要给大学生充分的自由治学空间，发挥他们的个性，使他们在大学里能够自主学习、自由治学，按照自己的能力、特长，朝自己理想的目标前进，犹如在大海中游泳，姿势不拘，快慢不同，但均能达到彼岸。潘际銮认为，实现这个想法的具体措施就是实行真正意义上的学分制，即实行弹性学制。学习年限要给予很大的弹性，允许分段学习，四年正规学习年限可以延长至5～6年，甚至更长。但是，学习质量必须保证，必须严格把关。让学生按规定充分自由地选择学习的课程和时间，要使得学生有可能自主地制订自己的学习计划和年限。选修课程范围也要给很大的弹性，允许跨系、跨院选修所爱好的课程。某方面有特长的学生可以多选取某方面的课程，而少选其不感兴趣的课程，这样就有可能把某些有特殊才能的学生很快培养成具有世界水平的人才。

“统一模式”、“一刀切”具体表现的第三个方面是高考招生中对所有考生全面考查、统一要求的“独木桥”体制。在前面提到的为纪念恢复高考30周年而做客腾讯网时，潘际銮对这一做法的弊端作了比较充分的揭示。他说，每个人一辈子就靠这一次，一考定终身，而且大家都是这条道，就是独木桥。对所有考生全面要求，一刀切，文科、理科什么都要一样好，只有这样的人才能进高校，很多有才能的人，比如说文科比较好，或者是数学比较好，再或者是艺术比较好，就很难进入高等学校。这显然不利于各种人才的发现。他举例说，世界上很有成就的人，往往是在一个方面非常突出，如华罗庚、陈景润在数学方面非常突出。

潘际銮认为，高校管理中的“一刀切”来源于20世纪50年代对苏联模式的简单移植，而高考中的“全面要求”、“一刀切”则来源于1977年恢复高考时实行的全国统考制度。全国统考制度所带来的另一个突出问题是应试教育。潘际銮分析说，应试教育的教育观念统制了全国幼儿园、中小学乃至大学，应试能力和升学率成为所有学校办校的奋斗目标，成为教育领域的一根指挥棒。在应试教育观念指导下，重智育轻德育、重知识轻能力、重智商轻情商成为学校培养人才中的主要倾向，这是对人才要求的极大片面性。应试教育使中小学生不堪重负，又造成大学教育的“严进宽出”，降低大学教学质量，这些都会严重扼杀学生的创造能力。2011年10月潘际銮回武昌文华中学参加母校140周年校庆，在接受媒体采访时说：“目前中学办学上存在的最大问题就是，没有创造性，一切都是为了应付考试。”做客腾讯网时他曾忧心忡忡地说：“我受过美式教育，也受过俄式教育，到国外也看过。为什么人家中小学生学得不多，却人才多，创造成果多，而我们的学生书包那么重，学习那么紧张，成天不让玩，最后人才却没有那么多?”

潘际銮认为，要消除应试教育和高考中的“一刀切”弊端，就必须“取消全国统考，实行严格淘汰制”。他说这是目前改变应试教育、重智育轻德育、灌入式教育方法，以及减轻学生负担的最有效办法。要改变“一考定终身”的局面，实行多渠道优选人才的办法，如高中会考制度，根据高中三年平时成绩与表现取录等。允许各高校制定招生办法及标准，允许学生多次参加不同高校的入学考试，允许学生跨地区考试。改变现在分地区考试，分地区划录取分数线的办法，实现分数面前平等的受教育机会等。这样做可能带来一些走后门的“差生”，因此学校要在学生入学以后特别是一年以后，进行严格的淘汰制。潘际銮相信，“在真正学分制下的淘汰制不会埋没人才、摧残人才，而只会调动学生的积极性，培养更多更广泛的人才”。

2006年8月，潘际銮在接受《中国人事报》记者采访时说：“我主张，学校教育要尽快‘松绑’，给学生以创新的宽松条件。中小学教育大大放松条件、减少学习内容，大学要实行‘宽进严出’，给学生以充分受教育的机会，充分发挥自己才能。”如果说“自由”、“宽松”是潘际銮教育思想的核心概念，那么“松绑”则是他对我国教育改革最根本的呼吁。

五、宣传联大

西南联大办学8年，培养了一大批蜚声国内外的杰出的科学家、教育家、哲学家、史学家、文学家及许多党政领导干部，造就了100多位中外科学院院士，他们中的许多人成为新中国各门科学的开拓者和奠基人。像西南联大这样人才辈出、群星灿烂的高等院校，在我国历史上是罕有的。它不仅为中国，也为世界的科学文化和人类进步作出了重要贡献。中西学界无不承认、西南联大堪称中国高等教育史上的奇迹，西南联大的办学理念，至今仍然值得学习和借鉴。

虽然潘际銮在西南联大的学习经历只不过短短的两年，但却对他产生了深远影响，成为他一生受用不尽的宝贵财富，这其中也包括了对他教育思想、教育观念的影响。西南联大的办学经验、西南联大的精神，成为潘际銮观察今天教育问题的一面镜子，思考中国教育体制改革的一个立足点。早在1993年刚刚担任南昌大学校长时，潘际銮就已经将西南联大经验融入他的办学思路和办学实践之中，学生“三制”的实施就体现得尤为明显，潘际銮本人也在实行“三制”的讲话中有过详尽阐述。2001年他撰写的《我国高等教育中面临的挑战与对策》一文中，虽然从未出现“西南联大”这几个字，但其中所提出的主要对策措施，如大学自治、学术自由，自主学习、自由治学，学分制、严格把关，打好基础、培养能力等，无不体现出西南联大的精神。后来，无论是批评我国高校发展中的不良倾向，还是反思我国教育体制，甚至包括批评我国科技领域不良风气，潘际銮都拿西南联大与之对照，希望西南联大的成功经验可以为我国科技教育事业的改革与发展提供有益的启示与借鉴。

在2007年西南联大70周年校庆之前，社会各界逐渐形成了研究、纪念西南联大的热潮。2005年8月上旬，潘际銮收到邹承鲁院士关于《纪念抗战胜利六十周年——提倡重建西南联大》的一封信。邹承鲁是我国著名生物化学家，他在信中建议重建西南联大，恢复当年西南联大“学术民主，学术自由风气深厚，兼容并包，教授治校，思想自由”的良好学风，为现在的教育改革、为我国21世纪的人才培养作出新的重要贡献。邹承鲁的倡议信引起了潘际銮的共鸣。潘际銮认为，要重建西南联大不可能，因为国家的形势和客观条件发生了重大变化，但这种想法很好，西南联大的精神的确值得宣传、继承和发扬，尤其在科技教育界乱象丛生的今天。他觉得自己有责任宣传西南联大。

潘际銮没有食言。经过认真的准备，2005年12月，潘际銮在南昌工程学院作了首场“西南联大的办学启示”学术演讲。据一些参加过那次会议的人说，演讲十分精彩，掌声持续不断。

潘际銮在演讲中说，西南联大的成功，在于拥有先进的教育理念。西南联大办学条件艰苦得惊人，校舍出奇的简陋，但诚如梅贻琦校长所言：“所谓大学者，非谓有大楼之谓也，有大师之谓也。”“师资为大学第一要素，吾人知之甚切，故亦图之至亟也。”[①] “吾人应努力奔赴之第一事，盖为师资之充实。大学之良窳，几乎全系于师资与设备充实与否，而师资为尤要。”对梅贻琦的这些观点，潘际銮完全认同。他认为，西南联大在人才培养和学术研究上取得巨大的成功首先得益于其拥有雄厚的人才力量。抗日战争前三校中拥有的一大批专家学者会聚在西南联大，组成了20世纪30～40年代中国高等学府中最为庞大和令人仰慕的教授阵营。西南联大在延聘三校教授的基础上，不断吸引海内外优秀人才，形成了国内大学中最杰出的教学和科研队伍。西南联大正是依靠这支阵容强大的学术研究队伍，在各个学术领域中取得了一大批在国内外产生重大影响的高水平的

① 刘礼述．梅贻琦教育论著选．北京：人民教育出版社，1993.

研究成果。

西南联大实行教授治校，充分保障学术自由。学校设有校务会议和教授会，其中“教授治校”体制的核心是校务会议，其成员全部由教授组成，没有所谓的“行政人员”，而其决策内容大多是学校的行政和教学。潘际銮说，教授治校体制的确立，使教授们在教学、科研及行政管理等多方面的才能得到了充分发挥。同时，为西南联大知识分子争取学术自由、思想自由，坚持文化创造与学术传播创造了有效的形式和途径。

西南联大在学生中实行学分制、弹性学制，学习环境十分宽松，但考试制度和管理制度却十分严格，有相当多的学生因为学分不能达到要求而不能毕业。潘际銮认为，这种宽松的学习环境和严格的教学要求正是西南联大最宝贵的经验之一，其结果是极大地提高了学生自主学习的热情，课余时间学生到处找地方学习，在图书馆座位不够的情况下，学校周边几条街上的茶馆成为学生们的第二学习场所。

潘际銮介绍，西南联大没有公开的党团组织，但是有文艺社团，可以发表意见，表达你支持哪个党派。西南联大建立民主墙，谁都可以在墙上写意见、贴大字报。而且，西南联大的学生不光读书，还非常关心国家的前途、命运，抗日救亡是他们共同的目标。很多学生投笔从戎，或者充当英语翻译人员，或者参加远征军在缅北和滇西的战斗，有不少学生为国捐躯。1945 年抗日战争胜利后，为了表达反对内战、要求和平民主的强烈愿望，西南联大学生还举行过声势浩大的“一二·一”运动。潘际銮认为，这种高度的民主空气和强烈的爱国情操，也是西南联大的宝贵精神。

针对科技领域普遍存在的急功近利心态和浮躁情绪，潘际銮认为西南联大的大师们也能给我们以必要的启示。例如，吴大猷在昆明永丰寺装成了一套大型色谱仪，在那样简陋的条件下搞研究，完成了《多原子分子的结构及其光谱》专著。华罗庚先后发表 20 余篇论文，完成了他第一部著作——《堆垒素数论》。冯友兰著《贞元六书》，完成了他的哲学体系。潘光旦在昆明郊区村舍里写出《优生原理》、《性心理学》等重要著作。费孝通进行中国农村调查，在昆明郊外写下《禄田农庄》、《内地农村》等重要著作。潘际銮说，虽然西南联大的条件艰苦，但大师们潜心治学，取得了丰硕成果。所以我们今天要提倡扎扎实实搞科研、默默无闻做学问，这样才能出真正的、大的成果。

南昌工程学院的首场演讲之后，潘际銮又陆续在清华大学、南昌大学、湖南大学、烟台大学、吉林大学等高校作了同一主题的演讲。2007年11月1日，在西南联大建校70周年纪念日的这一天，《中国教育报》以“西南联大办学经验对我们的启示”为题发表了潘际銮的这篇演讲稿，科学网、人民网、新华网等网络媒体纷纷转载。不久，《新华文摘》又全文转载了这篇文章。

第十二章　八十华诞

2007 年 12 月 24 日是潘际銮的 80 岁生日。为了向这位成就卓越的科学家、教育家表达敬意和祝福，清华大学、南昌大学分别筹备和举办了隆重、热烈的生日庆典。

一、清华大学庆典

清华大学的庆典于潘际銮生日到来之前的 12 月 15 日举行，由潘际銮所在的机械工程系具体承办。这一天，冬季的北京寒气逼人，而清华科技园阳光厅却暖意融融，洋溢着喜庆吉祥的气氛。鲜花、彩球将阳光厅装点得五彩缤纷，似乎春天提前来临。一块红底白字的精制大型展示牌醒目地竖立在主席台上，占了主席台右边近一半的空间。展示牌中间是“庆贺潘际銮院士八十华诞暨焊接学科发展研讨会”两行大字，右边一列照片展示潘际銮不同时期的样貌风采，左边一列照片展示他各个时期为完成国家重大项目所作的贡献。

下午 2 时 30 分，身穿笔挺深色西装、精神矍铄的潘际銮偕夫人李世豫步入阳光厅，和先期到达的嘉宾亲切会面，互致问候。出席庆典的嘉宾有清华大学党委书记陈希，中国科学院院士万哲先，中国机械工程学会焊接学会第四届理事长关桥院士，中国机械工程学会副理事长徐滨士院士，中共第 15 届和 16 届中央委员会委员、中央国家机关工委书记张德邻，中共第 12 届中央委员会候补委员、中国汽车工业总公司原董事长李刚，原劳动人事部副部长王建伦，九三学社中央副主席、南昌大学原副校长邵鸿，中国机械工程学会常务副理事长宋天虎，中国机械工程学会焊接学会理事长单平，中国机械工程学会副理事长兼秘书长张彦敏，清华大学机械工程系主任曾攀，机械系党委书记单际国，以及潘际銮的好友、同行、学生等 100 余人。

中国科学院院长路甬祥、中国机械工程学会、哈尔滨工业大学等单位和个人赠送了花篮或发来贺信。清华大学校长顾秉林院士题词“学高为师、身正为范”，赞扬潘际銮先生的学术贡献和人格魅力。

贺潘际銮院士八十华诞

学高为师
身正为范

顾秉林
二〇〇七年十月二十八日

清华大学原校长顾秉林题词

陈希代表清华大学向潘际銮先生表示诚挚的问候和祝福。他赞扬潘际銮先生“在长达半个多世纪的教学科研工作中，培养出一大批各个时期活跃在政治、经济、教育、科技等领域的杰出人才，为清华大学机械系各项事业的发展和我国焊接事业的发展及人才培养作出了杰出的贡献”。潘际銮作了题为“清华焊接专业”的专题报告。他深情回顾了清华焊接学科的发展历程，展望了中国焊接事业的未来，对中青年焊接工作者提出了殷切期望。之后，机械工程系主任曾攀教授介绍了机械系近年来教学科研工作情况，机械系焊接研究中心主任都东教授介绍了焊接研究中心的发展现状。

清华大学党委书记陈希致辞

潘际銮西南联大的同窗好友李刚董事长介绍了潘际銮在西南联大的学习情况。他特别提到，1948 年毕业时，同学中想留校工作的人不少，他本人也想留校，为此曾找过系主任李辑祥。李主任说：李刚适合去工厂，潘际銮适合做科研。结果潘际銮留校任教，取得了今天的成就，证明李主任慧眼识英才。与潘际銮共事半个多世纪的陈丙森教授回顾了 20 世纪五六十年代潘际銮为清华大学焊接专业建设和中国焊接事业发展所作出的贡献，动情地回忆起那一段激情燃烧的岁月中共同奋斗的点点滴滴。中央国家机关工作委员会书记张德邻（清华焊接专业 1964 届本科生）讲述了 20 世纪 50 代末、60 年代初跟随潘际銮先生“真刀真枪”做科研的经历。徐滨士院士回顾了 20 世纪五十年代中期在哈尔滨工业大学听潘先生用俄文讲课的情况。甘肃省政协副主席、甘肃工业大学原校长陈剑虹（清华焊接专业 1961 届本科生、1967 届硕士生）回顾了读研究生期间潘先生为其选题和指导科研的情况。清华大学校务委员会副主任、清华大学原党委常务副书记、清华大学校务委员会副主任庄丽君（清华焊接专业 1965 级本科生，清华大学、日本大阪大学联合培养的博士生）回顾了“文化大革命”结束后，潘际銮先生领导机械系和焊接教研组恢复教学科研工作的情况。清华大学机械系颜永年教授讲述了潘际銮先生甘当人梯、扶持年轻人的故事。福州大学校长吴敏生（清华焊接专业博士生）、青海大学校长陈强（清华焊接专业博士生）讲述了请教潘际銮先生如何当好大学校长的故事。中国机械工程学会常务副理事长宋天虎回顾了潘际銮先生自 1962 年担任中国机械工程学会及焊接学会副理事长、理事长等情况，讲述了潘际銮先生为推动中国焊接走向世界所作出的杰出贡献。天津大学原校长单平、南昌大学主要领导、哈尔滨工业大学材料学院院长冯吉才、清华大学机械系副主任吴爱萍等也作了热情洋溢的讲话。庆典仪式上掌声此起彼伏，从嘉宾们的精彩演讲中，人们可以从多个侧面了解到潘际銮在各个时期所取得的学术成就，以及他在国际国内焊接学术界及我国教育界所发挥的重要作用和所产生的巨大影响。

中国机械工程学会秘书长张彦敏代表机械工业部原部长何光远赠送了礼品，题词为：“献身焊接事业，硕果累累；培养焊接人才，桃李芬芳。”

许多个人及单位纷纷发来贺卡、贺信、贺电，对潘际銮的八十华诞表示诚挚的祝贺。发来贺卡、贺信、贺电的个人有中国科学院院长路甬祥，全国政协常委、四川省原省长宋宝瑞，哈尔滨工业大学校长王树国，哈尔滨工业大学原党委书记、中国焊接学会原理事长吴林，多伦多大学教授汤姆·纳尔斯（Tom North），哈尔滨焊接研究所所长何实，山东工业大学原校长邹增大，华南理工大学原副校长黄石生，加拿大滑铁卢大学终身教授周鸿运，美国威斯康星大学终身教授李晓春，上海交通大学长江学者特聘教授、中国焊接学会机器人与自动化专业委员会主任陈善本，山东大学教授、中国焊接学会计算机应用技术专业委员会主任武传松，潘际銮培养的博士李焰，山东工业大学“211 工程”办公室原主任王允修等。

清华大学校务委员会副主任庄丽君致辞

发来贺卡、贺信、贺电的单位有中国机械工程学会，中国焊接学会，中国焊接协会，中国工程建设焊接协会，哈尔滨工业大学现代焊接生产技术国家重点实验室，湘潭大学，北京航空航天大学，华南理工大学，南昌航空大学，深圳大学，铁道部运输局，铁道科学研究院，钢铁研究总院，中国冶金科工集团建筑研究总院，中国一航 625 所，上海交通大学（焊接技术研究所），西安交通大学（焊接研究所），天津大学（材料科学与工程学院），北京工业大学（焊接研究所），山东大学（材料学院），山东大学（材料连接技术研究所），华南理工大学（焊接研究所），吉林大学（材料学院焊接教研室），兰州理工大学（材料科学与工程学院），中国机械工程学会焊接分会、秘书处，焊接学计算机应用技术专业委员会，广东省机械工业学会焊接分会，中国大百科全书出版社，《焊接学报》编辑部，《焊接》编辑部，《电焊机》杂志社，《中国焊接》编辑部等。

当天晚上，机械工程系在科技园设晚宴招待来宾。晚宴大厅屏幕上循环播放潘际銮不同时期的工作照片，片尾是一段视频，潘际銮骑电动自行车载着夫人李世豫，气定神闲地行进在去往焊接馆的路上。这段视频感动了在场的所有嘉宾和学生，大家情不自禁地为潘际銮先生热烈鼓掌，祝福潘先生伉俪健康长寿。

晚宴中，潘际銮对前来参加庆典活动的各位嘉宾表示感谢，并和同事、学生们共同回顾了清华焊接专业的创业历史。1953 年专业创建之初，焊接教研组由清一色 20 多岁的年轻小伙组成。他们满怀豪情而又脚踏实地，把创建国内一流、世界水平的焊接专业教研组作为奋斗目标，通过一个个科研生产攻关任务的磨炼和洗礼，这个年轻的集体在拼搏奋斗中迅速成长。20 世纪 60 年代前半期，由于他们教学、科研工作成绩突出，几乎每年都受到学校的表彰，多次获清华大学“红旗教研组”称号；改革开放后，由于在教学、科研和师资队伍等方面的综合优势明显，两次被评为全国重点学科专业教研组。50 多年来，他们为国家工业和经济建设作出了重大贡献，赢得了国内外同行的普遍尊重。抚今追昔，潘际銮非常感谢和他风雨同舟半个多世纪的焊接教研组同人，特别是共同创办清华焊接专业的陈丙森、张连第、张人豪、包芳涵、任家烈、苏毅等老同事。潘际銮说，清华焊接教研组是一个非常优秀的团体，团结、友爱、特别能战斗。正是这个团体的一代代成员们，用他们的智慧才干、辛勤劳动、胆识魄力，甚至热血，把焊接教研组办成了国内一流、世界先进的专业教研组，为祖国培养了一大批全国最好的、国家急需的焊接技术人才，同时也使他本人有了今天的这份荣誉。

二、南昌大学庆典

清华大学的庆典结束不久，南昌大学旋即为自己的老校长举行了隆重的庆典大会。

12 月 24 日下午，南昌大学前湖校区国际学术交流中心二楼会议室张灯结彩，座无虚席。下午 5 点，潘际銮偕夫人李世豫在工作人员的陪同下来到会议室。中国月球探测工程首席科学家欧阳自远院士，省委宣传部常务副部长、南昌大学原党委副书记陈东有，清华大学校务委员会副主任、校党委原常务副书记庄丽君，南昌大学原常务副校长李嗣恳，南昌大学原副校长潘传康、吴志强，南昌工程学院党委书记、南昌大学原党委副书记李水弟，九江学院院长、南昌大学原副校长甘筱青，南昌大学领导程样国、徐求真、傅克刚、扶名福、李建民、黄云、邹良志、黄新建，以及潘际銮的学生代表等80余人，共聚一堂，热烈庆贺名誉校长潘际銮院士的八十华诞。南昌大学党委书记郑克强因在北京出席会议未能出席，特地发来贺信向潘老校长表示热烈的祝贺和衷心的感谢。

南昌大学新老领导到会祝贺

在南昌大学青年室内乐团的一段演奏和介绍潘际銮在南昌大学工作情况的专题片《光荣与梦想》之后，南昌大学主要领导、中国月球探测工程首席科学家欧阳自远院士、中共江西省委宣传部副部长陈东有、南昌大学原常务副校长李嗣恳、南昌工程学院党委书记李水弟、九江学院院长甘筱青、部分潘老学生代表等先后致词。1993年潘际銮受江西省政府的邀请出任南昌大学校长，领导南昌大学干部师生们克服重重困难，在短短的几年内便结束了江西省无国家重点学科、无博士学科点的历史，为江西省地方高等教育的发展作出了令人瞩目的成绩。发言者们深情回顾了老校长在10年任期内的贡献和风范，赞扬他为南昌大学今天的快速发展奠定了坚实基础，为南昌大学未来的发展描绘了宏伟蓝图。

庄丽君代表清华大学向潘际銮先生表达了真诚的祝福和问候。她说，潘际銮先生在半个多世纪的教学、科研和人才培养事业中所做出的杰出贡献，是对清华大学“自强不息，厚德载物”校训最真实和最具体的诠释。庄丽君代表清华大学向南昌大学赠送了该校庆贺潘老八十华诞的纪念书籍。

潘际銮对南昌大学举办祝寿会表示感谢，对支持他工作的南昌大学历任领导、教职工表示感谢，对前来参加祝寿会的领导、来宾，以及发来贺信贺电的单位及个人表示感谢。

南昌大学校领导代表南昌大学向潘老校长赠送贺礼。晚宴在“祝你生日快乐”的温馨旋律中正式开始，宾客们共同举杯，为潘老校长献上最良好的祝愿。

需要一提的是，12 月 16 日，南昌大学北京校友会还举办了一场“北京校友联谊会暨潘际銮校长八十华诞祝寿会”。会议由南昌大学北京校友会会长、江西大学原副校长何新华主持，100 多名在京工作校友赶来参加了祝寿会。

江西大学原副校长何新华（左二）赠礼

江西省原副省长孙希岳（左一）祝贺

三、几朵花絮

花絮一：不谋而合

清华机械工程系和焊接教研组的老教工都知道，陈丙森和潘际銮同事几十年，多年来分别担任焊接组及机械系党政领导。他们志同道合，配合默契，感情深厚，相互信赖。2007 年 10 月在合肥参加第 12 次全国焊接学术会议期间，陈丙森就在考虑如何为他的老同事潘际銮举办 80 岁生日会一事。回到北京后，陈丙森积极行动起来，主动找机械系领导商量。陈丙森快人快语地说：我们机械系就这样一个焊接界的“老祖宗”，一定要办一个隆重的生日会！当时，机械系领导也正在考虑此事，大家不谋而合。

11 月初，潘际銮生日庆典筹备工作组正式成立，筹备工作组人员包括鹿安理、区智明、陈强、单际国、吴爱萍、吴甦、朱志明、都东、韩赞东、邹贵生、赵海燕、史清宇、孙振国、常保华、蔡志鹏、郑军、张文增等人，陈丙森和庄丽君担任筹备工作组顾问。筹备工作组召开了三次工作会议，陈丙森全程参与，对筹备工作提出了自己的意见和建议。庆贺会当天，会议预定下午 3 点开始，陈丙森 1 点多钟就来提前到现场，仔细检查各项安排，唯恐有半点疏漏。

花絮二：珍贵的礼物

清华举办潘际銮生日庆典的这天下午，阳光厅主席台右侧摆放着一辆银灰色电动自行车，崭新铮亮，车头上还系着一朵用绸缎扎成的大红花，格外引人注目。电动自行车为什么会出现在生日庆典现场？原来，这是费跃农、齐铂金送给老师的生日礼物。

费跃农和齐铂金是潘际銮所带的同一届博士生。1990 年毕业后，费跃农任职于深圳大学，齐铂金则在北京航空航天大学任教。和潘际銮的许多学生一样，费跃农、齐铂金对潘先生有很深的感情，经常通过电话或 QQ 与老师保持联系。得知母校要为导师举办 80 大寿庆典，费跃农打电话给北京的齐铂金，表示打算给导师送一件有意义的礼物，请齐铂金参谋参谋。齐铂金不假思索地说：电动自行车！原来，电动自行车是潘际銮在清华园内上下班的交通工具，耄耋之年的老院士骑电动自行车上下班，亦为清华园内的一道风景。可潘老师的电动自行车实在是太旧了，坏了好几次，每次出了问题，基本上都由毕业了十几年的齐铂金负责修理。齐铂金说：哈哈，总算有机会淘汰潘老师的旧电动自行车了。

生日庆典这天，费跃农放下手头的工作赶来北京。他是北京人，下飞机后却没有顾得上回家看望父母，而是直奔科技园参加庆典活动。当费跃农和齐铂金亲手送上这辆代表了学生对老师深情厚谊的电动自行车时，潘际銮脸上绽开了灿烂的笑容。

花絮三："不速之客"

南昌大学举办的潘际銮名誉校长 80 华诞庆典大会正在进行中，一位年轻学者登台发言：我是今天庆典大会的不速之客……

这位发言者叫熊振宇，是潘际銮在南昌大学工作期间所带的博士生，2002 年毕业后在南昌航空大学工作，时任该校组织部副部长。得知南昌大学要为潘先生举办 80 华诞庆典后，熊振宇就一直盼望能收到请柬。也许是筹备工作组工作太忙而出现疏漏，熊振宇所等待的请柬一直迟迟没有到达，但熊振宇并不介意。12 月 24 日下午，他早早来到南昌大学国际学术交流中心，找到主持庆典晚会的党委副书记、副校长程样国，要求参加会议，并请求给他一个发言的机会，使他能在这个特殊的时刻表达自己对导师的感激之情。

说罢开场白，熊振宇动情地回忆了读博士期间潘老师对他的悉心指导和关爱，点点滴滴，如数家珍，在座的宾客无不为之动容。

花絮四：南大学子网上祝寿

南昌大学为老校长祝寿的消息不胫而走，引起众多在校学生和毕业学生的关注。12 月 24 日这一天，许多未能亲自参加庆典活动的学生纷纷在论坛上表达对老校长的怀念和祝福。下面是庆典当天“江西论坛”“高校关注”栏目中部分网友的留言摘录。

※ 今天是南昌大学名誉校长潘际銮院士 80 岁寿辰！潘院士为南昌大学和江西高校的发展作出了积极而卓有成效的贡献！衷心祝愿潘校长：身体健康、工作顺利、阖家欢乐！

※ 不知道大家对老校长还有没有印象？老校长为人谦和正直，温文尔雅，乃大家风范。

※ 当年（大一）在南区中法中心与老校长曾有一面交谈。当时正在听江西省副省长、南大客座教授演讲“中部崛起”。我只是在下面和同学嘀咕了一个小小的问题，老校长在旁边听到后便轻声向我阐述他的想法和意见。事后同学告诉我，这是校长。我才知道这个毫无架子、风度优雅的老者竟然是校长，而且还是中国科学院院士！这便是我对老校长的印象，一个值得人尊敬的长者。一个真正配得起南大校训的人：格物致新，厚德载物！

※ 在这样一个物欲横流的社会，还有几个校长能像老校长这样纯粹，这样厚德，这样让人尊敬！强烈想念老校长！

※ 南昌大学师生一直都记着他！

第十三章　良师益友

从1948年毕业留校至今，潘际銮从教60余载，培养了难以计数的学生，其中包括我国焊接专业第一位硕士和博士研究生。在他的学生中，有的担任政府或企事业单位的领导，有的担任学术部门的学科带头人或企业技术骨干，有的漂洋过海在海外发展，不少人成长为栋梁之材。许多学生说，师从学养深厚、为人为学皆堪称楷模的导师是人生难得的机遇，潘际銮的言传身教给他们留下了深刻印象，成为他们精神财富的重要部分。

一、教育为先

潘际銮对自己的学生从来都是既注重专业技能的培养，又注重思想品格和工作作风的引导；既严格要求，又关怀备至并给予充分的自由学习空间；既重言传，更重身教。他认为，学生成才，既要掌握过硬的专业本领，更要养成高尚的思想品格和良好的工作作风。他说，大学教育，一是打好基础，培养能力；二是德育为主，教会做人。“思想素质和情操，在某种意义上来说，比才能更为重要。具有良好的素质和高尚情操的人才能在人生道路上克服一切困难，稳步前进。”博士生导师要将品格培养放在首位。在品格和专业这两个方面，导师首先应成为学生的榜样。他根据自己在西南联大和清华大学受教育的经历和体会认为，只有在严格要求之下学生才能成长为优质人才，同时，自由、宽松的学习环境，教师的细心呵护与悉心指导亦必不可少。

潘际銮常常教育他的学生要树立远大理想，勇于拼搏。其中重要的一点，就是要有以民族振兴为己任的责任感和使命感，急国家之所急，忧国家之所忧。他经常对学生说，科研工作一定要立足于国家的需要，努力解决当前生产中提出的重大而紧迫的问题，研究成果要能解决生产实际需要，而不要从事那些仅为评职称、拿奖金等一己之利而罔顾国家需要的所谓“研究”。为此，他要求学生要了解社会、认识社会。同时这也是他对自己的要求。他在一次与博士生的座谈会上说：“科技进展对推动国民经济发展有重大作用，作为老师特别是工科的老师，作为博士生特别是工科的博士生，都必须重视与国民经济有关的重大科技问题，必须重视产学研结合。这是高等院校的责任，也是我们大家的责任。”潘际銮一生都在践行科学研究为国家民族建设事业服务这一原则，并以此来影响自己的学生。

20世纪50年代，潘际銮率领下的清华大学焊接教研组的一个口号是：“只要国家需要，我们坚决上马。”这既是对教师的要求，也是对学生的要求。焊接专业学生的毕业设计和高年级学生的教学工作很多都是结合当时一系列国家需要的重大任务进行的，学生从中不仅得到能力上的锻炼，也得到思想上的提高。焊接专业首届毕业生、毕业后留校任教的田燕教授，学习期间参加了“800轧梁轧钢机机架板极电渣焊”等大型项目。回忆那段学习经历时，田燕感慨地说，这“给我们这些刚毕业的年轻人上了一堂生动、难忘的课程，使我们深刻地认识到，祖国建设的五年计划需要焊接，中国的焊接事业刚方兴未艾，我们应该为它贡献自己的一生”。1961年毕业后留校任教的严鸢飞教授在回忆中说，焊接教研组年轻的领导者们，科研项目尽可能选择国民经济发展中急需解决的生产实际问题，一开始就为自己选择了从难、从严、从实际出发的正确的科研道路，面临着巨大的压力和风险。如果不是完全出于公心，出于强烈的事业心和责任感，是无法想象的，即使一时冲动走上这条路，遇到困难也难以坚持。显然，潘际銮等人的事业心和责任感在严鸢飞等学生心中留下了非常深刻的印象。

福州大学校长吴敏生博士的一段回忆，从一个侧面体现了潘际銮作为一名科学家的责任感、使命感及对学生的感染。他说：

> 1979年5月，潘老师赴成都参加第三届全国焊接学术会议，回来后很长一段时间寝食难安，大会、小会讲他在成都听到和看到的一些触目惊心的事实。他告诉大家，因焊接质量问题，仅一年间，全国压力容器爆炸就造成了多起伤亡事故；某地一次事故就使600万元固定资产付之一炬。为了安全生产，国家经委不得不下令全国各企业对重要压力容器停产检修。他不厌其烦地向学生描述会议期间他从幻灯片中所看到的场面：一位工人使用传统的焊机从内外双面焊接大直径合金钢罐体，管壁厚100毫米以上，为达到工艺质量要求，管件必须预热到200°C，因此工人身穿厚厚的石棉服蹲在一个小小的铁笼里，然后铁笼被吊车吊进罐内。200°C的高温使水一下子就变成了蒸汽，但工人们硬是要在

这里坚持十几分钟。灼人的高温，狭小的空间里聚集的大量有害气体，使焊接工作既艰苦又危险，救护车要一直停在现场，随时准备抢救休克的工人。作为国际著名焊接专家，潘老师感到深深的内疚。

吴敏生说，在叙述这一切的时候，潘老师虽然声音平静，却打动了所有在座者的心，大家被他这种科学家的使命感感染。后来，潘际銮主持研发的“新型MIG焊接电弧控制法”提供了全新的焊接工艺，争取单面焊双面成型，工人不用再钻到管子里去，只要在管外焊一圈，内壁上可以得到与外壁上同样的优良焊缝，为解决现代化设备所要求的焊接质量和实现焊接自动化开辟了一条新的途径。

潘际銮引导学生树立远大理想的另一个方面是鼓励他们挺身学科前沿，瞄准更高水平的研究目标，做出更有价值的学术成就，在推进国家科学事业发展的同时，更好地实现自身的人生价值。他常对学生说，人的一生很短暂，想要为国家民族作出较大的贡献，从而在这个世界上留下一点痕迹，就必须选择新的、有挑战性的课题。他说，做别人做过的事，这种小修小补式的研究出不了大成果，也不可能对国家民族有很大的意义。

在一篇讨论博士生培养的文章中，潘际銮强调博士生选题应该瞄准一个高水平的目标，在理论上必须有所建树。他常常告诫博士生“不要满足于前人已有的成果，要敢于并善于创新。走自己的路，这是祖国和人民寄于你们的期望”。他说，博士生的教育是否成功，应该将是否能创造发展知识作为衡量的标准。博士生是国家科技的重要力量，如果博士生不能对创造发展知识有所建树，无疑是博士生教育的失败，对于国家的科学技术来说是一大损失。同时作为一个导师，应该对自己的博士生的能力有一个全面的了解，要最大限度地挖掘他们的潜力，用高标准要求他们，引导他们达到更高的目标，教育他们为国家多作贡献。他认为，研究生导师的授业特点在于引导学生走到学科前沿，培养他们的开拓创新精神，这是“导师的重大责任”。潘际銮在这里谈的虽然是博士生培养问题，但也代表了他在如何培养学生这一问题上的一个基本观点。

20世纪五六十年代，清华大学焊接专业以培养本科生为主，做研究并不是这些学生的主要学习目标。即使如此，潘际銮也努力引导学生采用新成果、新方法，从而向更高目标攀登。田燕毕业后不久曾在《新清华》上撰文谈到这样一件事：在做毕业设计时，有一个组为了图方便、省力气，在实验中只顾搞已经摸到些经验的手工焊接，而未采用当时国际上已经出现并代表了未来发展方向的自动焊。潘际銮注意到，在学生从事的这项研究中，自动焊将能发挥很大的作用，于是他启发大家要从长远看问题，宁可目前多克服一点技术上的困难，也要坚持自动化的方向，而不能满足于现在的手工焊水平。为了帮助学生真正提高认识，潘际銮组织全组同学进行辩论，让不同观点的学生充分发表意见。最后学生的思想得到统一，确定了以自动焊为主的实验方向。方向对头后，整个科研工作获得了迅速的进展，毕业设计的水平大为提高。毕业班的同学都说：从潘老师那里不仅学到了丰富的业务知识，还学到了科学的研究方法。

"文化大革命"结束后，潘际銮的教学重心逐渐转向硕士和博士研究生的培养，他也由此更加注重引导研究生们瞄准学科前沿、冲击更高水平的研究目标。在这方面，区智明的成长是一个很好的例子。区智明是潘际銮20世纪80年代所指导的一名博士生。根据区智明的基础等情况，潘际銮为他选择了难度较大的"新型MIG弧焊控制方法"为博士论文研究题目，并将他纳入追赶世界前沿研究的课题组。在潘际銮的指导下，区智明潜心研究，经历却又不无曲折。区智明后来在《新清华》撰文说：

> 在我的论文工作中，当我完成了第一个方案后，我曾想停下来，写论文准备答辩。因为我看到第一个方案完成的结果比较好，有一定的创造性，已达到国外同类型方法的先进水平，而且性能比国外的还要好些。导师也认为已达到了博士论文的水平。所以我想先通过博士论文答辩，更高的要求以后再说。导师在肯定第一方案取得的成绩的同时，指出了存在的问题，鼓励我向更高的目标攀登，争取在读博士期间为祖国做出更大的贡献。我想导师的话很有道理，所以我下定了决心，要充分利用这段时间尽可能作出更多的贡献。我继续寻找和研究新的控制方法，做了大量实验，终于研究出第二个方案。它在思路上是新颖的，工艺效果也十分好，从理论和方法上都与现在的方法很不相同，获得了根本性的突破。

1984年6月，"新型MIG焊接电弧控制方法"（QH－ARC）荣获国家技术发明奖一等奖，区智明以第三作者的身份分享了这一荣誉。同年，区智明博士毕业，并获得清华大学优秀博士生称号。一名博士生在读书期间取得如此的不俗成绩，导师的引导功不可没。

潘际銮认为，实事求是的科学态度和踏实严谨的工作作风是一名合格科研工作者的必备品格。在一篇谈博士生培养的文章中潘际銮说，作为博士生要创造知识，就要发现现有理论的局限性、缺点和矛盾。其主要的途径只能是通过实验来观察，看理论是否符合客观规律。实践中的现象通常包含许多我们还没有认识的规律，这就要求博士生有严谨的科学作风，一丝不苟、实事求是、在客观现象中追求真理的精神。因此，研究生导师必须通过严格要求和日常训练对学生进行这方面的养成教育。潘际銮进一步提出，指导研究生的实验工作时，导师一定要亲临第一线，亲自动手，亲自观察实验过程中出现的各种现象，以帮助博士生捕捉一些重要的现象从而提高科研工作效率，同时培养和锻炼博士生进行科学实验、认真观察实验的科学作风和科学方法。

许多学生回忆，潘老师总是要求他们严谨记录每一步实验过程，无论成功还是失败均要认真记录，不放过每一个细节，同时对实验结果进行认真总结与讨论，从中发现新的想法，找到需要解决的关键问题。区智明说，读博士之前他并不习惯于每个实验都作记录，他原来的认识是只有实验取得进展时才值得作记录，一般的实验只要记在脑子里就可以了。进入博士阶段的学习后，区智明每次向导师汇报工作时，潘际銮不仅要求他进行口头汇报，还要求他以实验方式汇报，重复实验结果。区智明说，如果不是每次实验都作记录，你就难以重复实验结果。这样严格要求的结果是区智明渐渐养成了勤作实验记录的良好习惯。

1984级博士生李焰对此也深有体会。他说："潘老师是一位学风很严谨的老师，他要求我们做实验一定要客观真实，不能戴着有色眼镜看问题。"李焰博士论文的一个重要内容是建立焊丝熔化的数学模型，这需要进行大量的焊接实验以获取大量的统计数据。每次听取研究汇报或检查研究进展时，潘际銮都要询问李焰获取这些数据的实验方法、检测精度及误差，并经常让李焰当着他的面做实验。李焰说："潘老师十分厌恶那种只取对自己有利的实验数据的做法。这种严谨的科学作风，给了我极深刻的影响。"

南昌大学教务处长张华教授是潘际銮任南昌大学校长期间所指导的博士研究生，曾在清华大学学习和做研究。在做博士论文期间，张华将实验数据、实验结果以书面报告形式邮寄给远在南昌的导师。张华说："潘老师当时行政任务十分繁重，但他不仅仔细审阅书面报告，而且利用赴北京开会之机来到实验室，要求当场重复报告的数据与结论，在潘老师及他的团队教师的共同监督下重复了实验结果，他才满意地同意我的博士论文答辩。"张华十分感慨地说："潘老师实事求是的态度和严谨的科学精神给我很深刻的教育。"

潘际銮的严格要求并非只针对学生，他对自己的要求更为严苛。他对学生品德和作风的影响，与其说主要是通过言传，毋宁说主要是通过身教。他更多是通过身体力行和以身垂范，潜移默化地影响学生。潘际銮的踏实、严谨和敬业的故事，几乎他的所有学生都能说出几个。

鹿安理教授是潘际銮在“文化大革命”前培养的研究生，参与过焊接教研组五六十年代的多项重大课题。他回忆说，1959 年 3 月，潘老师赴长春解决铸钢堆焊双金属锤锻模模块制造研究中遇到的热裂纹问题。当时潘老师正犯鼻炎，一进车间就打喷嚏，后来他戴着口罩在车间切开铸模钢的焊接试样，进行微观分析，发现热裂纹，指导学生磨试样，解决了热裂纹拦路虎，给了学生莫大的鼓舞。

2006 级博士研究生刘正文回忆说，在他学习期间，潘老师经常在实验室看着他们做实验，遇到问题和他们一起讨论，有时甚至会亲自操起焊枪进行示范。有一次，研究生们实验气电立焊焊丝焊接性，或许是焊接工艺不当，在平板上反复试焊几次，成型均不理想。潘老师看后索性披上工作服，戴上手套，蹲在地上亲自焊起来，焊出的效果非常好，问题解决了。刘正文感慨地说：“回想潘老师蹲着身子焊接的样子，我非常惭愧。后来我一有空就去金工实习基地，跟着那里的几个师傅练焊接。现在焊接设备摸熟了，对不同状态下电弧、熔池的特征也渐渐有了深切的体会。”

机械工程系的年轻教师郑军博士曾向记者说过这样一件事：2007 年 3 月，潘老师率队去宁波考察 10 万吨油罐的焊接工作。为了切实了解焊接情况，潘老师要亲自爬上很高的油罐，而且要翻过很高的脚手架观察工人的操作。郑军等人劝他别上而让年轻人上，可他坚持要自己上去。“高高在上”的潘老师拿着电焊面罩，对着四处飞溅的电弧，仔细观察整个焊接工作。“潘老师特别敬业，总是冲在前线，做事情比我们年轻人还要专注。”郑军深有感触地说。

在学生的记忆中，潘老师不顾年事已高而亲临一线的故事还有很多。2007 年 9 月，潘际銮和课题组成员去钢轨焊接基地——天津杨村。工地现场非常零乱，工人在离地面 20 米的高架桥上焊接，条件很艰苦。为了拿到第一手资料，潘际銮拿着软梯子爬到 20 多米高的高架桥看工人焊接。当时风很大，现场人员都被潘际銮的这一举动吓坏了。2009 年 3 月，潘际銮和清华大学部分教师去上海汽轮机厂调研，见证百万千瓦核电低压转子 1∶1 试验件的制造。同样还是为了掌握第一手资料，潘际銮爬上离地面几米高的平台，拿着焊帽看转子焊接过程，长时间观察电弧变化。潘际銮的这种敬业精神，让年轻教师和学生们很受感染。

作为耄耋之年且享有崇高威望的资深院士，按理说工作中的一些琐事潘际銮完全可以交给更年轻的同事或学生去完成，但事实上并非如此。在需要的时候，潘际銮照样亲力亲为，不怕麻烦。高力生教授在回忆中提到这样一件事：2006 年无轨导爬行式焊接机器人研制成功后，为了让更多人了解和信任该成果，他们着手申请国家发明专利和国际专利。申请专利工作是相当艰巨的，特别在申请国际 PCT 专利和美国专利过程中，由于该成果专业面窄，又是国际领先水平，专利审查单位也不是很清楚，发给他们的几十项对比材料中，有许多与他们无关的信息，但要求看完这些专利文件后，一一说明与他们专利成果的差异。高力生说，这项工作本来应该由他来做，但由于他的知识和外语水平所限，最后也只能麻烦潘老师亲自完成。

二、实践中培养

潘际銮一贯强调在实践中培养学生的实际能力。这是西南联大和清华大学的优良传统，潘际銮和焊接教研组的同事们对此大加继承和发扬。据同事和学生回忆，20 世纪五六十年代，潘际銮常挂在嘴边的一句“名言”是：“科研生产第一线出真知。”当时的年轻教师何方殿教授说，潘老师“这样的话，对我这样一个年轻老师教育很大”。这种教育观念贯穿了潘际銮的一生。后来，从培养创造性人才要求出发，潘际銮进一步总结说，学生不仅应重视实践，更应尽量参加“大兵团作战”，只有经过了“大战”的磨炼，才能培养出领军人才和英雄团队。他说，没有大的课题和大的任务，是培养不出高质量人才的。

在谈到当年清华大学焊接教研组的教学时，许多人都不约而同地使用“真刀真枪”四个字来形容。20 世纪五六十年代的几届毕业生，其毕业设计无不尽可能结合科研或生产、“真刀真枪”地进行，许多学生都参与过当年那几个大的项目并以此作为毕业设计课题，其结果是学生普遍获得了较强的实际能力。陈剑虹教授是清华大学焊接专业 1960 年毕业的本科生和 1967 年毕业的研究生，曾担任甘肃工业大学校长和全国焊接学会理事长等职，其研究成果曾获得全国科学大会成果奖，并应邀到哈佛大学讲学。他在清华大学学习期间参加过三个课题的研究工作。他说，“这对我的成长是十分有益的，使我在工作的一开始就把科学研究和教学紧密结合在一起，深信在大学教学中就要用科学研究来培养学生的独立工作能力、创新能力”，“焊接专业给了我一生要献给科学的理念和奋发工作的毅力”。

董祖珏是焊接专业 1964 届毕业生，潘际銮指导她和马庆璋共同承担的毕业设计（协助指导老师陈剑虹，时为潘际銮指导的研究生）题目是“焊接热裂缝试验机的研制”。董祖珏说，这是一项“真刀真枪”的毕业设计，“我们查阅了大量的资料，对热裂缝的形成机制、影响因素、评定方法等有了较全面深入的了解，进而进行了论证，确定了试验机设计方案。设计完成后，进行投料加工。在加工过程中我们还经常和车间师傅一起干，车、铣、刨、磨都能上手。经过几个月的努力，最后由于时间关系，试验机虽然没有完全安装完，但经过这样一个从理论到实践的全面锻炼，我们实际工作能力有了很大提高。我们的毕业设计还在全班进行了公开答辩，得到老师、同学的一致好评。我还获得了当年优秀毕业生奖章”。毕业后，董祖珏被分配到哈尔滨焊接研究所工作。她勇挑大梁，20 世纪 70 年代末主持组建该所焊接热裂缝实验室，通过多年奋战，领导全组同人建成具有国际先进水平的焊接热裂缝试验机，其“焊接热裂缝研究”获得了国家科技进步奖二等奖。董祖珏感慨地说，毕业设计与她“之后一生的科研生涯密切相关”，正是由于有了清华大学六年的学习功底，又有毕业设计真刀真枪的锻炼，她才敢于挑起主持哈尔滨焊接研究所焊接热裂缝研究的重担。

基于对实际能力的重视，潘际銮一向要求他的研究生一定要掌握焊接技术。他常对学生说的一句话是：“做我的学生，不会焊接可不行。”曾担任青海大学校长、国际焊接学会副主席的陈强教授说，他 1977 年入读北京航空学院焊接专业，四年下来仅在实验课中烧了 1～2 根焊条，外加 3～4 个电阻焊点；而 1982 年考入清华大学师从潘老师读研究生后，几年中间，“从 CO_2 到氩气保护的几种电弧焊接工艺，熔化了上百公斤的焊丝，甚至练就可以不用面罩就可直视电弧的本领（这绝对不可取），终于在 1988 年获得焊接博士学位”。熔化了上百公斤的焊丝才获得博士学位，这从一个侧面反映出潘际銮对学生动手能力的要求。

2008 年潘际銮承担“建造百万千瓦级核电低压焊接转子”项目，他将研究生屈岳波、张瑞华、车洪艳、和平安、黄欣泉，以及本科生曹彬、马文超等纳入课题组，通过大项目的实战培养他们的科研能力。研究工作实施方案确定后，在潘际銮的指导下，博士后张瑞华、车洪艳查阅大量的相关资料，博士生屈岳波进行相关性能实验的国家标准搜集，博士生和平安进行相关方案的绘图工作。在方案制订的工作中，学生们经常加班加点，他们一起在实验室吃盒饭，边吃边讨论。潘际銮经常参加交流讨论，对学生的研究工作加以指导。初步方案确定后召开课题组师生讨论会，老师和同学们对方案进行认真讨论，形成修改意见。这样重复几次讨论—修改—讨论，拿出较完整的性能实验方案给合作单位。这样，研究工作有了进展，学生们的科研能力也得到了很大提高。屈岳波说："通过跟随导师做课题，深刻体会到在实际工作中学习的重要性。平时没有目的的学习很容易像过眼烟云，今天知道了，过几天就忘了。但是，结合实际工作进行的学习有时会有一种震撼的感觉，体会非常深刻。非常感谢导师对我们学习生活上的悉心指导和关怀，为我们搭建了一个很好的舞台。我相信这段学习时间将会是我人生中非常添彩的一页。"

三、心地单纯存大爱

潘际銮对学生和年轻教师严格要求，同时也对他们关心体贴，呵护备至。当然，作为教师，作为教研组组长和系领导，他的关心主要还是体现在事业方面，热情帮助和提携年轻人尽快成长。为此，他恪尽职守，舍得付出，即使科研工作再忙，他也愿意抽出更多时间用在关心和指导年轻人上。

何方殿教授是清华大学焊接专业的首届毕业生，毕业后留校任教，他在回忆文章中提到一件当年潘老师如何关心他站稳讲台的往事。1962 年，焊接教研组的俞尚知老师要调回上海工作，时任教研组主任的潘老师安排何方殿接手俞老师"弧焊电源"课的教学任务。潘老师说，专业课虽然已讲了两遍，但是教学还没有完全"过河"呢，再上个新老师怎么办？于是他出了个主意，请俞老师编写"焊接电弧"这一章的讲义，但也不让何方殿闲着。除了跟着俞老师一起讨论大纲外，何方殿也要写同一章的讲义，而且各写各的。这样，等何方殿最后看到俞老师写的讲义时，更深地感受到了俞老师清晰的条理、严谨的文风和广博的基础。何方殿感觉到自己夜以继日地查文献、记笔记、写一遍讲义，这个力气并没有白费，因为这样一来他消化俞老师的讲义就容易多了。第一节课讲下来后，潘际銮和时任教研组支部书记的陈丙森问何方殿："你昨晚睡好没有？"何方殿回答："几乎通宵未眠。"潘老师和陈老师语重心长地说："对了，新老师上讲台都是这样的，责任重啊。"

对年轻教师是这样关怀备至，对自己指导的学生则更是竭尽全力。南昌航空大学环境与化学工程学院党委书记熊振宇教授是潘际銮 1999 年招收的博士生。潘老师对他毕业论文的认真阅读和细致修改给他留下了十分深刻的印象。他说：

由于我的懒惰，毕业论文写得比较粗糙，打印装帧也很随意。我认为潘老师做校长，很忙，不会有时间看我的论文。论文交给潘老师没几天，潘老师叫我去他办公室谈论文，非常和蔼地和我讨论论文中存在的问题。没想到他看得很认真，英文翻译部分作了认真修改，中文部分也提出了不少修改意见。拿着修改稿的时候，真是百感交集。看到潘老师在原文上留下的红色修改印记，我既惭愧，又感动。从此以后，在研究工作中的每一个细节我都非常认真对待，绝不马虎。

张华教授对此也印象深刻。他说，虽然当时潘老师日常管理工作极为繁忙，但是老师总是要求交论文给他审查，而且密密麻麻地修改，其细致和认真程度令人震惊。张华说，潘老师反馈审查意见非常及时，这在当前导师指导学生中仍然不失为模范行为。特别令张华感动的是，潘老师即使在生病卧床期间，仍然及时修改他的论文。

潘老师病中关心学生的事，不少学生都有记忆。2011年春，潘际銮因心血管问题需要做外科手术。手术前，学生们分批地去看望潘老师。学生们心情沉重，但潘老师却从容淡定，谈笑自若，置生死于度外。他更关心的是学生们的学业和研究工作，希望不要受到他病情的影响。潘老师风趣地对学生们说："现在就是把我拉出去枪毙我也会很平静，你们不用担心，回去安心工作。"当时正参与百万千瓦低压核电转子焊接关键技术研究工作的博士后车洪艳回忆说，在潘老师手术后恢复健康期间，她和屈岳波等同学去潘老师家里看望。潘老师的病床放在客厅里，旁边放着一个氧气瓶。潘老师大病初愈，体力还没有完全恢复，但他并不愿多谈自己的身体，而是首先询问了车洪艳的生活、工作和实验室的课题研究进展情况，然后询问即将毕业的博士生屈岳波的毕业论文答辩准备情况。屈岳波将他和组内其他老师讨论后初步拟定的论文提纲交给潘老师。潘老师坐在病床上，带上眼镜，逐条认真地对论文提纲进行审核，并不时提出一些疑问。潘老师要屈岳波按照研究过程中发现了哪些问题、问题形成原因及怎样解决问题这条主线来准备论文材料，重点需要阐明研究工作对实际生产的指导意义。潘老师还嘱咐屈岳波答辩时不要紧张，控制时间，把关键点讲述清楚。

潘际銮关心学生学业，严格要求，但他并非不食人间烟火，对学生的生活也同样体贴入微。车洪艳在做博士后期间意外怀孕。在她心目中，潘老师一定是个一切以事业为重的人，所以她当时"简直不知如何是好"。她很珍惜来清华大学学习的机会，想把小孩打掉。她知道这需要休息稍微长一点的时间，所以在实施流产之前先去跟潘老师请假，但结果却让车洪艳大感意外。“当我向潘老师说明情况时，潘老师首先考虑的是我自身的利益。他询问了我的年龄，我的家庭情况和现在的工作情况，然后潘老师又去了解学校对博士后的政策。他平静地说，你自己的家庭生活更重要，工作其他的人可以帮着做，不要因为学习的事情影响到家庭生活。后来我顺利地生下宝宝，也顺利地完成了博士后的工作。”

房婷是北京林业大学机械设计及理论专业的研究生，也是北京林业大学与清华大学的联合培养生，清华这边的导师是她十分向往的“资质深厚的潘老师”。作为联合培养生，她难免有一种被以“旁系”对待的担心，但事实很快就使她释然，她说：

> 在做课题的过程中，潘老师视我这个联合培养生如己出，不论是生活上的补助还是课题中任务的分配，都不偏不倚，与同门相当。平时的课题讨论会议，潘老师都会引导我积极参与，而不让我置身事外。就连出差去南昌，潘老师都不惜出资给我提供这种难得的学习机会。他常常在别人面前称我与同门是他的第七代弟子，是从心底里认定我为他的学生，还会额外地照顾我。老师为我营造了一个和谐平等的研究环境，让我安心学习。

在学生的印象中，潘老师待人随和，平易近人，处世淡泊宁静，胸无一丝杂念。许平非 2006 年考上清华大学焊接专业研究生，他特别希望能在潘老师名下学习。许平非说，他怀着忐忑不安的心情来到清华大学，敲响仰慕已久的潘老师办公室的门，心情特别紧张。但是，潘老师的态度很快使他放松下来。潘老师和蔼地询问了他的专业成绩、兴趣爱好、爱看什么样的书等细节问题，完全没有他想象中一个院士的架子，然后就在他的录取通知书上签了字，收他为研究生。许平非当时的心情既十分激动，又不无疑惑：在现在这样一个办一点小事都要找关系的社会里，他一介普通学生，没通过任何关系，就这么轻而易举地成为了院士的学生？后来他问潘老师为何接收他，潘老师说：谁先来我就接收谁，打招呼不顶用。许平非感慨地说：“潘老师的心灵非常纯洁，没有被世俗污染。”

蔡志鹏是潘际銮研究团队里的一名中青年教师，他在 2010 年 11 月接受九江电视台“东南西北九江人”节目组采访时说的一番话颇能概括潘际銮作为教师的特点及对学生的影响：

> 潘老师是一个大导演，给我们导了一场国家装备制造业发展的大戏；又是一个建筑师，给我们搭了一个非常大的舞台，让我

们在这里发挥自己的力量；同时潘老师还是个大后勤、总务长，给我们提供科研需要的物质、精神各方面的支持。大家觉得，在潘老师这个团队里面，都能够得到自己的发展。潘老师就像一场大雨，如果你是棵大树，你就能多吸点水，如果你是棵小草，也能吸收你需要的水分。所以，潘老师这种指导是博爱的……

附录一　潘际銮学术活动年表

1927年12月24日，出生于江西省九江市。

1944年，以云南省中学生统考第一名成绩进入西南联合大学机械系学习。

1946年，随西南联大的部分学生赴京转入清华大学继续本科学业。

1948年7月，清华大学机械系毕业，获工学学士学位，随即留校成为著名教育家和学者刘仙洲先生的助教。

1950～1953年，赴哈尔滨工业大学机械系研究生班学习，师从苏联鲍曼工业大学教授、焊接专家恩·恩·普罗霍洛夫博士。从1952年9月起开始担任哈尔滨工业大学焊接教研室代主任，筹建其焊接专业。

1953年，返回清华大学筹建焊接专业，后经哈尔滨工业大学与清华大学两校协商借调至哈尔滨工业大学两年与两名苏联焊接专家共同工作。

1955年8月，正式返回清华大学工作，与同人共同创建清华大学焊接教研组，并担任教研组主任。从1959年开始，在潘际銮领导下的焊接教研组多次被评为校级红旗先进集体和五好教研组，并派代表参加北京市“群英会”。

1958年，在国内首次完成“电渣焊制造重型轧钢机架技术研究”，受到机械工业部、冶金工业部联合表扬，并组织清华大学师生技术推广队到全国各地推广。周恩来总理陪同金日成主席在清华大学参观了电渣焊研究工作的展览。

1959年，主持完成了“2500吨水压机蓄势器”的制造。生产基地建在清华大学校园内，制造完成后验证容器爆破试验压力为1200个大气压，北京市委副书记刘仁曾亲临现场。当时制造的六个蓄势器目前仍在使用中。

1959年11月至1960年3月，参加第一机械工业部组织的“中国赴苏焊接考察组”，访问了3所高校、6个科研院、5家工厂，考察苏联焊接科学技术的发展。访苏期间，潘际銮给清华大学寄来材料，详细介绍了1958年苏联部长会议通过的《在苏联国民经济中发展焊接技术》的第621号决议。

1959～1960 年，带领清华大学焊接教研组在国内首次完成“利用堆焊技术制造重型锤锻模技术研究”，解决了我国长春汽车制造厂缺乏重型锤锻模钢的问题，受到机械工业部表彰。

1960 年，晋升为副教授。

1961 年，担任清华大学金属材料教研组主任。当时，为适应国家核工业、航天、航空等尖端技术发展的需要，清华大学设立了一些新专业，金属材料教研组也在其中。

1961 年，带领清华大学焊接教研组在国内首次完成（清华大学）核反应堆中的焊接工程，受到学校表彰。

1964～1966 年，担任清华大学冶金系副主任和焊接教研组主任。

1964 年，赴布拉格参加国际焊接学会年会。在此次年会上中国焊接学会被接受成为会员国组织，自此开辟了中国焊接界进入世界焊接学术舞台的新纪元。

1964 年，率领清华大学焊接教研组与上海汽轮机厂等单位联合完成大型燃气轮机焊接转子的研制。至今，在我国电站机组中应用的 300 余个大型焊接转子实现“零故障”运行。

1964 年，在清华大学研制成功的国内第一台真空电子束焊机通过国家鉴定，随后于 1964 年 5 月获得国家科学技术委员会、国家计划委员会、国家经济委员会联合颁发的“工业新产品二等奖”证书。

1964 年，当选中国焊接学会副理事长，并任职至 1981 年。

1965 年，赴法国巴黎参加国际焊接学会年会。

1973 年，研究成功世界上第一台逆变焊机，但在当时的社会政治环境下成为了“一项被埋没的重大发明”。

1973 年，赴联邦德国杜塞多夫参加国际焊接学会年会。

1974 年，赴匈牙利布达佩斯参加国际焊接学会年会。

1975 年，赴日本参加国际焊接学术会议。

1977 年 8 月 4 日，参加邓小平同志主持的科学和教育工作座谈会。此次会议上，国家决定立即恢复高考制度。

1977 年 8 月，当选中国共产党第十一次全国代表大会代表，并出席大会。

1977 年，被国家科学技术委员会聘为国家科学技术委员会机械工程学科组成员。

1978 年，赴爱尔兰都柏林参加国际焊接学会年会。

1978 年，在国内率先研究成功电弧传感器及其焊接自动跟踪系统。

1978 年 7 月，受聘德国汉诺威工业大学材料工程系客座教授。

1978年9月，晋升为教授。

1978年10月，受聘德国亚琛工业大学机械系客座教授。

1979年1月，担任清华大学学术委员会委员。

1980年，受聘担任清华大学机械系主任，任职至1992年。

1980年4～5月，赴美参加美国焊接学会（AWS）年会。

1980年9～10月，赴日本参加国际焊接学术会议，受聘为日本焊接学会客座会员。

1980年11月，当选为中国科学院学部委员（院士）。

1980～1987年，被国家科学技术委员会聘为国家发明奖励评审委员会机电专业评审组委员。

1981年，当选中国焊接学会理事长，任职至1986年。

1981年6月，受聘担任国务院学位委员会学科组成员。

1982年2月，受聘担任清华大学第一、第二届学位评定委员会委员，兼任金属材料及热加工分委员会主席。

1982年9月，赴南斯拉夫参加第三十五届国际焊接学会年会，当选为国际焊接学会副主席，任期四年。

1982年11月，赴日本参加国际焊接学术会议，并作特邀报告“Welding Arc Control System”。

1983年3月，赴挪威特隆赫姆以国际焊接学会副主席身份参加国际焊接学会执行委员会会议。

1983年，代表中国焊接学会与德国焊接学会总干事长苏森海默尔签署合作协议，报请两国政府成立合作项目，在中国建立焊接培训中心。由此，我国培训的焊接工程师及焊接技术工人获国际认可。

1983～1993年，受聘担任清华大学实验技术委员会主任，并任《实验技术与管理》杂志编委会主任。

1984年2月，在清华大学完成的“焊接用双向激光自动跟踪系统”获北京市科学技术成果奖二等奖。

1984年4月，以国际焊接学会副主席身份赴美国参加国际焊接学会执行委员会会议。

1984年6月，“新型MIG焊接电弧控制法”（作为第一发明人）荣获国家技术发明奖一等奖。

1985年2月，被中共北京市委和北京市人民政府授予“北京市特等劳动模范”称号。

1985年2月，连续担任国务院学位委员会第一、第二、第三、第四届学科评议组成员及材料科学与工程评议组组长。

1985年3～4月，赴法国以国际焊接学会副主席身份参加国际焊接学会执行委员会会议。

1985年4月，“焊接电源外特性控制法弧焊机及其电路”获中国发明专利授权。

1985年4月，被中华全国总工会授予“全国优秀科技工作者”称号和“全国五一劳动奖章”。

1985年5～6月，赴日本参观筑波科学博览会。

1985年8～9月，赴法国参加第三十八届国际焊接学会国际焊接年会，并赴西德参观埃森焊接博览会。

1985年12月24日，被中共北京市委授予“优秀共产党员”称号。

1985年，受聘担任《科技导报》编委会委员。

1985年，受聘担任大连铁道学院（现大连交通大学）顾问教授。

1985～1994年，受聘担任清华大学校务委员会委员。

1986～1994年，受聘担任清华大学第三、第四、第五届学术委员会主任。

1986～1989年，受聘担任中国机械工业技术发展基金委员会副主任。

1986～1993年，被国家自然科学基金委员会聘为机械学科评审组成员，并在1986～1988年出任组长。

1986～1996年，受聘担任中国机械工程学会副理事长。

1986年，当选联邦德国焊接学会客座会员。

1986年6～10月，受聘美国俄亥俄州立大学焊接系客座教授，赴美讲学和学术休假。

1986年12月，“Method of Controlling the Output Characteristic of a Welding Power Source for Arc Welding and Electric Circuit to be Used for Such Apparatus”获美国专利授权。

1987～1991年，受聘担任秦山核电站工程焊接技术顾问，指导完成秦山核电站焊接工程。该焊接工程为我国首次自行设计并制造完成，为核电发展作出了重要贡献。

1987年11月，赴新加坡参加泛太平洋焊接与无损探伤学术会议。

1987年，受聘担任山东海洋学院（现中国海洋大学）顾问教授。

1988年，受聘担任华南工学院（现华南理工大学）顾问教授。

1988～1998年，受聘担任国务院学位委员会委员。

1988年5月，赴日本参加“材料加工新方向——21世纪挑战”及等离子国际会议，作题为“Future Direction Welding Structure Production”

的学术报告，并参加荒田吉明（Arata）院士退休纪念会。

1989 年 3～4 月，赴华盛顿参加美国焊接学会七十周年学术活动，随后在美国俄亥俄州立大学讲学。

1989 年 5 月，被国家机械电子工业部聘为机械工业技术发展基金委员会名誉委员。

1989 年 11 月，被中国科学院授予荣誉奖章。

1989 年，“焊接过程中监测工件坡口和装配状况的光电传感方法”获中国发明专利授权。

1990 年 3 月，赴香港理工大学讲学。

1990 年 4 月，赴日本参加“第五届先进焊接技术、材料加工及评价学术研讨会”（5th International Symposium on Advanced Technology in Welding，Materials Processing and Evaluation）。

1990～1993 年，受聘担任《机械工程学报》编委会委员、名誉主任。

1990～1993 年，受聘担任全国自然科学名词审定委员会委员。

1991～1994 年，受聘担任清华大学专业技术职务校级学科评议组成员。

1991 年，受聘担任欧洲材料连接学会主办的 *The international journal for the joining of materials* 编委会委员。

1991 年，受聘担任中国焊接学会《焊接手册》第一卷主编。

1991 年 6 月，荣获中国机械工程学会科技成就金质奖章。

1992 年 7 月，赴旧金山参加“柔性自动化学术研讨会”（Symposium on Flexible Automation）。

1992 年，受聘担任《中国机械工程》杂志编委会主任。

1993 年，“空心轴电机驱动的旋转扫描焊炬”获中国发明专利授权。

1993 年，受聘担任蒋氏工业慈善基金有限公司顾问委员会委员。

1993 年 4 月，受聘担任南昌大学校长。聘任仪式由江西省省长吴官正主持，中共江西省委书记毛致用讲话。

1994 年，撰写《博士生培养要着眼于创造知识》，被《学位与研究生教育》杂志授予创刊十周年优秀论文一等奖。

1994 年，受聘担任南昌航空工业学院（现南昌航空大学）名誉教授。

1994 年，“焊接温度场检测装置用传感器”获中国发明专利授权。

1994 年 5 月，被授予纽约州立大学尤帝卡理工学院荣誉教授及领导贡献金质奖章，签署中国南昌大学与美国纽约州立大学友好合作协议书。

1995 年 2 月，担任清华大学第六届、第七届学术委员会名誉委员。

1995 年 5 月，受聘担任全国高等学校实验室工作研究会顾问。

1995年6月，受聘担任山东工业大学（现山东大学）名誉教授。

1995年10月，在国家教委全国高教管理体制改革座谈会上，作了题为“走好合并办学之路，建设新型综合大学”的发言。

1995年11月，被国家教委、国家人事部联合授予“全国教育系统劳动模范”称号。

1996年4月，被中华全国总工会授予“全国五一劳动奖章”。

1996年9月，《人工智能在焊接中的应用》获中国机械工程学会1991～1996年度优秀论文奖。

1996年9月，被中国机械工程学会授予荣誉理事。

1997年9月，当选中国共产党第十五次全国代表大会代表，并出席大会。

1997年9月，“动态温度场实时检测传感器”获中国发明专利授权。

2000年，受聘担任中国石油大学兼职教授。

2000年，受聘担任重庆工学院名誉教授。

2000年，受聘担任江西省人民政府决策咨询委员会顾问。

2000年10月，荣获“何梁何利基金科学与技术进步奖”。

2001年6月，专著《现代弧焊控制》被国家新闻出版总署授予第十届全国优秀科技图书奖一等奖。

2001年10月，荣获中国机械工程学会焊接学会颁发的“中国焊接最高荣誉奖”。

2001年12月，南昌大学“三制”改革的研究与实践获国家级教学成果奖二等奖。

2002年6月，“基于ICCD双色热图像的温度场实时检测的理论研究”获江西省自然科学奖二等奖。

2002年12月，改任南昌大学名誉校长。

2003年1月，被中国机械工程学会聘为《机械工程学报》第八届编委会名誉主任。

2003年4月，受聘担任《中国大百科全书》总编辑委员会委员和机械卷主编。

2003年11月，在上海参加2003年埃森国际焊接与切割展览会，任会议执行主席。

2003年，专著 *Arc welding control* 由英国 Woodhead Publishing Limited (Cambridge, England) 出版。因英国要求购买我国科技图书版权出版，获国家新闻出版总署表彰。

2003年，《新型自动焊跟踪系统》获《机械工程学报》创刊50周年优秀论文奖。

2003年，受聘担任清华大学第八届学术委员会委员。

2004年9月，参加中国激光考察团赴德国进行技术考察。

2005年4月，受聘担任清华大学先进成形制造教育部重点实验室学术委员会副主任委员。

2005年5月，出席第十一次全国焊接学术会议，并被中国焊接学会和中国焊接协会联合授予“中国焊接终身成就奖”。

2005年9月，主持完成的“无轨导全位置爬行式弧焊机器人研制”获江西省科学技术进步奖。

2005年10月，“永磁履带自主全位置爬行式弧焊机器人的控制方法”获中国发明专利授权。

2005年10月，受聘担任《中国焊接产业》编委会主任。

2005年12月，出任西南联大校友会常务副会长。

2005年12月，受聘担任清华大学教授提名委员会委员。

2005年，在清华大学主持并讲授研究生学位课程“材料加工前沿”至今。

2006年，受聘担任《电焊机》杂志编委会名誉主任。

2007年2月，应邀出席铁道部召开的全国铁路第六次大面积提速技术研讨会。

2007年3月，主持完成的铁道部-清华大学科技研究基金项目“高速铁路大跨度钢桥焊接变形控制与疲劳性能研究”通过了由铁道部组织的专家验收。

2007年3月，应邀为吉林大学师生作题为“西南联大办学经验启示”的报告。

2007年4月，在清华大学主持召开西南联大校友大会。200多位来自祖国各地的联大校友参加会议。老校友们就西南联大精神传播活动、西南联大校友通讯特刊编辑和出版、西南联大校友补报等相关事宜进行了讨论。

2007年5月，出席第十届北京国际科技产业博览会开幕式，并作了题为“走以实践为基础的自主创新之路”的报告。

2007年7月，受铁道部领导委托，主持“京津高速线钢轨闪光对焊及热处理工艺研究”项目。

2007年9月，应邀赴沈阳参加“中国百名院士行”活动，并受聘担任沈阳市人民政府咨询顾问。

2007年10月，出席在清华大学举行的西南联大建校七十周年纪念大会，与清华大学校长顾秉林、清华大学教育基金会理事长贺美英、西南联大校友会会长沈克琦等共同为复制的国立西南联合大学纪念碑揭幕，并代表西南联大校友在揭幕仪式上发言。国务委员陈至立出席了纪念大会。

2008年，主持完成铁道部科研开发计划重大课题“全自动钢轨窄间隙电弧焊接技术与装备”，提出并实现了采用自保护药芯焊丝的钢轨全自动窄间隙电弧焊新方法进行无缝钢轨的焊接，该项目具有我国完全自主知识产权。

2008年，主持完成的“无缝钢轨闪光对焊技术的研究”项目直接用于京津城际钢轨焊接，为保证我国第一条时速350公里高速列车奥运前顺利开通作出了重要贡献。

2008年3月，《中国焊接事业发展历程》正式出版。该单行本由潘际銮在安徽合肥召开的“第十二次全国焊接学术会议暨中国机械工程学会焊接学会成立四十五周年纪念大会”开幕式上的特邀报告整理而成。

2008年12月，作为“彩色百科全书”主编之一获国务院颁发的国家科技进步奖二等奖。

2008年10月，在国家发展和改革委员会国家能源局和中国机械联合会等领导部门的支持下，上海电气电站设备有限公司与清华大学焊接研究中心签署协议，在潘际銮的学术领导下，针对1000兆瓦核电低压转子的焊接制造开展联合攻关。

2009年7月，上海电气集团股份有限公司成立潘际銮院士工作站。

2009年9月，参加唐山轨道客车有限责任公司特邀院士工作站揭牌仪式。

2009年9月，在焊接馆接待来访的国际著名焊接力学专家上田幸雄教授一行，并就“厚壁筒体窄间隙多道对焊残余应力的状态”进行学术讨论。

2009年12月，主持完成的“京津高速线钢轨闪光对焊及热处理工艺研究”项目通过验收。验收会由北京铁路局主持，认为项目成果“可作为我国其他高速客运专线建设和运营管理中钢轨的焊接、热处理工艺过程及质量控制的重要参考与借鉴”。

2010年，参与铁道部科研开发计划重大课题“格拉段多年冻土区无缝线路现场焊接技术”研究。

2010年，领导的“重大工程焊接技术研究团队”荣获清华大学“校级先进集体”称号。

2010年7月，赴上海参加核电汽轮机大型低压焊接转子技术交流会。

2011 年 1 月，应邀参加在哈尔滨举办的“第二届先进焊接与连接学术会议及焊接新发展国际论坛”，并作主题报告。

2011 年 10 月，参加国家核电技术公司主持的核电焊接转子标准制定工作会议。

2011 年 11 月，赴上海电气集团股份有限公司临港工厂见证核电焊接低压转子 1∶1 模拟件制造过程。

2012 年 4 月，当选为国立西南联合大学北京校友会会长。

2012 年 11 月 3 日，在清华大学主持国立西南联合大学建校 75 周年纪念大会。

附录二　潘际銮著作、专利、论文目录

著　作

1. Pan J L. Arc Welding Control. Cambridge：Woodhead Publishing Limited and CRC Press LLC，2003：1-603
2. Feng Z L. Process and Mechanism of Welding Residual Stress and Distortion. Cambridge：Woodhead Publishing Limited and CRC Press LLC，2005：126-174
3. 潘际銮．现代弧控制．北京：机械工业出版社，2000：1-453
4. 潘际銮，徐丽萍．一所地方大学的崛起——潘际銮教育文集．北京：化学工业出版社，2007：1-237
5. 潘际銮，汪广仁．彩图科技百科全书．第五卷．器与技术．上海：上海科学技术出版社，上海科技教育出版社，2005：1-263
6. 潘际銮，蔡维慈，吴志强，等．中国大百科全书．机械工程学科（第 2 版）．北京：中国大百科全书出版社，2002
7. 潘际銮．机械制造科学（热加工）．国家自然科学基金委员会．自然科学学科发展战略调研报告．北京：科学出版社，1995：1-201
8. 潘际銮．焊接方法及设备．焊接手册．第一卷．北京：机械工业出版社，1991：1-729
9. 潘际銮．大型轧钢机架电渣焊．专题报告．北京：冶金工业出版社，1959
10. 潘际銮．焊接中的热裂纹．北京：机械工业出版社，1959：1-132
11. 潘际銮，漆丹．中国工科教育的开拓者．昆明：云南教育出版社，2011：1-163
12. 阿洪．接触电焊机．沈京（潘际銮、叶兢生笔名）译．北京：高等教育出版社，1958

专　利

1. 毛志伟，潘际銮．2010－02－24．一种曲面全位置爬行式移动机器人机构．申请（专利）号：200910091524.5
2. 毛志伟，潘际銮．2010－06－09．一种用于水下同步带磁吸附爬行机构的连接结构．申请（专利）号：200920034801.4
3. 毛志伟，潘际銮．2010－06－09．水下轮履式磁吸附爬行机器人柔性履带非接触式张紧装置．申请（专利）号：200920034791.4
4. 潘际銮，廖宝钊，张华．1997－10－08．动态温度场实时检测传感器．申请（专利）号：96211738.2

5. 潘际銮，焦向东，张骅．1996－01－28. 交流熔化极惰性气体保护焊焊接电弧控制装置．申请（专利）号：ZL 93 1 19445.8
6. 潘际銮，何方殿，苏勇，等．1994－02－27. 焊接温度场检测装置用传感器．申请（专利）号：ZL 93 2 13847.0
7. 潘际銮，廖宝钊．1993－07－24. 空心轴电机驱动的旋转扫描焊炬．申请（专利）号：ZL 92 2 44476.5
8. 潘际銮，吴敏生，陈武柱，等．1990－05－16. 焊接过程中监测工件坡口和装配状况的光电传感方法．申请（专利）号：85 1 00074.6
9. Pan J L，Zhang R H，Ou Z M， et al. December 9，1986. Method of Controlling the Output Characteristic of a Welding Power Source for Arc Welding and Electric Circuit to be Used for Such Apparatus. US Patent No. 4，628，181
10. 潘际銮，张人豪，区智明，等．1985－04－01. 焊接电源外特性控制法、弧焊机及其电路．申请（专利）号：85100037.1
11. 潘际銮，阎炳义，高力生，等．2004－04－21. 永磁履带自主全位置爬行式弧焊机器人的控制方法．申请（专利）号：03153663.8
12. Pan J L，Yan B Y，Gao L S，et al. March 3，2009. Control method and system for a trackless autonomous crawling all-position arc welding robot with wheels and permanent magnet caterpillar belts. US Patent No. 7，498，542
13. 闫炳义，潘际銮，卢勤英，等．2007－02－14. 在小直径曲面上运行的永磁式轮履爬行机．申请（专利）号：200620000972.1
14. 郑军，毛志伟，潘际銮，等．2009－12－16. 一种带冷却的全密封薄板对接焊缝跟踪传感器．申请（专利）号：200920105035.6
15. 郑军，潘际銮．2010－12－29. 焊缝跟踪监测设备及方法．申请（专利）号：201010238686.X
16. 郑军，潘际銮．2011－01－05. 焊缝跟踪监测设备．申请（专利）号：201010238683.6
17. 时振，陆兴华，潘际銮．2011－01－05. 高速焊丝绞合机．申请（专利）号：201010279167.8
18. 郑军，潘际銮．2010－07－07. 基于视觉检测的窄间隙电弧焊接在线决策方法．申请（专利）号：2009100.76527.1
19. 郑军，潘际銮．2009－09－09. 基于视觉的薄板对接焊缝实时检测方法．申请（专利）号：200910083216.8
20. 毛志伟，潘际銮，张伯奇．2010－08－26. 用于水下磁吸附轮履式爬行机器人磁吸附单元．申请（专利）号：200910091523.0
21. 毛志伟，潘际銮．2010－03－03. 水下圆弧齿同步带磁吸附柔性履带机构．申请（专利）号：200910024105.X

论　文

1. 郑军，潘际銮．基于被动视觉的焊接过程多信息检测系统．焊接学报，2010，

(11)：49-52

2. 毛志伟，潘际銮，张华．狭小空间直角角焊缝移动焊接机器人系统研制．中国机械工程，2010，(17)：2040-2043，2049
3. 许平非，郑军，潘际銮．一种窄间隙焊接被动光视觉传感器的研究．电焊机，2010，(3)：37-39
4. 柯黎明，潘际銮，邢丽，等．搅拌摩擦焊焊缝金属塑性流动的抽吸—挤压理论．机械工程学报，2009，(4)：89-94
5. 郑军，潘际銮．基于视觉检测的焊缝跟踪技术．金属加工（热加工），2008，(24)：37-38
6. 程柏，郑军，潘际銮．强弧光干扰下焊缝结构光图像跟踪信息获取．清华大学学报（自然科学版），2008，(11)：1900-1903
7. 郑军，潘际銮．基于粒子滤波的结构光实时焊缝跟踪技术．上海交通大学学报，2008，(S1)：61-64
8. 柯黎明，潘际銮，邢丽，等．焊缝金属厚度方向的流动与洋葱瓣花纹的形成．焊接学报，2008，(7)：39-42，115
9. 张丽霞，张伟，潘际銮．基于流固耦合理论的混流式叶片动力学分析．清华大学学报（自然科学版），2008，(5)：773-776
10. 柯黎明，潘际銮，邢丽，等．铝合金搅拌摩擦焊焊缝形成的物理机制．材料工程，2008，(4)：33-37
11. 魏复理，洪波，潘际銮，等．磁控摆动电弧 MIG 焊建模仿真系统．电焊机，2008，(1)：12-16
12. 潘际銮．激光焊接技术的发展．第五届全国计算机在焊接中的应用学术与技术交流会，2008
13. 郑军，潘际銮．基于粒子滤波的结构光实时焊缝跟踪技术．第七届中国机器人焊接学术与技术交流会议，2008
14. 洪波，黄俊，潘际銮，等．摆动电弧埋弧焊的数学建模与仿真．焊接学报，2007，(6)：25-28，114
15. 柯黎明，潘际銮，邢丽，等．搅拌针形状对搅拌摩擦焊焊缝截面形貌的影响．焊接学报，2007，(5)：33-37，114-115
16. 潘际銮．现代弧焊控制在爬行式全位置弧焊机器人中的应用研究．河北科技大学学报，2007，(1)：1-4
17. 屈岳波，洪波，潘际銮，等．基于 MATLAB 的 CO_2 电流信号处理建模及仿真．焊接学报，2007，(1)：101-104，118
18. 洪波，黄俊，潘际銮，等．新型埋弧焊焊缝跟踪系统的信号处理方法．焊接学报，2006，(7)：53-56，115-116
19. 张华，潘际銮，刘伟力，等．无轨导全位置爬行式弧焊机器人系统．机械工程学报，2006，(7)：85-91，97
20. 马兆瑞，潘际銮，张虓，等．无轨导全位置爬行弧焊机器人在造船中的应用．电

焊机，2006，(3)：16-18，26
21. 柯黎明，潘际銮，王善林．搅拌头形状对焊缝塑化金属流动行为的影响．第十一次全国焊接会议，2005
22. 潘际銮．镁合金结构及焊接．第十一次全国焊接会议，2005
23. 潘际銮．镁合金结构及焊接．电焊机，2005，(9)：1-7
24. 黄俊，洪波，潘际銮．电弧传感式埋弧焊焊缝跟踪系统的信号处理．焊接技术，2005，34 (4)：44-45
25. 潘际銮，阎炳义，高力生．爬行式全位置弧焊机器人．电焊机，2005，(6)：1-5
26. 屈岳波，洪波，潘际銮．低频旋转电弧传感器焊缝跟踪技术．电焊机，2005，(4)：52-55
27. 袁灿，洪波，潘际銮．智能弧焊机器人的运动学建模．焊接学报，2005，(3)：70-72，84
28. Pan J Y，Pan J L. Analysis of common fatigue details in steel truss structures. Tsinghua Science and Technology，2004，(5)
29. 屈岳波，洪波，潘际銮．一种自动跟踪焊接小车的驱动方法．焊接技术，2004，(6)：38-40
30. 项安，潘俊民，潘际銮．基于焊接温度场的焊缝跟踪与熔透控制．上海交通大学学报，2003，(12)：1858-1861
31. 项安，潘际銮．焊接温度场焊缝识别及焊缝跟踪技术研究．中国机械工程，2002，(8)：640-643
32. 焦向东，黄松涛，潘际銮，等．新型交流脉冲 MIG 焊接法的研究．石油机械，2002，30 (9)：8-10
33. Pan J L. Arc sensing system for automatic weld seam tracking (Ⅱ) —Signal processing. Science in China，2001，(04)
34. Pan J L. Arc sensing system for automatic weld seam tracking (Ⅰ) —Mathematic model. Science in China，2001，(03)
35. 高力生，潘际銮，闫炳义．碳素结构钢及低合金高强钢焊接方法选择．中国三峡建设，2001，(1)：14-17
36. 熊震宇，张华，潘际銮．电弧传感器的发展状况及应用前景．焊接技术，2001，(5)：2-6
37. 万金保，潘际銮，林波．江西京九沿线环境与资源保护的对策研究．中国人口·资源与环境，2000，S1
38. 潘际銮．展望 21 世纪焊接科研．中国机械工程，2000，Z1
39. 张华，潘际銮．基于等温线分布的熔透控制系统模型及系统仿真分析．中国机械工程，2000，(12)
40. 贾剑平，张华，潘际銮．用于弧焊机器人的新型高速旋转电弧传感器的研制．南昌大学学报（工科版），2000，(3)：1-3，18
41. Zhang H，Pan J L，Liao B J. The real-time measurement of welding temperature

field and closed-loop control of isotherm width. Science in China, Ser. E, 1999, (02)

42. Zhang H, Pan J L, Liao B J. Influence of variables on the system of real-time measurement of temperature field with ICCD as sensor. Science in China, Ser. E, 1999, (01)

43. Zhang H, Pan J L. Real-time measurement of welding temperature field and closed loop control of penetration. China Welding, 1999, (02)

44. 张华，潘际銮．基于二维焊接温度场检测的三维温度场计算机模拟．焊接学报，1999，(4)：225-232

45. 张华，贾剑平，潘际銮，等．旋转电弧传感式弧焊机器人典型坡口焊缝偏差仿真分析．第九次全国焊接会议，1999

46. 潘际銮．二十一世纪焊接科学研究的展望．第九次全国焊接会议，1999

47. 张华，潘际銮．成像电荷耦合器件双色热图像焊接温度场检测系统的标定．中国机械工程，1998，(8)：40-42

48. 张华，潘际銮，廖宝剑．基于 ICCD 双色热图象的温度场实时检测传感系统．仪器仪表学报，1998，(1)：94-97

49. 江智军，潘际銮．可控硅逆变多功能焊切电源控制系统的研究．南昌大学学报（工科版），1998，(1)：18-22

50. 潘际銮．弧焊过程控制．南昌大学学报（工科版），1998，(1)：2-14

51. 张华，潘际銮．图像比色法温度场实时检测的研究．机械工程学报，1998，(2)：1-7

52. 张华，潘际銮，廖宝剑．焊接温度场的实时检测及等温线宽度闭环控制．中国科学 E 辑，1998，(3)：41-46

53. 张华，潘际銮，廖宝剑．图像比色法温度场实时检测系统各个因素对测温的影响．中国科学 E 辑，1998，(1)：63-68

54. Zhang H, Pan J L, Liao B J. Real-time measurement of temperature field with ICCD as sensor (II) —Principle and method for optimum design of wavelength. Science in China, Ser. E, 1998, 41 (5): 496-501

55. Zhang H, Pan J L, Liao B J. Real-time measurement of temperature field with ICCD as sensor (I) —Principle and method for division of temperature range. Science in China, Ser. E, 1998, 41 (3): 295-301

56. 张华，潘际銮．焊接温度场的实时检测及熔透闭环控制．焊接学报，1998，(3)：232-237

57. 焦向东，潘际銮．交流 MAG 焊接电弧稳定性及其控制．焊接学报，1998，19 (1):47-53

58. 张华，潘际銮．以 ICCD 为传感器的温度场实时检测——Ⅱ．波长优化设计的原则及方法．中国科学 E 辑，1997，(6)：516-520

59. 张华，潘际銮．以 ICCD 为传感器的温度场实时检测——Ⅰ．温度场分区处理的原

则及方法．中国科学 E 辑，1997，(5)：418-423
60. 潘际銮．弧焊过程控制．第八次全国焊接会议论文集．第一集．中国机械工程学会焊接学会．北京．35-50
61. 潘际銮．CO_2气体保护焊的电弧传感自动跟踪．第八次全国焊接会议论文集．第三集．中国机械工程学会焊接学会．北京．161-163
62. 潘际銮．短路过渡焊接电弧传感信号的波形特征．第八次全国焊接会议论文集．第三集．中国机械工程学会焊接学会．北京．164-166
63. 张华，廖宝剑，潘际銮．焊接热循环参数的实时检测及闭环控制．第八次全国焊接会议论文集．第三集．中国机械工程学会焊接学会．北京．203-205
64. 张华，廖宝剑，潘际銮．用比色法实时检测焊接温度场的计算机处理技术．清华大学学报，1997，(11)：30-34
65. 张华，潘际銮．以 ICCD 为传感器的温度场实时检测 1. 温度场分区处理的原则及方法．中国科学，1997，27 (5)：418-423
66. 张华，潘际銮．以 ICCD 为传感器的温度场实时检测 2. 波长优化设计的原则及方法．中国科学，1997，27 (6)：516-520
67. Zhang H，Liao B J，Pan J L. Real-time measurement of temperature field by calorimetric method. SPIE，1996 (10)：2894，11-18
68. 潘际銮，金建敏．单片机控制的弧焊电源通用一元化调节装置的研制．焊接，1996，(3)：2-4
69. 焦向东，潘际銮，张骅．AC/DCRP 交替 MIG 焊接方法的研究．中国机械工程，1996，7 (2)：88-89
70. 焦向东，潘际銮．焊接电源功率变换管功耗的测量．电焊机，1995，(1)：1-3，6
71. 焦向东，潘际銮，张骅．交流 MIG 焊接电弧控制系统的研究．电焊机，1994，(2)：9-11
72. 潘际銮．焊接的人工智能与控制．国际学术动态，1993，(2)：50-58
73. 焦向东，潘际銮，张骅．场效应管逆变式方波交流 MIG 焊接电源的研制．电焊机，1993，(3)：11-15
74. 潘际銮．我国机械工程学科的发展与未来展望．机械工程学报，1993，29 (2)：3-11
75. 潘际銮．大陆机械工程学科的发展与未来展望．机械工业杂志，1993，(1)：131-141
76. 廖宝剑，潘际銮．旋转扫描电弧传感器焊缝双向跟踪系统的研究．中国科协首届青年学术年会文集．(工科分册．上册)．北京．1992：6-11
77. Pan J L. Arc Welding Process control. Chinese Journal of Mechanical Engineering (English Edition)，1992，5 (3)：157-168；International Journal for the Joining of Materials，1992，4 (4)：116-124
78. 潘际銮．人工智能在焊接中的应用．中国焊接学会三十周年纪念文集．中国焊接，北京．1992 年 5 月

79. 潘际銮．大陆机械工程学校的发展与未来展望．台湾“中国机械工程学会”1992年年会特邀报告．机械工程，1992，(190)：36-46
80. 潘际銮．焊接自动化发展概况．国际学术动态，1991，(3)：59-63
81. 潘际銮，陈强．脉冲 MIG 焊的熔透控制．机械工程学报，1991，27（5）：90-95
82. 潘际銮，陈强，吴志强．MIG 焊的熔透控制．焊接学报，1991，12（1）：53-58
83. 李焰，潘际銮，张骅．MIG/MAG 焊送丝机控制系统．焊接学报，1991，12（1）：59-64
84. 潘际銮．开关型晶体管弧焊电源的研究应用．第六届全国焊接学术会议论文集．第六集．西安．1990，(6)：214-218
85. 潘际銮．大力加强机械加工工艺的应用研究与基础研究．机械工程学报，1990，(4)：23-24
86. 潘际銮．焊接电源动态特性的研究．第六届全国焊接学术会议论文集．第六集．西安．1990：169-173
87. 潘际銮．电弧传感器物理数学模型研究．第六届全国焊接学术会议论文集．第六集．西安．1990：106-110
88. 潘际銮．脉冲 MIG 焊的熔透控制．第六届全国焊接学术会议论文集．第六集．西安．1990. 47-51
89. Pan J L. Arc Welding and Control Theory. Proceedings of the 5th International Symposium of the Japan Welding Society，1990，Ⅱ：1033-1035
90. 陈强，潘际銮，吴志强．CCD 图像传感器对焊缝背面横向温度场的实时检测．清华大学学报（自然科学版），1990，30（2）：45-53
91. Pan J L. Recent situation of welding in China. Welding Technique，1989，37（1）：71-77
92. Pan J L，Zhang R H，Ou A M，et al. Adaptive control GMA welding-a new technique for quality control. Welding Journal（USA），1989，March：73-76
93. Pan J L，Zhang R H，Wu Z Q，et al. Adaptive control of MIG/MAG welding-feedback system for penetration control. “Weld Quality-The Role of Computers” Oxfort UK，1988：219-220
94. 李焰，潘际銮，张骅．脉冲 MIG 焊电弧前反馈控制．电焊机，1988，(5)：6-9
95. Pan J L. Future direction of welded structure production. Proceedings of International Symposium on Strategy of Innovation in Materials Processing-New Challenge for the 21th Century，1988：147-155
96. Pan J L. Future direction of welded structure production. Transactions of JWRI (Japan)，1988，17（1）：177-184
97. 陈强，潘际銮，刘文焕，等．MIG 单面焊双面成形的闭环自动控制．焊接学报，1988，9（2）：111-118
98. 王嘉玲，潘际銮．用模糊聚类分析研究不锈钢焊条工艺稳定性．焊接学报，1988，9（1）：44-50

99. 潘际銮．论我国焊接结构生产自动化的方向．国家自然科学基金委员会．热加工未来学研讨会论文．北京．1988：130-134
100. Pan J L. Adaptive controlled Pulse MIG/MAG welding. Neue Entwichlungen und Anwendungen in der Sweisstechnik，1987，May：55-58
101. Pan J L. Adaptive controlled MIG/MAG welding-a new technique for quality control. Proceedings of the 1987 Asia-pacific Convention on welding & NDT，1987：1-7
102. Pan J L. Study of welding arc control in China. Welding Journal，1986，65（3）：37-46
103. Pan J L. Microcomputer controlled arc welding power source. Automation and Robotization in welding and Allied Processes，1985：69-75
104. Pan J L. Close loop Controlled MIG welding. Schweissen und Schneiden，1985，（4）：163-166
105. Pan J L. Study of welding arc control in China. An invited lecture，Proceedings of International Welding Conference. 1984，1：S-7-1-S-7-7.
106. 潘际銮．焊接电弧的控制系统．机械工程学，1983，（1）：1-8
107. Pan J L，He F D，Chen W C，et al. Development of a two directional seam tracking system with laser sensor. Welding Journal，1983，62（2）：28-31
108. 潘际銮，何方殿，吴志强．Z-80 单板微处理机控制的晶体管弧焊电源．焊接学报，1982，3（4）：179-187
109. Pan J L. Welding arc control system. An invited lecture，The 4th International Symposium of Japan Welding Society，Fundamental and Practical Approaches to the Reliability of Welded Structure ，1982，I：23-28
110. Pan J L. A new method for control welding arc. Schweissen und Schneiden，1981，（10）：523-527
111. Pan J L. Welding in China. Welding Journal，1980，59（11）：23-33
112. 潘际銮．新型自动焊接跟踪系统．机械工程学报，1980，（1）：1-14
113. Rehfeldt D，潘际銮．焊机动态特性对溶滴短路过渡过程的影响．焊接，1979，（4）：7-16
114. Pan J L. Die Schweisstechnik in der Volksrepublic China. Industries，1979
115. 潘际銮．焊接技术发展状况（专题综述）．国际焊接技术，1997 年 5 月：1-16
116. 潘际銮．新型逆变焊接电源的研究．第三届全国焊接年会论文．1973：Doc. H-XII-024-79
117. 潘际銮．用电磁搅拌细化焊缝结晶的研究．科学技术研究报告．北京：中华人民共和国科学技术委员会，1965：0635
118. 潘际銮．锆对 AML-6 及 D-20 合金可焊性的影响．科学技术研究报告．北京：中华人民共和国科学技术委员会，1965：0634
119. 潘际鉴，王之论，潘妙良．钼的电子束焊接．清华大学学报（自然科学版），

1964，11（2）：15-34
120. 潘际銮，宋宝瑞，陈序，等．金属在脆性温度区间中的力学性质．科学技术研究报告，北京：中华人民共和国科学技术委员会，1965：0598
121. 潘际銮，鹿安理．金属在脆性温度区间内破坏行为的某些问题．科学技术研究报告．北京：中华人民共和国科学技术委员会，1965：0599
122. Pan J L. Brittleness of electron beam welded Mo joints. International Institute of Welding，1965：Doc. IX-462-65
123. 潘际銮，陈武柱．气体杂质对纯铝氩弧焊气孔的影响．科学技术研究报告，北京：中华人民共和国科学技术委员会，1965：0023
124. 潘际銮，宋宝瑞，陈序．关于焊缝金属的抗热裂性能．清华大学学报，1964，11（1）：1-13
125. 潘际銮．800 轨梁轧机机架电渣焊．清华大学学报，1952，6（1）：57-68
126. 潘际銮．重型轧机机架电渣焊．特邀报告．冶金工业部，第一机械工业部电渣焊现场会议，1958.

后　　记

2008 年 8 月，中国科学院推出了“科学与人生：中国科学院院士传记丛书”撰写和出版计划。因为本书作者之一曾为潘先生编写过一本《潘际銮教育文集》，又编写过一本潘先生的年谱《一个院士的足迹》，潘先生的学生和朋友们便鼓励我们再接再厉，接下传记写作任务。他们热情而诚恳，使我们无法推辞。再说，我们都曾在潘先生领导下的南昌大学工作过，作者之一在潘先生身边工作多年，为潘先生写传，也是我们义不容辞的职责。任务就这样接受下来了。到 2012 年 10 月，我们把最后一稿修改完毕，转眼间，四年多的时光已飞逝而去。

潘先生一生经历了两个大的时代，横跨科学与教育两个领域，生命历程波澜起伏，精彩纷呈，科学研究成果丰硕，功勋卓著，教书育人卓有成效，桃李芬芳。我们深知，以自己的学识和对焊接科学领域的一知半解，写好这位科学家、教育家的传记绝非易事，唯一的办法是以勤补拙，虚心请教。我们首先在资料的搜集上下了较大工夫。四年多的时间里，作者曾无数次地对潘先生作或长或短的访谈。先生生活上一向不太用心，又加之很多事年代久远，叙述起来往往十分简括，缺乏丰富细节，需要反复追问方能获得更多信息。先生少年时期经历了战乱和苦难，“文化大革命”中亦经历了种种磨难，但他在叙述这些往事时总抱着一种超脱和淡然的态度，不愿多谈。所有这些，有时难免发生记忆错误，都需要通过他人的回忆及查找资料加以弥补和校正。所幸，在谈到科学研究时，潘先生总是谈兴浓厚，无论是 20 世纪五六十年代的几大工程，还是改革开放后赶超世界先进水平的研究项目，他都能准确回忆，如数家珍。这无疑为传记的写作提供了极大的便利。此外，为了搜集更丰富、更全面的素材，作者利用假期，多次赴上海、合肥、哈尔滨等地参加焊接界学术会议，拜访焊接界精英，又数度去北京访问潘先生的家人、同事和学生，以期从多个侧面了解潘先生。作者还一再赴清华大学、哈尔滨工业大学博物馆查阅资料，对潘先生的科研和教学经历作更多、更细致的了解。总之，作者希望，本书在材料上尽量扎实可靠，经得起检验。

作为一本科学家的传记，传主在科学研究上的经历和贡献无疑是写作重点，构成了本书的主体内容，叙写最为详尽。潘先生又是一位终生从事教育工作的教育家，还担任过南昌大学校长，推动了这所大学从地方大学到重点大学的崛起，所以本书也花了一定的笔墨写他的教育生涯及贡献。本书的前几章着重写先生少年时代的求学经历，希望能借此完整反映一位杰出科学家的成长历程。在人物关系方面，凡对潘先生成长及事业影响较大的，尽量有所交代。在时间截取上，我们尽量延伸到最近，包括潘先生及其团队目前正在从事的研究项目。

传记既是历史，亦是文学。作为文学的传记，理应在广阔的时代背景下，生动地描述传主的人生命运、精神人格和独特个性。对这一写作境界，我们心向往之，努力靠近，但由于笔力不逮，难以做得很好。

在写作本书的过程中，我们得到了潘先生的夫人李世豫教授、潘先生的兄长潘际炎教授，以及潘先生的同事、学生陈丙森、陈剑虹、鹿安理、高力生、吴志强、阎炳义、区智明、陈强、蔡志鹏、郑军、吴蓉、张华、汪广仁、相南翔、余珊、姜玲丽等人的支持和帮助，他们提供的许多宝贵材料，增进了我们对潘先生及潘先生在科学研究、教育教学方面工作的理解，没有他们提供的宝贵材料，我们很难完成本书的写作。在此致以诚挚的谢意！感谢清华大学档案馆丁春平同志、哈尔滨工业大学博物馆任晓萍同志为本书搜集和查阅资料提供了方便。我们还要感谢中国科学院的傅敏、胡筠等同志的信赖、鼓励和支持，感谢科学出版社李龚和程凤编辑为本书付出默默的劳动。感谢华可文、孙静为本书做的校正工作。

一本传记牵涉许多人和事，虽然我们做了努力，但难免有不实不确之处。既希望当事人指教，也渴望读者和专家批评及谅解。

笔　者

2012年12月于惠州